JN309827

サステナビリティ社会のための
生態会計入門

編著者
河 野 正 男
八 木 裕 之
千 葉 貴 律

東京 森山書店 発行

執筆者一覧 (執筆順)

八木　裕之	横浜国立大学大学院国際社会科学研究院教授	第1章，第4章，第6章
長谷川直哉	法政大学人間環境学部教授	第2章，第5章第4節
千葉　貴律	明治大学経営学部教授	第3章，第5章第1〜3節
植田　敦紀	専修大学商学部准教授	第7章，第8章，第9章第1節
松尾　敏行	日本経済大学経済学部教授	第9章第2節
大森　　明	横浜国立大学大学院国際社会科学研究院准教授	第9章第3〜5節，第12章
金藤　正直	弘前大学人文学部准教授	第10章
小川　哲彦	佐賀大学経済学部准教授	第11章
河野　正男	横浜国立大学名誉教授	第13章第1, 3節，第14章
丸山　佳久	中央大学経済学部准教授	第13章第2節

序　文

　生態会計は，企業，自治体，国などを取り巻く環境問題，社会問題に対して会計の視点から解決策を提示する研究領域として1970年代に登場してきた。横浜国立大学経営学部にその研究・教育の拠点として生態会計の講座が開設されたのは1974年のことである。最初の担当者である合崎堅二は，マクロ会計とミクロ会計の両面からサステナビリティ社会を構築していくための会計領域として，生態会計の基礎理論を探求し続けた。1986年から講座を引き継いだ河野正男は，基礎理論を精緻化しながら，これらに基づいた新たな理論モデルを構築し，経済社会におけるその実現に邁進した。

　1980年代の日本で，環境問題や社会問題を対象とする会計の研究や教育を発展させることは必ずしも容易ではなかったが，近い将来にサステナビリティ社会が必ず到来するという合崎の強い確信と信念に導かれて，講座からは，環境会計，水資源会計，資源・エネルギー会計，公会計などを中心に多くの優れた理論モデルが提唱され続けた。

　1990年代以降，環境問題や社会問題の解決は，再び，企業，自治体，国などが発展していくために解決すべき重要な課題として社会的注目を集めるようになった。サステナビリティや持続可能性の概念がそのための重要なキーワードとして取り上げられるようになり，生態会計で思索されてきた様々な理論モデルが，実践モデルとして登場する社会的要請が大きくなってきた。

　この間，横浜国立大学大学院や中央大学大学院に設置されている生態会計の講座や関連する講座からは，研究者が着実に育っていった。講座から巣立った研究者達が共同研究を行った最近の成果としては，『環境会計の構築と国際的発展』(2006年)，『環境財務会計の国際的動向と展開』(2009年)，『生態会計への招待―サステナビリティ社会のための会計―』(2010年)などがあげられる。

　サステナビリティ社会の構築に向けた社会の取り組みは急速に進展してお

り，2010年以降も，ISO 26000の発行，環境省環境報告ガイドラインの改定，資産除去債務の適用，マテリアルフローコスト会計の国際規格化，統合報告に向けた議論の本格化，再生可能エネルギーの固定価格買取制度の開始といった社会の仕組みを変えるさまざまな変革が行われている。そこでは，企業の戦略や政府の政策に対して，環境問題や社会問題の負の側面をより広く捉えて改善すると同時に，新たな経済社会の成長エンジンとして企業や社会を牽引する役割を担うことが求められており，生態会計にもさらなる発展が必要となってきている。

生態会計の講座では，こうしたサステナビリティ社会に関わる最新の動向を組み込んだ新たな入門書として『サステナビリティ社会のための生態会計入門』を刊行することになった。会計学のフロンティアとして新たな研究領域を開拓し続けてきた生態会計では，入門書は初学者のための道案内という一般的な意義に加えて，自らの研究領域を絶えず見つめ直し，パラダイムを構築するという意味を持っている。そのため，本書は入門書でありながら，読者に向けた多くの問いかけや問題提起を行っている。少しでも多くの方に，サステナビリティ社会を支える生態会計について興味を持っていただければ幸いである。

最後になったが，本書の刊行を引き受けいただいた森山書店の菅田直文社長，編集や校正で多くのご助言を下さった土屋貞敏氏に，厚く感謝の意を表したい。

平成25年3月30日

河野　正男
八木　裕之
千葉　貴律

目　次

第 1 章　生態会計のフレームワーク
1　生態会計の提唱……………………………………………………1
　1.1　時代的背景……………………………………………………1
　1.2　生態会計の発想………………………………………………2
2　生態会計の測定対象………………………………………………3
　2.1　社会的費用と社会的便益……………………………………3
　2.2　生態簿記の発想………………………………………………4
3　生態会計のフレームワーク………………………………………5
　3.1　サステナビリティとバリューチェーン……………………5
　3.2　サステナビリティ戦略と生態会計…………………………6
4　本書の構成…………………………………………………………8

第 2 章　サステナビリティ経営の進展
1　社会的責任の変遷…………………………………………………11
　1.1　CSR の生成と展開—アメリカ—……………………………11
　1.2　欧州における CSR の展開……………………………………12
　1.3　日本における CSR の展開……………………………………13
2　サステナビリティと CSR…………………………………………15
　2.1　サステナビリティのフレームワーク………………………15
　2.2　気候変動とサステナビリティ………………………………16
　2.3　CSR のフレームワーク………………………………………17
3　包括的サステナビリティ戦略……………………………………23

3.1　欧州連合のサステナビリティ戦略 ……………………………23
　3.2　サプライチェーンのサステナビリティ …………………………28
　3.3　情報開示戦略としてのサステナビリティ報告 …………………30

第3章　環境経営の進展

1　環境問題に対する国際的取り組み ……………………………………35
　1.1　環境問題の国際化 …………………………………………………35
　1.2　環境に係る諸原則 …………………………………………………37
　1.3　その他のアプローチ ………………………………………………38
2　環境配慮経営 ……………………………………………………………39
　2.1　企業経営と環境認識 ………………………………………………39
　2.2　環境効率の概念 ……………………………………………………40
　2.3　環境マネジメントの国際規格化 …………………………………41
　2.4　環境マネジメントシステム ………………………………………42
3　サステナビリティ・マネジメント ……………………………………49
　3.1　環境マネジメントの階層 …………………………………………49
　3.2　デューディリジェンス ……………………………………………51

第4章　ミクロ生態会計の展開

1　社会的費用と社会的便益の把握 ………………………………………55
2　企業社会会計の展開 ……………………………………………………57
　2.1　発展の経緯 …………………………………………………………57
　2.2　インヴェントリー・アプローチ …………………………………58
　2.3　コスト・アウトレイアプローチ …………………………………59
　2.4　プログラム・マネジメントアプローチ …………………………59
　2.5　ベネフィット・コストアプローチ ………………………………60
3　社会貸借対照表の展開 …………………………………………………61

3.1　発展の経緯 ………………………………………………61
　　3.2　社会貸借対照表モデルの概要 …………………………64
　4　企業社会会計から環境会計へ ………………………………67
　　4.1　アメリカにおける環境会計の展開 ……………………67
　　4.2　ドイツにおける環境会計の展開 ………………………69

第5章　サステナビリティ情報の開示

　1　サステナビリティ・コミュニケーション …………………75
　　1.1　ステークホルダー・エンゲージメント ………………75
　　1.2　環境コミュニケーション ………………………………76
　　1.3　クロスメディア・コミュニケーション ………………81
　2　環境報告ガイドライン ………………………………………82
　　2.1　環境報告の考え方 ………………………………………82
　　2.2　環境報告の記載枠組み …………………………………84
　3　GRIサステナビリティ報告ガイドライン …………………84
　　3.1　サステナビリティ報告の考え方 ………………………84
　　3.2　基本情報の開示 …………………………………………86
　4　企業評価におけるCSRの位置づけ …………………………87
　　4.1　イギリス年金法改正と機関投資家の投資行動 ………87
　　4.2　企業評価とCSR情報の活用 ……………………………88
　　4.3　責任投資原則 ……………………………………………89
　　4.4　問われる投資家の社会的責任 …………………………90

第6章　環境報告会計

　1　環境報告会計と環境会計ガイドライン ……………………95
　　1.1　環境会計ガイドラインの発展の経緯 …………………95
　　1.2　環境会計情報の開示 ……………………………………97

2 環境保全コスト ……99
2.1 環境保全コストの定義 ……99
2.2 環境保全コストの種類 ……100
2.3 環境保全コストの集計 ……102
3 環境保全効果 ……103
4 環境保全対策に伴う経済効果 ……106
4.1 実質的効果 ……106
4.2 推定的効果 ……107
5 環境会計情報の拡大と利用 ……108
5.1 連結環境会計 ……108
5.2 環境保全効果の評価 ……108
5.3 環境経営の分析指標 ……109
5.4 環境報告ガイドライン 2012 年版と環境会計情報 ……110
6 サステナビリティ会計 ……111
6.1 サステナビリティ報告と会計 ……111
6.2 サステナビリティ会計のフレームワーク ……112

第 7 章　環境財務会計 I

1 環境財務会計の基礎概念 ……117
1.1 環境財務会計の概念的枠組 ……117
1.2 外部不経済の内部化と財務会計 ……119
2 財務諸表における環境会計情報の計上 ……121
2.1 環境保全コストと環境保全効果・経済効果の評価と連関 ……121
2.2 環境負債計上の可能性 ……123
2.3 環境負債計上のメカニズム ……124
3 資産除去債務の会計 ……126
3.1 「資産除去債務に関する会計基準」制定の経緯と概要 ……126

3.2　「資産除去債務」の定義 ………………………………………127
　3.3　資産除去債務の会計 ……………………………………………128
　3.4　「資産除去債務に関する会計基準」適用後の実務の実態 ………132

第8章　環境財務会計Ⅱ

1　土壌汚染の会計 ……………………………………………………137
　1.1　土壌汚染対策法とその改正 ……………………………………137
　1.2　「資産除去債務に関する会計基準」と
　　　　土壌汚染対策法改正の会計的影響 ……………………………140
　1.3　土壌汚染の会計 …………………………………………………141
2　排出量取引の会計 …………………………………………………143
　2.1　地球温暖化対策の重要性 ………………………………………143
　2.2　排出量取引制度 …………………………………………………144
　2.3　排出量取引市場 …………………………………………………145
　2.4　排出量取引の会計 ………………………………………………147
3　環境財務会計の国際的動向 ………………………………………151
　3.1　CICA および国際機関による報告書 …………………………151
　3.2　EU 域内における環境情報開示規定 …………………………152
　3.3　アメリカにおける環境関連の GAAP …………………………153
　3.4　国際財務報告基準（IFRS）……………………………………155
　3.5　環境情報開示をめぐる動向 ……………………………………155

第9章　財務会計とサステナビリティ報告

1　財務報告におけるサステナビリティ情報開示 …………………159
2　アメリカにおけるサステナビリティ情報開示 …………………161
3　欧州におけるサステナビリティ情報開示 ………………………164
　3.1　欧州におけるサステナビリティ情報開示の制度化 …………164

3.2　イギリスのA4S
　　　（アカウンティング・フォー・サステナビリティ）……………165
4　日本におけるサステナビリティ情報開示 ………………………169
　4.1　有価証券報告書におけるサステナビリティ情報開示 …………169
　4.2　JICPAによるサステナビリティ情報開示に関する提言 …………170
5　サステナビリティ情報開示の国際的展開 ………………………173
　5.1　CDSBによる「気候変動報告フレームワーク（CCRF）」………173
　5.2　統合報告に向けて ……………………………………………175

第10章　環境管理会計 I

1　環境管理会計の概要 ………………………………………………179
　1.1　環境会計情報の利用状況と環境管理会計の役割 ………………179
　1.2　環境管理会計手法の分類 ………………………………………181
2　環境管理会計の手法 ………………………………………………182
　2.1　企業・サイトを対象とした手法 ………………………………182
　2.2　製品を対象とした手法 …………………………………………186
　2.3　企業・サイトおよび製品を対象とした手法 …………………192

第11章　環境管理会計 II

1　マテリアルフローコスト会計の目的と計算構造 …………………203
　1.1　マテリアルフローコスト会計の目的 …………………………203
　1.2　マテリアルフローコスト会計の計算構造 ……………………204
2　マテリアルフローコスト会計の特徴 ………………………………207
3　マテリアルフローコスト会計の計算例 ……………………………209
　3.1　物量データ・フローチャート …………………………………209
　3.2　マテリアルコスト・フローチャート …………………………210
　3.3　システムコスト・フローチャート ……………………………210

3.4　廃棄物関連フローチャート ……………………………212
　　3.5　フローコストマトリックス ……………………………212

第12章　自治体の環境会計

　1　自治体と環境問題 ……………………………………………217
　　1.1　自治体環境行政の現状 …………………………………217
　　1.2　自治体における環境会計・報告の意義 ………………219
　2　自治体環境会計の展開と課題 ………………………………223
　　2.1　公営企業における環境会計 ……………………………223
　　2.2　一般行政部局における環境会計 ………………………225
　　2.3　自治体の廃棄物処理事業と環境会計 …………………230

第13章　メゾ環境会計

　1　水資源と会計 …………………………………………………237
　　1.1　水資源の現状 ……………………………………………237
　　1.2　生活用水の供給制度 ……………………………………240
　　1.3　費用負担の衡平化問題 …………………………………242
　　1.4　実体資本の維持問題 ……………………………………244
　　1.5　水系単位での原水単価の衡平化と実体資本維持の方法 …………246
　2　森林資源と会計 ………………………………………………247
　　2.1　林業における経営改善の取り組み ……………………248
　　2.2　民有林における立木資産の会計処理 …………………250
　　2.3　国有林野事業における立木資産の会計処理 …………253
　　2.4　森林が生み出す公共的なサービスの費用負担と環境会計 ………256
　3　エネルギー資源と会計 ………………………………………257
　　3.1　わが国のエネルギー需給状況と受給見通し …………258
　　3.2　電源選択の1要因としての発電費 ……………………262

第14章 マクロ環境会計

1 サテライト勘定としての環境勘定 …………………………………270
  1.1 サテライト勘定の意義 …………………………………………270
  1.2 サテライト勘定としての環境勘定の諸類型 …………………271
2 環境・経済統合会計 ………………………………………………272
  2.1 環境・経済統合会計の様々なバージョン ……………………272
  2.2 わが国の環境・経済統合勘定 …………………………………278
3 ハイブリッド勘定 …………………………………………………281

参考文献・参照 URL 一覧（287）

索　　引（303）

COLUMN 目次

1. Newsweek Global 500 にみる CSR 評価（第2章：長谷川直哉）……………32
2. 制度化された環境効率指標（第3章：千葉貴律）……………………………52
3. 公害問題の被害の大きさと対策費用（第4章：八木裕之）…………………72
4. 環境報告の保証（第5章：千葉貴律）…………………………………………92
5. 東芝グループの環境会計（第6章：藤枝一也）……………………………114
6. 福島第1原子力発電所の廃炉と資産除去債務の会計（第7章：植田敦紀）……136
7. 排出量取引制度に関する東京都と埼玉県の連携と差異（第8章：岸野　令）…157
8. 紛争鉱物に係る開示規制（第9章：松尾敏行）……………………………177
9. 日本における環境会計情報システムの取り組み（第10章：金藤正直）…………201
10. マテリアルフローコスト会計（MFCA）の国際標準化の流れ
    （第11章：小川哲彦）………………………………………………………214
11. 政府による「環境未来都市」構想と横浜市の取り組み（第12章：大森　明）…236
12. 再生可能エネルギーの固定価格買取制度が森林・林業に与える影響
    （第13章：丸山佳久）………………………………………………………267
13. SEEAW（水資源に関する環境経済勘定体系）（第14章：河野正男）……………284

第1章

生態会計のフレームワーク

　サステナビリティ（sustainability）もしくは**持続可能性**の概念は，1987年に環境と発展に関する世界委員会が，**持続可能な発展**を「将来の世代が自らの充足する能力を損なうことなく，現在の世代のニーズをみたすような発展」と定義して以来広く社会に普及してきた（The world commission on environment and development [1987] p. 8)。

　サステナビリティは，地球環境問題に対する世界レベルの危機感の高まりのなかでとらえられてきたが，次第に経済・環境・社会的側面をもち，それらを相互に結びつけて実現するものと考えられるようになってきた。また，企業レベルでも，1990年代には環境マネジメントや環境報告，2000年代にはサステナビリティマネジメントやサステナビリティ報告が日本や欧米を中心に広まってきた。

　生態会計は，企業や社会の活動をサステナビリティの観点から把握する会計と定義されるが，本書では，図1-1に示すように，経済的側面と環境的側面，経済的側面と社会的側面が重なり合う領域およびこれに関連する領域を主な対象とする。

1　生態会計の提唱

1.1　時代的背景

　1960年代から，先進国の間では，経済成長によって，所得の上昇，就業機会の拡大，消費の高まりなどがもたらされた半面，人的被害や自然破壊を引き

図1-1 サステナビリティの3つの側面

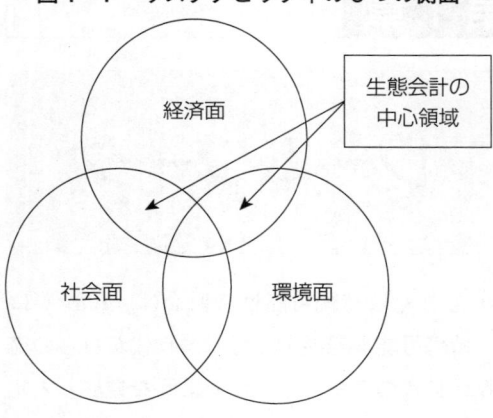

起こす公害問題の発生，生活関連施設の整備の立ち遅れ，インフレや地価の高騰といった経済社会のゆがみなどが多く生じ，所得水準が一定のレベルに達するにしたがって，生じたゆがみへの社会的不満も相対的に大きなものとなった。

こうした状況に対応するために，国などを対象とするマクロ会計領域では，経済的な豊かさに代わって生活の質を把握するための社会指標を開発する試みが行われるようになった。マクロ会計の動向に影響を受ける形で，企業や自治体などを対象とするミクロ会計においても，企業を取りまく環境問題や社会問題を把握して報告するための会計モデルが登場してきた。生態会計はその代表例として位置づけられる（黒澤［1972］）。

ミクロ会計では，この他にも企業社会会計，社会責任会計，社会監査などのさまざまな試みが登場した。ただし，環境問題や社会問題を把握するための会計モデルのほとんどが企業会計だけを対象としていたのに対し，生態会計はこうした問題を企業の内部と外部の両面から捉えるために，マクロ生態会計とミクロ生態会計の両方からもしくはこれらをリンクさせてアプローチすることを企図している。したがって，本書では生態会計を，ミクロ会計，マクロ会計，さらには特定の地域を対象としたメゾ会計の視点から明らかにしていく。

1.2 生態会計の発想

生態会計は，人間社会の仕組みを，共通の環境を構成する個体もしくは組織の間に成立する，競争関係，相互扶助関係，寄生関係といった相互依存関係すなわち生態システムの視点から捉えており，これらの関係の間に成り立ってい

る生態的な均衡が，経済活動によって崩れていることに着目する。

提唱された当時の生態会計モデルは，日本で大きな注目を集めていた公害問題を中心に研究が進められていたが，時代の経過とともに，人権への配慮，労働環境の整備，消費者への対応，地域社会への貢献といった様々な社会的側面を対象とするようになっていった。同時に，こうした問題に対して果たすべき**企業の社会的責任**（**CSR**：Corporate Social Responsibility）も，法律的な責任から倫理的責任や自らの判断で積極的に問題解決や貢献活動を行う裁量的責任へと深化を見せるようになった。

マクロ会計においては，GNP（Gross National Product）に代わるもしくはこれを補完する指標として経済福祉指標，国民純福祉などが登場する一方で，国の経済状況を把握する**国民勘定体系**（**SNA**：System of National Accounting）においても，1993年に改訂された93 SNAで，サテライト勘定として環境勘定が取り入れられた。また，**メゾ会計**の領域では，マクロ会計とミクロ会計の要素を取り入れながら，水資源，森林資源，エネルギー，地方自治体などを対象として環境問題を中心とした生態会計が展開されている。

2 生態会計の測定対象

2.1 社会的費用と社会的便益

生態会計が対象とする環境問題や社会問題を把握するためには，これらの問題が発生する基本的な仕組みを理解することが必要である。そのための代表的なキーワードとして挙げられるのが，社会的費用である。社会的費用の概念は様々に定義されているが，社会科学の領域では，カップ（Kapp）の提示する定義が環境問題などのさまざまな社会問題に関する研究の重要な出発点の1つとなっている（Kapp［1950］pp. 13-14, 同訳pp. 15-16）。本書では，この定義を参考に，**社会的費用**を「組織体の活動の結果，第3者または社会が受け，当該組織体に責任を負わせるのが困難な，あらゆる有害な結果や損失」と定義する。この表現からわかるように，社会的費用は会計学でいうところの費用とは異なる

概念であり，実際に損失や被害が発生している物理的な状態を意味することから，社会的損失と言い換えることができる。

具体的な社会的費用としては，多様な社会問題が挙げられる。たとえば，①労働災害や職業病などによる人的損傷，②大気汚染，③水質汚濁，④野生動物の減少と絶滅，⑤エネルギー資源の早期枯渇，⑥土壌浸食，地力消耗，森林破壊，⑦技術変革に伴う非効率，⑧失業と資源の遊休による非効率，⑨独占による非効率，⑩配給や輸送の非効率などである。

社会的費用の発生に対しては，問題への社会的意識の高まり，政府の規制強化，企業の取り組みの進展などによって，原因物質の削減，損失の防止などの事前対策，被害補償や損失の修復などの事後対策が進むことが考えられる。このような対策を当該企業が負担することを社会的費用の内部化という。ただし，発生した社会的費用には，内部化によって再生できる損失と人間の健康，希少生物，文化財などのように再生が困難な絶対的損失が存在する。

また，社会的費用とは逆に，組織体の活動の結果が，付加的に第3者または社会へ有益な結果や便益を提供する場合もある。たとえば，組織体が法的規制などを超えた環境負荷の削減によって自然環境の改善に貢献したり，社会貢献活動などを行うケースがこれに該当する。本書では，これを**社会的便益**と呼ぶ。社会的費用と社会的便益は生態会計が環境問題や社会問題を把握するための基本的な概念として位置づけられる。

2.2 生態簿記の発想

生態会計では，社会的費用もしくは社会的損失の実態を把握するために，環境に悪影響を及ぼす恐れがあるものすなわち環境負荷を重視してきた。ただし，企業活動のグローバル化と環境問題や社会問題の社会的認識が進むなかで，**社会的費用**の発生は，企業の直接的な活動だけでなく，原材料の調達から製品使用・廃棄に至るいわゆる製品ライフサイクル全体で把握することが必要になってきた。こうしたライフサイクル全体の環境負荷を重視して1970年代に登場してきた会計モデルとして，**生態簿記** (Ökologische Buchhaltung) があげ

られる (Müller-Wenk [1978])。**LCA** (Life Cycle Assessment) が製品ごとにライフサイクルの環境負荷を把握するのに対し，生態簿記は，1年間のすべての企業活動が及ぼすライフサイクルへの影響を把握する。

生態簿記では，企業活動へのインプット側で，天然資源のように採取することで環境負荷をもたらす物資と，企業活動からのアウトプット側で，大気汚染物質のように排出することで自然環境に環境負荷をもたらす物質について，その影響の大きさを測定したデータが整備されている（第6章参照）。

生態簿記で示された，物質のインプットとアウトプットから企業で発生する環境負荷を把握する方法は，ドイツ語圏では**エコビランツ**もしくは**エコバランス**と呼ばれている。こうした考え方は，環境省の環境報告ガイドライン（環境省 [2012 a]）の開示項目でも**マテリアルバランス**として示されており，今日の環境保全活動では一般的なものとなっている。

生態簿記は，90年代に入ると，環境負荷データの精緻化が進められるとともに，製品の原材料の調達から廃棄に至るライフサイクルを形成するいわゆる**バリューチェーン**もしくは**サプライチェーン**上の企業から発生する環境負荷をリンクさせたモデルが提唱されている。

3 生態会計のフレームワーク

3.1 サステナビリティとバリューチェーン

生態会計は，社会的費用と便益を把握してマネジメントを行い，企業や社会のサステナビリティを実現するための会計ツールとして発展してきた。対象とする内容は，環境問題から社会問題へと多様化し，対象範囲は企業が直接的に影響を及ぼす問題からバリューチェーン上での環境問題や社会問題を含む広範囲の問題へと広がってきた。こうした関係は，表1-1で示される。生態会計ではバリューチェーン上の活動ごとに経済面，環境面，社会面およびそれらの間の関係を把握して，マネジメントすることになる。

サステナビリティに関する問題が多様化かつ広範囲化する中で，1990年代

表 1-1 バリューチェーンとサステナビリティ

製品バリューチェーン	サステナビリティ領域		
	経済面	環境面	社会面
原材料調達			
輸　　送			
生　　産			
流通・販売			
使　　用			
リサイクル			
廃　　棄			

から，問題解決のためのマネジメント手法，評価指標，報告ガイドラインなどの開発や標準化が進められてきた（第3章参照）。

こうした手法や指標は，バリューチェーンがグローバル化する中で急速に世界の企業に広まり，環境，労働，人権，事業慣行，情報開示といった企業や社会のサステナビリティの状態を示す指標について，徐々に社会的なコンセンサスが形成されるようになってきている。そこでは，出資者が企業に投資したり消費者が製品を購入したりする際に，企業の環境問題や社会問題などのサステナビリティ問題への対応状況を示す情報が重要な意思決定要因となっている。

3.2　サステナビリティ戦略と生態会計

企業の経営戦略や自治体の政策などで設定されるサステナビリティの目標レベルは企業や自治体によって異なる。たとえば，生態会計が登場してきた1970年代では，いわゆる**コンプライアンス**（法律や規則を遵守すること）の達成が企業の最も重要な目標であったが，最近では，コンプライアンスを達成できない際に発生するリスクが増大し，その重要度が増している一方で，社会的にみて高い倫理感に基づいた環境目標および社会目標の達成や積極的な社会貢献がコストダウンや収益の増加といったビジネスチャンスにつながるケースが見られるようになり，サステナビリティ戦略の高度化が進んでいる。

たとえば，本体価格が相対的に高くても，製品ライフサイクルで発生するCO_2などの環境負荷が少なく，社会的ニーズと合致した性能を持つ製品は，消費者から高い評価を受けて売り上げ増加につながる可能性がある。ただし，環境性能と本体価格などの消費者が負担する費用との間には時代や地域ごとに

3 生態会計のフレームワーク 7

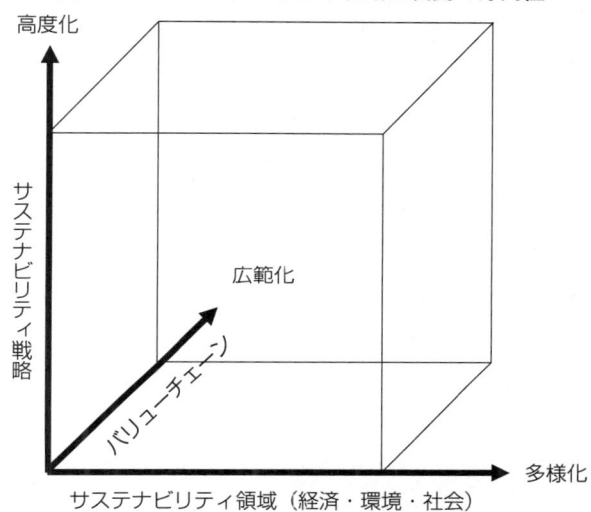

図1-2 サステナビリティ戦略の展開の方向性

[図：高度化（サステナビリティ戦略）を縦軸、多様化（サステナビリティ領域（経済・環境・社会））を横軸、広範化（バリューチェーン）を奥行きとする立方体]

適切なバランスが求められ，どのバランスの製品を開発するかは，各企業のサステナビリティ戦略によって決定される。

生態会計は，こうした企業活動の経済面，環境面，社会面の関係を明らかにし，マネジメントするためのツールとして機能する。そのためには，マネジメント機能に加えて企業のサステナビリティに関する情報開示を通して，絶えず企業目標と社会的ニーズのすり合わせを行い，サステナビリティ目標を設定していくことが必要である。もちろん，生態会計の機能は，企業だけでなく自治体，地域，国などの組織体が実施する政策でも同じ様に発揮されることになる。

企業や自治体などの**サステナビリティ戦略**は，図1-2に示す通り，サステナビリティ内容の多様化，対象範囲の広範化，戦略の高度化といった方向性で大きく変化しており，生態会計はこれらのベストバランスを明らかにし，マネジメントしていくための会計として位置づけられる。

4 本書の構成

　本書の内容は，大別すると5つの領域から構成されている。最初の領域は，サステナビリティ社会が構築される中で生態会計がどのように誕生し，発展してきたかを明らかにする。第2の領域では，サステナビリティ報告，第3の領域では財務報告における生態会計の情報開示機能。第4の領域では，生態会計の環境マネジメント機能，第5の領域では，自治体，地域，国などの環境政策における生態会計の機能について明らかにする。5つの領域と各章の関係は図1-3の通りである。なお，環境問題を対象とする生態会計については，一般的に用いられている**環境会計**の名称を用いる。

　第1章では，サステナビリティ社会が発展していく中で，生態会計がどのようにして誕生し，どのような方向性のもとで機能していくのかを明らかにする。第2章では，生態会計を展開していくための基盤となるサステナビリティ経営について，世界の最新動向を踏まえながら，企業で展開されているさまざまな戦略を明らかにする。第3章では，生態会計の環境領域の基盤となる環境経営について，さまざまな手法や規格を解説する。第4章では，生態会計モデルの誕生と発展の経緯に基づいて，それぞれのモデルの特徴を明らかにする。

　第5章では，生態会計の自主的情報開示の基盤となるサステナビリティ情報開示の現状を，環境省の環境報告ガイドライン，GRIのサステナビリティ報告ガイドラインを中心に明らかにする。第6章では，環境報告およびサステナビリティ報告における環境報告会計およびサステナビリティ会計の開示フレームワークを環境省の環境会計ガイドラインなどに基づいて明らかにする。

　第7章では，環境財務報告における生態会計すなわち環境財務会計の全体像を示すとともに，環境財務会計の例として資産除去債務を取り上げる。第8章では，環境財務会計の例として土壌汚染の会計，排出量取引の会計を取り上げる。第9章では，財務情報とサステナビリティ情報をリンクさせるもしくは両者を統合しようとする国際的な動向について明らかにする。

図1-3　本書の構成

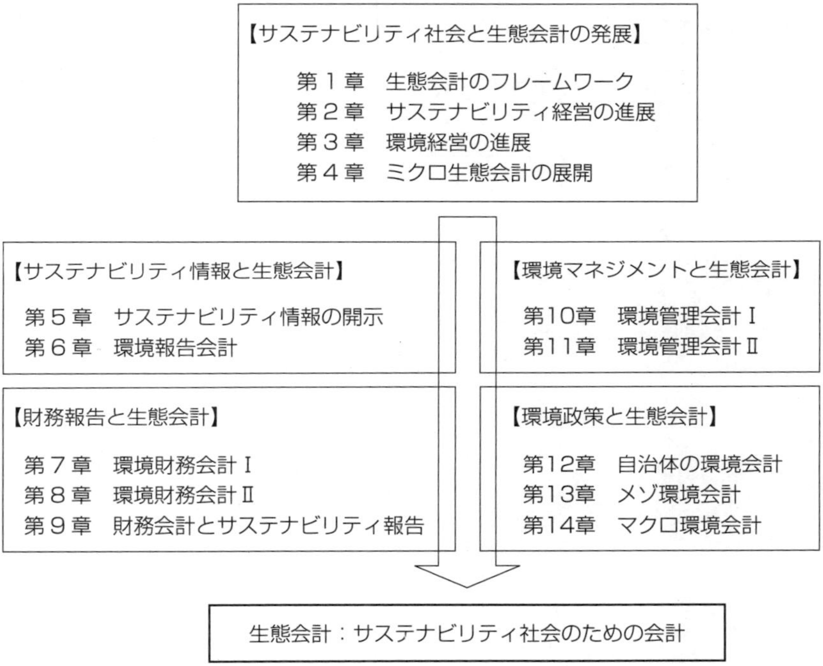

```
【サステナビリティ社会と生態会計の発展】
  第1章　生態会計のフレームワーク
  第2章　サステナビリティ経営の進展
  第3章　環境経営の進展
  第4章　ミクロ生態会計の展開
```

```
【サステナビリティ情報と生態会計】
  第5章　サステナビリティ情報の開示
  第6章　環境報告会計
```

```
【環境マネジメントと生態会計】
  第10章　環境管理会計Ⅰ
  第11章　環境管理会計Ⅱ
```

```
【財務報告と生態会計】
  第7章　環境財務会計Ⅰ
  第8章　環境財務会計Ⅱ
  第9章　財務会計とサステナビリティ報告
```

```
【環境政策と生態会計】
  第12章　自治体の環境会計
  第13章　メゾ環境会計
  第14章　マクロ環境会計
```

生態会計：サステナビリティ社会のための会計

　第10章では，環境管理会計を概括し，開発された手法や企業で実践されている手法について解説する。第11章では，環境管理会計の中でも，国際標準規格（ISO 14051）に設定され，日本企業での活用が期待されるマテリアルフローコスト会計を取り上げる。

　第12章では，自治体の環境マネジメントと環境政策を有効に実施するための環境会計について，自治体の環境行政を踏まえながら明らかにする。第13章では，水資源，森林資源，エネルギー資源を取り上げ，特定のエリアを対象としたメゾ生態会計を展開する。第14章では，SNAを中心に，国を対象としたマクロ会計における環境会計の展開について解説する。

　図1-3に示されているように，本書で取り扱う生態会計の領域は広範囲に及ぶが，サステナビリティ社会を実現するためには，その構成要素である企

業，自治体，地域，国などのすべての領域で生態会計が有効かつ効率的に機能することが必要である。

(八木　裕之)

第2章

サステナビリティ経営の進展

1 社会的責任の変遷

1.1 CSRの生成と展開―アメリカ―

企業の社会的責任（**CSR**：corporate social responsibility）は，19世紀末から20世紀初頭のアメリカにおいて台頭してきた概念である。アメリカでは経済に対する大企業の支配力が高まり，その力を制御しようという動きがみられた。経営者たちは，企業には株主のための利潤追求に匹敵する別の責務があるのではないかという意識を持ち始めた。これがCSRの源流とみられるものである。当時の社会的責任は，慈善原理（Charity Principle）と受託者原理（Stewardship Principle）という二つの視点で捉えられていた[1]。（松野・堀越・合力［2006］p. 107~111）

教会が宗教的な倫理観を資産運用に反映させたことから，株式市場においても企業評価とCSRを結びつける動きがみられるようになった。**社会的責任投資**（**SRI**：socially responsible investment）といわれるものである。1928年にはCSRを投資基準とするファンドが設立されている。

1960年代はベトナム戦争に対する反戦運動や公民権運動と呼応して，企業活動と社会的責任の関係を問う動きがみられた。CSRは市民運動との結びつ

（1）慈善原理に基づく社会的責任は，利潤の一部を自発的に社会的弱者の支援等に使用すべきであるという考え方。受託者原理は企業を社会的組織の一部と捉え，企業経営は社会を構成する多様な人々の利益を考慮して行われるべきとする概念である。

きを強めながら，社会問題から大きな影響を受けるようになった。

1970年代に入ると，社会派弁護士のラルフ・ネーダーが率いる消費者運動「キャンペーンGM」が注目を集めた。これを契機に株主提案がCSRのツールとして活用されるようになった。

1980年代以降は人権と環境がCSRにおける最大のテーマとなった。アパルトヘイトを実施する南アフリカに進出する企業に対して，同国との取引停止を求める動きが加速し，CSRが経済社会の中で機能するようになった。

1960年代の公民権運動以来，アメリカでは社会的弱者に対する雇用の確保や労働環境の向上がCSRのテーマとして取り上げられてきた。

これまで先進諸国の課題とされてきた労働環境や教育訓練については，発展途上国の労働問題をも含めて普遍的なCSRのテーマとして取り組みが強化されている。

1989年に発生したバルディーズ号事件を教訓として策定された「**セリーズ原則（バルディーズ原則）**」が，環境問題とCSRを結びつける契機となった。こうしたSRIや株主提案を通じて企業に環境経営などへの転換を求める動きは次第に経済社会に広まっていくことになる（第5章参照）。

1.2 欧州におけるCSRの展開

サッチャー政権が推進した市場経済化路線の弊害が目立ってきたイギリスでは，1997年に発足したブレア政権の下で**効率と公正**の両立を目指した資本主義への転換が試みられた。ブレアはCSRの推進に積極的な姿勢を示し，2001年に貿易産業省（DTI：Department of Trade and Industry）内にCSR担当大臣を配置して各省の政策とCSRの体系化を進めた。

価値観の異なる国々で構成される欧州連合（EU）では，**social cohesion**（**社会結合**）がキーワードとなっている。多様性を統合した資本主義モデルを確立しなければ，共生社会の実現は難しい。1990年代の欧州では若年層の失業問題や社会的排除が深刻化しており，企業には社会的な役割が求められた。こうした社会情勢下で注目されたのがCSRである。

リスボンで開催された EU 首脳会議で採択された「**リスボン戦略**」(2000 年)では，2010 年までに「より良好で多くの仕事とより強力な社会的包摂を伴った，持続可能な経済成長を可能とする，世界で最も競争力がありダイナミックな知識ベースの経済の構築」という目標が掲げられた。この目標を達成するため，欧州委員会は CSR 政策を積極的に展開していった[2]。

1.3　日本における CSR の展開
(1)　産業界の CSR 観

日本における CSR の基点となったのは，経済同友会が 1956 年に公表した「経営者の社会的責任の自覚と実践」決議である。(川村 [2004] p. 3) この決議は，環境汚染や健康被害の発生をある程度想定したうえで，企業責任の範囲を事後的あるいは対症療法的な取り組みに限定しようとするものであった。

(2)　産業公害からの脱却と CSR の展開 (1970 年以降)
①公害問題と CSR

1960 年代末には公害対策基本法をはじめとする公害関係法規が相次いで制定された。当時の CSR は，企業活動の社会性と合法性の視点に立って，公害対策を実行するという環境法遵守の問題として展開された。

1971～73 年に判決が下された四大公害訴訟第一次判決[3] では，いずれも被害者側の主張が認められ，抜本的な救済制度の確立が加害企業ならびに国に求められた。公害被害の救済で導入された**無過失賠償責任**の概念は，産業界の姿勢に大きな転換を促す機会となった。

②利潤と CSR の相克

1965 年，経済同友会は「新しい経営理念」の中で，利潤を敢えて無視し高踏的な議論を弄んでいるようでは国内外の競争に勝つことも CSR を遂行する

---

(2)　2005 年に新リスボン戦略が策定され，①投資と労働にとって魅力ある欧州，②成長に向けた知識経済とイノベーションの促進，③雇用の質と量の向上に向けたアクションプランが新たに盛り込まれた。
(3)　四大公害病とは「水俣病」「新潟水俣病」「イタイイタイ病」「四日市ぜんそく」を指す。

こともできないと主張し，利潤追求こそが企業の社会的使命であると宣言した。

当時の論調は，CSRと利潤の関係を同格，並存，調和という視点から整合的に説明しようとするものであり，環境や社会に対する責任が経済的責任に優先するという主張はみられなかった（松野・堀越・合力 [2006] p. 83～97）。

CSRを企業評価に反映させる試みも現れた。日本経済新聞社「企業の社会的責任貢献度評価基準」(1974年)，日本生産性本部「総合社会的責任指標」(1974年)，通商産業省「新しい企業の経営力指標」(1976年) 等がその代表的事例である。しかし，当時は持続可能性報告書もなくCSRに関する情報開示は極めて乏しかったことから，CSRを評価軸とする企業間比較には限界があった。

法制度の分野でCSRが議論されたのは，商法改正時 (1974～81年) である。株式会社法におけるCSRの法的位置づけが論点となった。結局，CSRの多義性・弾力性のゆえに法的概念には馴染まないという意見が支配的となり，

表2-1　わが国における環境問題と社会的責任論の変遷

時代区分	第Ⅰ期	第Ⅱ期	第Ⅲ期	第Ⅳ期	第Ⅴ期	第Ⅵ期	第Ⅶ期
期　　間	1948～56年	1957～62年	1963～69年	1970～83年	1984～90年	1991～94年	1995年～現在
社会的責任論の変遷	経営学研究者による問題提起	経済同友会の問題提起と議論	社会的責任論の低迷①	社会的責任論の隆盛	社会的責任論の低迷②	社会貢献論の展開	社会的責任論の再認識とグローバル化
環境問題の変遷	産業公害（1945～70年）			都市生活型公害（1971～76年）	アメニティ政策の展開（1977～87年）	地球環境問題（1988年～現在）	
経済同友会の提言	経営者の社会的責任の自覚と実践（1956年）		新しい経営理念（1965年）	企業と社会の相互信頼を求めて（1973年）	1990年代の企業経営のあり方（1985年）	新世紀企業宣言（1991年）	企業白書（1998年～）

（出所）松野・堀越・合力 [2006] p. 64-67, 鈴木幸毅 [1992] p. 129-31, 経済同友会資料をもとに筆者作成。

CSR の法的体系化は見送られた。

1990 年代に入ると環境が CSR の中心的テーマとなった。日本企業の CSR 活動は消費者や市民の要請から生まれたものではなく，経済のグローバル化や欧州における CSR をめぐる動きが直接的な原動力となった。日本における CSR は，国際的な潮流を受けてビジネス界がリードする形で展開されてきた。

2 サステナビリティと CSR

2.1 サステナビリティのフレームワーク

サステナビリティ（sustainability）とは，本来企業が一定の利益を確保し，将来において安定的に製品やサービスを顧客に提供し続けられる可能性を意味するものである。1987 年，「**環境と開発に関する世界委員会（ブルントラント委員会）**」（WCED：World Commission on Environment and Development）は「将来の世代が彼らのニーズを満たす可能性を損なうことなく現世代のニーズを満たす発展」という「**持続可能な発展（Sustainable Development）**」概念を提唱した。

「持続可能な発展」は，富の無限性を前提としたこれまでの経済システムを改め，経済成長の物理的，生態学的な限界を認識することを求めたものである。この提言以来，サステナビリティは地球が生み出す生態系と人間社会の持続可能性を意味する言葉として理解されるようになった。

1992 年，リオ・デ・ジャネイロで開かれた「**国連環境開発会議（地球サミット）**」（UNCED：United Nations Conference on Environment and Development）で「持続可能な発展」は行動計画「**アジェンダ 21**」と共に採択され，世界的な環境保全のあり方を示す基本理念と位置づけられた。地球サミット以降，環境保全と経済活動を巡る理論的混乱は収束に向かい，環境問題の解決に「経済的手法」を活用する考え方は，自然保護や企業経営など幅広い分野で受け入れられるようになった。

2.2 気候変動とサステナビリティ

2007年に公表された「**気候変動に関する政府間パネル**」(IPCC: Intergovernmental Panel on Climate Change) 第4次評価報告書は，大気中の温室効果ガスの濃度が産業革命前に比べて上昇しており，なかでも CO_2 の増加は人為的な化石燃料の使用が主因であると結論づけた。

18世紀後半，イギリスで勃興した産業革命によって工業を基軸とする産業資本主義が成立し，化石燃料を基幹エネルギーとする近代工業が発展した。より多くの富を求めて企業規模は拡大の一途をたどった。

国際NGOナチュラル・ステップは，持続可能な社会を構築するための条件として「4つのシステム条件」を提示している。

(1) 自然の中で地殻から掘り出した物質の濃度が増え続けない。
(2) 自然の中で人間社会が作り出した物質の濃度が増え続けない。
(3) 自然が物理的な方法で劣化しない。
(4) 人々が自らの基本的ニーズを満たそうとする行動を妨げる状況を作りだしてはならない。

サステナビリティはあらゆる地域の人々と企業の問題である。その中でも企

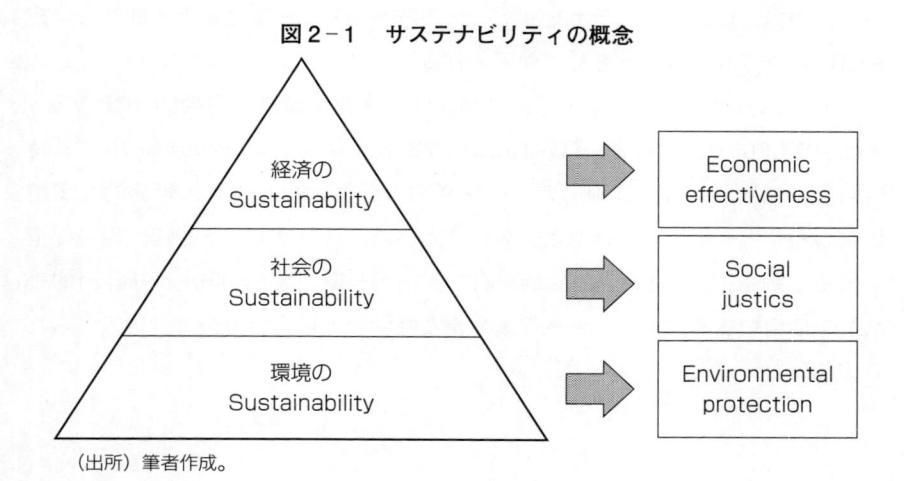

図2-1 サステナビリティの概念

経済の Sustainability → Economic effectiveness

社会の Sustainability → Social justics

環境の Sustainability → Environmental protection

(出所) 筆者作成。

業は地球環境が生み出す**生態系サービス**に大きく依存していることを認識しなければならない。サステナビリティの出発点は，こうした自然環境などで発生している社会的費用を市場経済メカニズムに取り込んで内部化することであり，CSR はそのためのツールなのである。

2.3 CSR のフレームワーク
(1) 非営利組織による CSR のイニシアティブ

1980 年代後半から CSR に関する様々な行動原則，規格，ガイドラインが提唱されてきた。本項では非営利組織が提唱した代表的な規格である **SA8000，グローバル・サリバン原則，セリーズ原則，ISO26000** を取り上げる。

① **SA8000**（1997 年）

SA8000 はグローバル市場における労働者の基本的人権の保護に関する規格である。労働者の人権保護と労働環境の向上に取り組む国際 NGO の SAI（Social Accountability International）によって策定された。この規格は職場における労働者の権利や労働環境などに関して企業が満たすべき自主的な要求基準として，①児童労働，②強制労働，③健康と安全，④結社の自由と団体交渉権，⑤差別，⑥懲罰，⑦労働時間，⑧報酬，⑨マネジメントシステムの 9 分野を掲げている。SA8000 は **GRI ガイドライン**（Global Reporting Initiative guidelines）においても参考規格となっている。

② **グローバル・サリバン原則**（1999 年）

サリバン原則（1977 年）は，公民権活動家レオン・サリバン牧師が反アパルトヘイトの視点から提唱した企業行動規範である。グローバル・サリバン原則はサリバン原則を改訂したもので，企業に公平な労働機会の提供や人権尊重を求めている。アメリカを代表する機関投資家のカリフォルニア州公務員退職年金基金（CalPERS: California Public Employees' Retirement System）は，グローバル・サリバン原則を採択するとともに，投資先企業に同原則と整合的な行動をとることを要求している（環境省［2003］p. 85）。

③セリーズ原則（1989年）

1989年，エクソン社の大型タンカー「バルディーズ号」がアラスカ沖で座礁し生態系に甚大な被害を与えた。この事故を契機にNGO「セリーズ（環境に責任を持つ経済のための連合）」（CERES：Coalition for Environmentally Responsible Economies）が発足した。セリーズは企業に対して自発的な環境配慮行動を求める**「バルディーズ原則」**[(4)]（1989年）を提唱した。

その内容は①生物圏の保護，②天然資源の持続可能な活用，③廃棄物の削減と処分，④エネルギーの保全，⑤リスクの低減，⑥安全な商品とサービス，⑦環境の復元，⑧情報提供，⑨経営陣の参加，⑩評価と年次監査の10原則で構成されている。同原則は環境報告書のフレームワーク策定に大きな影響を与え，SRIの拡大にも貢献している。

④ ISO26000（2010年）

ISO26000は**国際標準化機構**（**ISO**：International Organization for Standardization）が2010年に発行した**社会的責任**（**SR**：social responsibility）に関する国際規格である。その内容は，①あらゆる組織に向けた社会的責任に関する包括的な手引書，②認証を目的としないガイダンス文書，③マルチステークホルダ・プロセス[(5)]の採用という特徴を持っている。

この規格は社会的責任を次のように定義している。（日本規格協会［2011］p. 40）「組織の決定及び活動が社会環境に及ぼす影響に対して，次のような透明かつ倫理的行動を通じて組織が担う責任。

―健康及び社会の繁栄を含む持続可能な発展に貢献する。

―ステークホルダーの期待に配慮する。

―関連法令を順守し，国際行動規範と整合している。

―その組織全体に統合され，関係中で実践される。」

（4）　1992年に「セリーズ原則」へ改称した。

（5）　多様なステークホルダーが対等の立場で議論し合意を図ることを意味し，ISO26000の作業部会には政府，企業，労働，消費者，NGO，有識者という6つのカテゴリーから代表が参加した。

表 2-2　ISO26000 の構成

序　文	
箇条 1	適用範囲
箇条 2	用語及び定義
箇条 3	社会的責任の理解
箇条 4	社会的責任の原則：説明責任，透明性，倫理的な行動，ステークホルダーの利害の尊重，法の支配の尊重，国際行動規範の尊重，人権の尊重
箇条 5	社会的責任の認識及びステークホルダー・エンゲージメント
箇条 6	社会的責任に関する中核主題：組織統治，人権，労働慣行，環境，公正な事業慣行，消費者課題，コミュニティ参画及び開発
箇条 7	組織全体への社会的責任の統合
附属書A	社会的責任に関する自主的なイニシアチブ及びツールの例
附属書B	略語
参考文献	関連する ISO の規格や政府間の合意文書

(出所) "Social responsibility-ISO 26000 project overview" 2010 をもとに筆者作成。

　ISO26000 は，社会的責任の目的，対応すべき課題，社会的責任のベストプラクティスなど，組織が自主的に社会的責任を実践する際に必要となる情報や知識を統合したツールを提供している。

　箇条 6 の社会的責任は 7 つの中核主題 (①組織統治，②人権，③労働慣行，④環境，⑤公正な事業慣行，⑥消費者課題，⑦コミュニティ参画および開発) で構成されている。これらの中核主題は組織に求められる社会的責任を包括的に網羅しており，各項目は相互に関連し補完し合うことになる。「組織統治」は②～⑦の中核主題を実践する基盤と位置付けられている。

　社会的責任の基盤と位置づけられた組織統治では，組織能力の向上，透明性の確保，説明責任の遂行，リーダーのコミットメント，組織文化の醸成，ステークホルダーとの双方向コミュニケーションの確立が重視されている。

　人権部分は，ハーバード大学教授 J．ラギー[6] がまとめた「企業活動と人権に関する枠組み (Framework for Business and Human Rights)」(2008 年) と「ビジ

図2-2　社会的責任：7つの中核課題

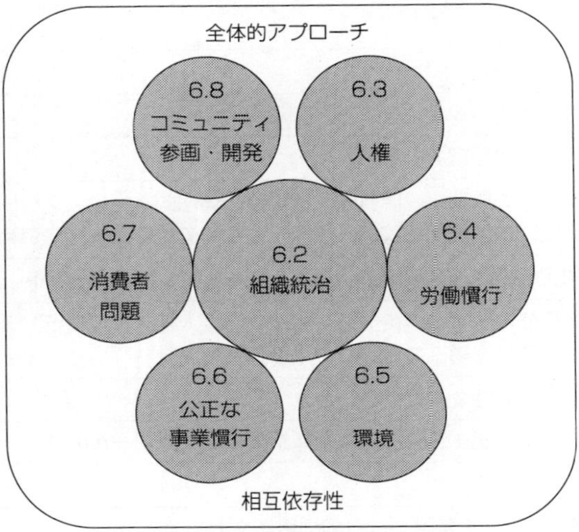

- 全体的アプローチ
- 6.8 コミュニティ参画・開発
- 6.3 人権
- 6.7 消費者問題
- 6.2 組織統治
- 6.4 労働慣行
- 6.6 公正な事業慣行
- 6.5 環境
- 相互依存性

（出所）"Social responsibility・ISO 26000 project overview" 2010をもとに筆者作成。

ネスと人権に関する指導原則（Guiding Principles on Business and Human Rights）」(2011年) がベースとなっている。

　労働慣行では，働き甲斐のある人間らしいデセント・ワーク，ワークライフバランスへの配慮，雇用主と労働者の相互理解の深化，個人の就業能力の向上が重視されている。

　環境については，①環境責任，②予防的アプローチ，③環境リスクマネジメント，④汚染者負担の4原則と7つの考慮点（a. ライフサイクルへのアプローチ，b. 環境影響アセスメント，c. クリーナープロダクションおよび環境効率，d. 製品サービスシステムアプローチ，e. 環境にやさしい技術および慣行の採用，f. 持続可能な調達，g. 学習および啓発）が取り上げられている。

　公正な事業慣行は，組織が企業，顧客，政府等と取引をする際に求められる

（6）「企業と人権」に関する国連事務総長特別代表を務め，国連グローバル・コンパクトの設立に貢献した。

倫理的な行動に関係する事項を規定している。

消費者問題では消費者固有の権利（①安全が確保される権利，②選択の機会が確保される権利，③必要な情報が提供される権利，④教育の機会が確保される権利，⑤意見が反映される権利，⑥被害が救済される権利）の保護が規定されている。

コミュニティ参画および開発では，**国連ミレニアム開発目標**（MDGs：Millennium Development Goals）[7]を踏まえ，ステークホルダー間のパートナーシップの必要性を強調している点が他の中核主題とは異なる特徴である。

(2) 国際機関によるCSRのイニシアティブ

本項では国際機関によって提唱されたCSRに関する行動原則や指針として，**OECD多国籍企業行動指針**（2000年）と**国連グローバル・コンパクト**（1999年・2004年）についてみていこう。

① OECD多国籍企業行動指針（2000年）

1976年，多国籍企業に対して自発的に責任ある行動をとるよう政府から勧告するために策定された指針である。この行動指針は多国籍企業のCSRを推進するためのものである。しかし，法的拘束力がないため行動指針への準拠は各企業の自主性に委ねられている。2011年に行われた改訂で人権に関するパートが新設され，企業に対して人権を尊重する責任と人権デュー・ディリジェンスの実施が求められるようになった。

② 国連グローバル・コンパクト（1999年，2004年改訂）

国連グローバル・コンパクト（UNGC：The United Nations Global Compact）は，1999年のダボス会議でアナン国連事務総長（当時）によって創設された自発的な企業によるイニシアティブである。当初は人権，労働，環境に関する9原則として発足し，2004年に不正・腐敗の防止に関する原則が追加された。本原則に署名した企業には企業市民としての責任を自覚し，サステナビリティの実

---

(7) MDGsは2015年までに達成すべき目標として，1．極度の貧困と飢餓の撲滅，2．普遍的初等教育の達成，3．ジェンダーの平等の推進と女性の地位向上，4．幼児死亡率の削減，5．妊産婦の健康の改善，6．HIV／エイズ，マラリアその他疾病の蔓延防止，7．環境の持続可能性の確保，8．開発のためのグローバル・パートナーシップの推進を掲げている。

表2-3　OECD多国籍企業行動指針（2011年改訂）

定義と原則	「行動指針」遵守は任意であり法的に強制し得るものではない。
一般方針	持続可能な開発の達成，人権の尊重，能力の開発，人的資本の形成，良いコーポレート・ガバナンスの維持等のため企業は行動すべき。
情報開示	企業は活動，組織，財務状況及び業績等について，タイムリーかつ定期的に情報開示すべき。
人　権 （2011年に新設）	企業には人権を尊重する責任があり，自企業及び取引先の活動等において，適切に人権デュー・ディリジェンスを実施すべき。
雇用・労使関係	企業は労働者の権利の尊重，必要な情報の提供，労使間の協力促進，訓練の提供，集団解雇の合理的予告等を行うべき。
環　境	企業は環境，公衆の健康及び安全等を保護し，持続可能な開発の達成等に向け十分考慮を払うべき。
贈賄，贈賄要求，金品の強要の防止	企業は贈賄その他の不当な利益の申し出，約束又は要求等を行うべきでない。2011年改訂では対象範囲を贈賄要求，金品の強要の防止にも拡大。
消費者利益	企業は公正な事業，販売及び宣伝慣行に従って行動し，提供する物品・サービスの安全性と品質確保等のため合理的な措置を実施すべき。
科学・技術	企業は受入国の技術革新能力の発展，受入国への技術・ノウハウの移転等に貢献すべき。
競　争	企業は法律・規則の枠内において競争的な方法で活動すべき。
納　税	企業は納税義務を履行することにより，受入国の公共財政に貢献すべき。

（出所）外務省各種資料をもとに筆者作成。

現に向けてCSRを日常業務のなかで遂行することが求められている。企業のみならず趣旨に賛同する労働組合，NGO，自治体なども多数参加している。現在では約145カ国で10,000超の組織（7,000社以上の企業を含む）が署名している（2012年10月現在）。

　国連グローバル・コンパクトは，CSRをグローバル市場で推進するためのイニシアティブであり，①世界中のビジネス活動に10原則を組み入れる，②ミレニアム開発目標（MDGs）を含むより広汎な国連の目標を支持する行動に対して触媒の役目を果たすことを目的としている。この目的を達成するために

表 2-4　国連グローバル・コンパクトと ISO26000 の対照表

国連グローバル・コンパクト 10 原則			ISO26000 中核主題
—	—	—	組織統治
人権	原則 1	国際的に宣言されている人権の保障を支持，尊重し，	人権
	原則 2	自らが人権侵害に加担しないよう確保すべきである。	
労働基準	原則 3	組合結成の自由と団体交渉の権利の実効的な承認を支持し，	労働慣行
	原則 4	あらゆる形態の強制労働の撤廃を支持し，	
	原則 5	児童労働の実効的な廃止を支持し，	
	原則 6	雇用と職業における差別の撤廃を支持すべきである。	
環境	原則 7	環境上の課題に対する予防原則的アプローチを支持し，	環境
	原則 8	環境に関するより大きな責任を率先して引き受け，	
	原則 9	環境にやさしい技術の開発と普及を奨励すべきである。	
腐敗防止	原則 10	強要と贈収賄を含むあらゆる形態の腐敗の防止に取り組むべきである。	公正な事業慣行
—	—	—	消費者問題
—	—	—	コミュニティ参画および開発

(出所) グローバル・コンパクト・ジャパン・ネットワーク資料をもとに筆者作成。

政策対話，ラーニング，パートナーシップ・プロジェクト，ローカル・ネットワークの4つが実践プログラムとして用意されている。

3　包括的サステナビリティ戦略

3.1　欧州連合のサステナビリティ戦略
(1)　マルチステークホルダー・アプローチ
2000年，欧州委員会は雇用の拡大・改善と一層の社会的結合を確保しつつ，

持続的な経済発展をめざすという方針を定めた[8]。これに続く「グリーンペーパー：企業の社会的責任のための欧州枠組みの推進」(2001年)では，CSRを推進する新たな枠組みを構築するためのパートナーシップのあり方に関する問題提起を行った。欧州委員会はCSRツールの透明性・統一性の確保，ステークホルダー間の共通理解の必要性を認識し，2002年にマルチステークホルダー・フォーラムを設立した。フォーラムはEU共通のアプローチや指針となる共通原理の確立をめざして，先進事例についての情報交換，既存のイニシアティブの集約，CSRとサステナビリティの関係性についての知識の向上，CSRツールの革新[9]などに取り組んだ。

フォーラムが2004年に公表した最終報告書[10]は，EUが取り組むべき課題として①CSRの基本原理に関する意識向上，②CSRに関する情報の収集・交換・普及，③CSRに関する知識・行動の調査および質の向上，④CSRに関する企業の理解力，結合力の推進，⑤CSR分野での能力構築を支援する団体等の能力蓄積[11]，⑥教育・カリキュラムへのCSRの包含，⑦CSRのための適切な条件整備，⑧利害関係者の対話促進，⑨公的機関およびEUの役割強化を指摘した。

⑦で指摘された条件整備は，CSRを推進する企業が市場でメリットを得られるような法的，経済的，社会的フレームワークの整備を意味する。イギリスで実施された年金法改正[12]によって，CSRに関する非財務情報を投資基準とするSRIが拡大したことも条件整備の一つである。

(2) 欧州連合のCSR政策

欧州連合では「企業の社会的責任，持続可能な発展に対する企業の貢献

---

(8) 欧州理事会リスボン会合（2000年3月）
(9) CSRツールには行動規範（Code of Conduct），マネジメント基準，CSR報告・保証，ラベリング，社会的責任投資（SRI）がある。
(10) European Multistakeholder Forum on CSR-Final results & recommendations
(11) ビジネスアドバイザー，消費団体，投資家，労働組合，メディアなどをさす。
(12) イギリスでは2000年に施行された改正年金法によって，年金基金などの機関投資家がSRI投資を加速する動きがみられた。

(Corporate social responsibility, A business contribution to sustainable development)」(2002年) において，CSR を「法的要求を超えて，企業が社会や環境への配慮を自らの事業活動およびステークホルダーとの相互作用に自発的に組み込む概念」と定義した。

欧州連合がめざすサステナビリティは，現世代と将来世代の双方が生活の質 (quality of life) を継続的に発展させていくことを目的としたものであり，EU 域内の全ての政策や活動を包括的に統制する基本理念と位置づけられている。その主な取り組みは①気候変動の抑制とクリーンエネルギーの拡大，②輸送システムの変革，③サステナブルな消費ならびに生産の促進，④自然資源の保全と過剰利用の回避，⑤世代間の連携を視野に入れたソーシャルインクルージョン（社会的包摂）[13] の実現などである。EU は CSR 政策で先駆的な役割を果たしてきたが，その成果は表2-5に示すとおりである。

こうした努力にもかかわらず，欧州委員会は EU 域内企業の事業活動と CSR は十分統合されていないとの認識を抱いている。CSR を推進するための政策枠組みを持っている国は，欧州連合27ヶ国中15ヶ国にとどまっている。欧州委員会は CSR 政策の影響度を高めるため，国際原則やガイドラインと一致した CSR に関する定義の策定，CSR に関する透明性の向上，責任ある企業

表2-5　EU における CSR 政策の進展

CSR の取組内容	2006年	2011年
国連グローバルコンパクト署名企業	600社	1,900社以上
EMAS 登録組織	3,300団体	4,600団体
ビジネス・ソーシャルコンプライアンス・イニシアティブ	69社	700社以上
GRI ガイドラインに準拠したサステナビリィ報告書発行企業	270社	850社以上

（出所）欧州委員会（2011）「CSR についての欧州連合新戦略2011-2014」をもとに筆者作成。

---

[13] 失業者，低所得者，ホームレス，薬物中毒者，障がい者などを孤立させず社会の中に包摂しようという政策理念。

行動に対する市場報酬の拡大などに取り組む必要性を感じている。

(3) 欧州連合の新たな CSR 戦略 (2011～14 年)

欧州委員会が新たに提唱した CSR の定義は「企業の社会への影響に対する責任」であり，その目的は次の二点に集約される。

(1) 株主と広く社会やその他のステークホルダーとの間で，共通価値の創造を最大化する。
(2) 企業の潜在的悪影響を特定・防止・軽減する。

新たな定義の意図は，企業が事業と CSR の統合を推進し，CSR に対する長期的な戦略アプローチをとることでマルチステークホルダーの要求を満たす革新的な製品，サービス，ビジネスモデルを創造することである。これによって経済的価値を創造しつつ社会的にニーズに対応するという**共通価値** (shared value)[14]の最大化が図られるのである。

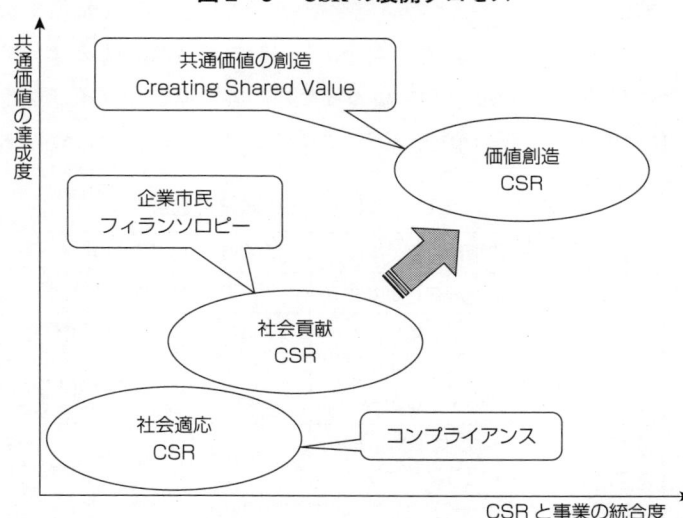

図2-3　CSR の展開プロセス

（出所）パートナーシップサポートセンター資料にもとづき著者作成。

---

[14] E. ポーターが「共通価値の戦略（Creating Shared Value）」（2011 年）で提唱した概念。

欧州連合は多国籍企業に対するOECDガイドライン，国連グローバル・コンパクト，ISO26000などに沿ってCSR政策を推進する方針を示しているが，その目的は中長期にわたって持続可能な成長と雇用を創出する社会基盤を構築することにある。新たなCSR戦略を推進するため，①CSRの見える化とグッドプラクティスの普及，②ビジネスの信頼性レベルの改善，③自主規制，共同規制のプロセスの改善，④CSRの市場報酬の拡大（消費，公共調達[15]，投資[16]），⑤企業の社会・環境に関する情報開示の改善，⑥CSRの教育・訓練・研究への更なる統合，⑦加盟国におけるCSR政策の重要性の強調，⑧CSRに対する欧州と世界のアプローチの調整というアジェンダの推進が求められている。

図2-4　事業とCSRの統合

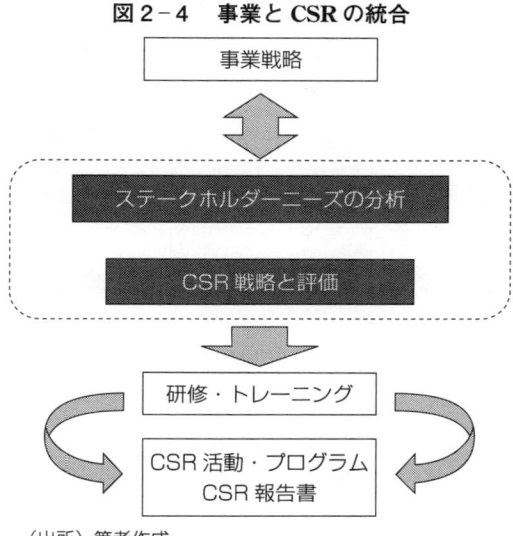

事業戦略 → ステークホルダーニーズの分析／CSR戦略と評価 → 研修・トレーニング／CSR活動・プログラム　CSR報告書

（出所）筆者作成。

(4) 包括的CSR戦略のフレームワーク

　欧州委員会が提示した新しいCSRの定義は，環境や社会に及ぼす企業活動の影響に対する懸念を反映したものである。企業は財務報告のみならず，社会的リターンに関する情報開示を求められている。

　欧州連合が構想する包括的CSR戦略は，4つの柱 (the four pillars of CSR) を中心に展開される。4つの柱とは，職場（従業員），市場（消費者やサプライチェー

---

[15] 社会的責任公共調達ガイドの発行（2011年）
[16] 欧州委員会は国連責任投資原則 (PRI: Principles for Responsible Investment) への署名が望ましいとし，非財務情報を投資判断に組み込むための能力構築を支援している。

図 2-5 包括的 CSR 戦略

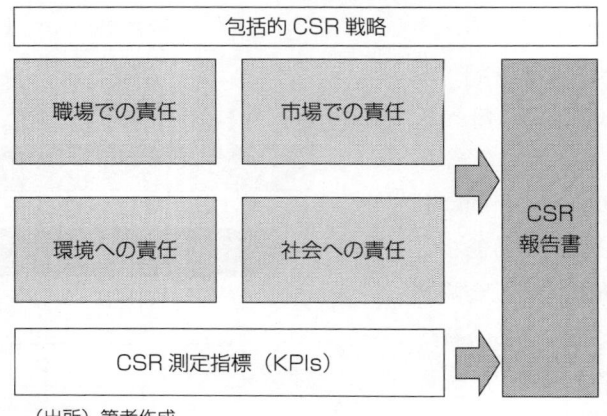

```
┌─────────────────────────────────┐
│        包括的 CSR 戦略            │
└─────────────────────────────────┘
┌──────────────┐ ┌──────────────┐
│  職場での責任  │ │  市場での責任  │
└──────────────┘ └──────────────┘      ┌──────┐
                                        │ CSR  │
┌──────────────┐ ┌──────────────┐      │ 報告書│
│  環境への責任  │ │  社会への責任  │      │      │
└──────────────┘ └──────────────┘      └──────┘
┌─────────────────────────────────┐
│      CSR 測定指標（KPIs）         │
└─────────────────────────────────┘
```

（出所）筆者作成。

ン），社会（マルチステークホルダー），環境（生態系）である。投資家やステークホルダーからの信頼を得るために，経営者は4つの柱を軸とするCSRの実践に向けてリーダーシップを発揮しなければならない。

3.2 サプライチェーンのサステナビリティ

サプライチェーンとは，原材料の供給者から最終需要者に至る全過程（開発・調達・製造・配送・販売など）における業務連関を意味する。企業活動のグローバル化によってサプライチェーンは拡大する傾向にあり，企業はサプライチェーンにおける環境，社会，ガバナンスに関して予防的対応を講ずることが求められている。

国連グローバル・コンパクトはサプライチェーンの持続可能性を「製品とサービスのライフサイクル全体を通じて環境，社会，経済の影響を管理することであり，良好なガバナンスの実行を奨励することである」と定義している（国連グローバル・コンパクト［2010］p. 7）。

アウトソーシングによって企業の負うべき責任やリスクは外部に移転されないし，製品が消費者の手に渡った段階で企業の責任が終わることもない。製

品・サービスのライフサイクルにおける環境的および社会的影響を把握し，サプライチェーンのあらゆる段階において CSR を実践することがサプライチェーンのサステナビリティ実現に貢献するのである。

1997年，ナイキの海外下請工場で児童労働をさせているという非難の声が上がり，同社製品の不買運動へと発展した。ナイキに対する国内外からの批判は，同社が下請工場での労働条件改善を発表する1998年まで続いた。

企業を取り巻く環境は，業界事情，ステークホルダーの期待，ビジネス戦略，企業文化などによって異なるため，企業はサプライチェーンにおけるサステナビリティの目的や意義を明確にしておかねばならない。

図2-6　サプライチェーンマネジメントの意義

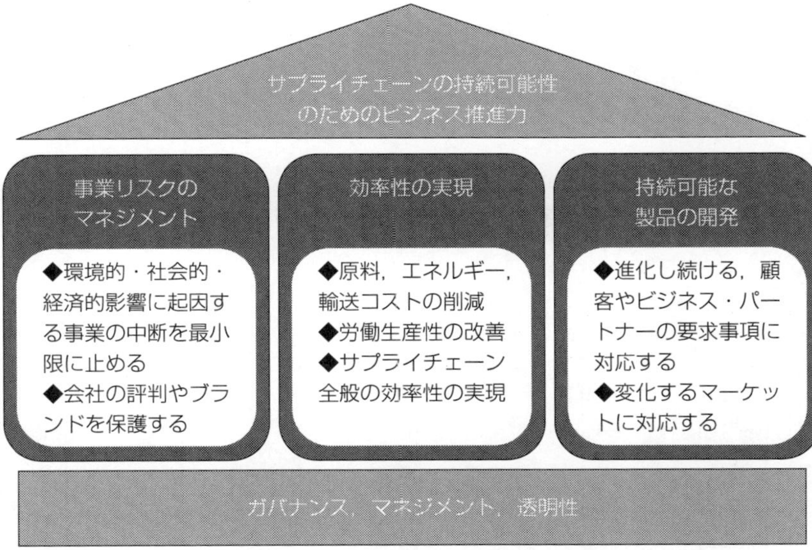

サプライチェーンの持続可能性のためのビジネス推進力

事業リスクのマネジメント	効率性の実現	持続可能な製品の開発
◆環境的・社会的・経済的影響に起因する事業の中断を最小限に止める ◆会社の評判やブランドを保護する	◆原料，エネルギー，輸送コストの削減 ◆労働生産性の改善 ◆サプライチェーン全般の効率性の実現	◆進化し続ける，顧客やビジネス・パートナーの要求事項に対応する ◆変化するマーケットに対応する

ガバナンス，マネジメント，透明性

（出所）国連グローバルコンパクト［2010］『サプライチェーンの持続可能性―継続的改善のための実践的ガイド』をもとに筆者作成。

3.3 情報開示戦略としてのサステナビリティ報告

GRI (Global Reporting Initiative) は，持続可能性報告のガイドラインの作成と普及を目的として設立された非営利組織である。GRIガイドラインは第1版 (2000年)，第2版 (2002年) に続き，2006年に第3版「**G3ガイドライン**」が発行された。

2011年10月現在，日本国内で持続可能性報告書を発行している企業は694社あり，東証1部上場企業に占める割合は41.8%である。発行企業694社のうちCSR報告書および社会環境報告書を発行する企業は553社で，発行企業全体の79.7%を占める。2005年以降，環境報告書からより広汎な領域をカバーするCSR報告書へ移行する傾向がみられる。

非財務情報（サステナビリティ情報を含む）の開示については，**国際統合報告委員会**（**IIRC**: The International Integrated Reporting Council）で**統合報告**の検討が進められている。統合報告が目指すものは，市場参加者がサステナブル経営を的確に評価できるフレームワークを提示することにある。

図2-7 東証1部上場企業のサステナビリティ報告書発行動向
(2005-2011年)

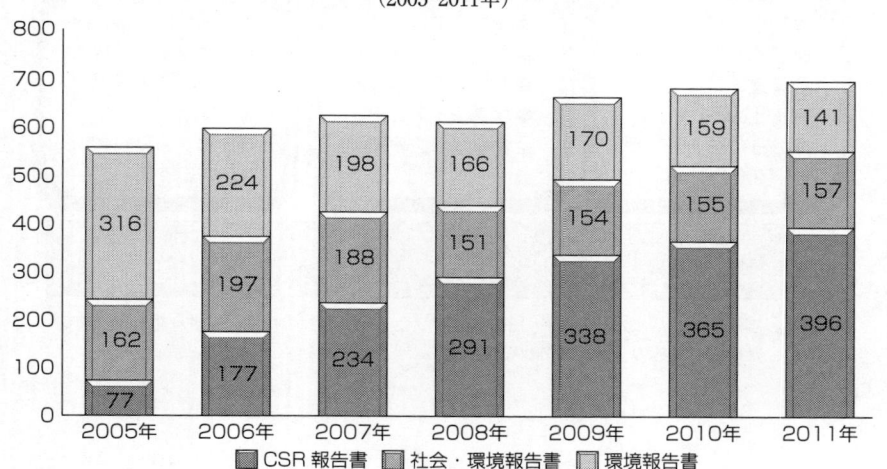

年	CSR報告書	社会・環境報告書	環境報告書
2005年	77	162	316
2006年	177	197	224
2007年	234	188	198
2008年	291	151	166
2009年	338	154	170
2010年	365	155	159
2011年	396	157	141

（出所）銀泉リスクソリューションズ [2012] p.2をもとに筆者作成。

責任投資原則（**PRI**：Principles for Responsible Investment）[17]に署名する機関投資家が増えており，非財務情報に対する開示ニーズは高い。IIRC は明確性，正確性，一貫性を持った財務情報，環境情報，社会関係情報，ガバナンス関係情報の統合を志向しており，これは機関投資家の要請に応えるものである。

1990 年代以降，わが国では金融グローバリゼーションの影響を受けて，外国人投資家の持株比率が高まった。ISO26000 の影響もあり，企業が担う責任の範囲は，直接的な影響のみならず間接的な影響へと拡大している。

児童労働に起因するナイキの不買運動（1997 年），アップルのサプライチェーンにおける劣悪な労働問題（2010 年）の例が示すように，グローバル基準によるサステナビリティ情報開示の必要性は共通認識となっている。

表 2-6 は，米国 S&P500 の市場価値の構成要素の推移を示している。市場価値に占める Physical and financial assets（物的および財務的資産）の比率は，1975 年の 83％から 2009 年の 19％へ低下した。市場価値の大半は無形要因によるものであるが，財務諸表で開示されている内容は僅かに過ぎない。

企業価値は，財務資本や有形資産で示される会計上の価値のみによって表象されるものではなく，非財務情報を含めた多面的な視点で評価される方向へ変化している。欧州諸国が非財務情報の開示に関する取り組みをリードしており，欧米をマーケットにしている新興国でもその動きは広がっている。

表 2-6　米国 S&P500　市場価値の構成要素

	1975 年	1985 年	1995 年	2005 年	2009 年
Physical and financial assets	83.0％	68.0％	32.0％	20.0％	19.0％
Other factors	17.0％	32.0％	68.0％	80.0％	81.0％

（出所）日本公認会計士協会（2011）『統合報告にむけて―21 世紀における価値の伝達（仮訳）』p.8。

（長谷川　直哉）

---

(17)　機関投資家に対して ESG 課題（Environmental, Social, Corporate Governance における諸課題）を投資の意思決定プロセスに反映させることを求めたもの。

COLUMN 1

Newsweek Global 500 にみる CSR 評価

ニューズウィークは財務業績と CSR 評価を組み合わせてグローバル企業の評価を試みている。

[ランキング方法]
① FTSE 先進国指数を構成する事業会社の中で売上高上位 1,000 社が対象。
② 財務得点は収益性・成長性・安全性の三つの評価を定量化。
③ CSR は英 EIRIS 社が提供するデータにより評価。

下表は主要地域の CSR 分野別平均点の結果である。国別平均点では、欧州企業が世界平均を上回り、日本は平均水準、アメリカは平均を下回る結果となった。イギリスは「企業統治」「社会」で高得点を獲得し、日本は「環境」で好成績を収めたものの「企業統治」では最下位に終わった。

CSR における欧州企業の優位性が明らかとなったが、CSR で高い評価を受けた企業が必ずしも財務面でも好成績を収めているとは限らない。CSR と事業活動の統合によって、両者の好循環を生み出すことが経営者に求められている。

主要地域・国の CSR 平均点（2006 年）

国　名	500 社中の企業数	CSR 合計 (60 点)	企業統治 (15 点)	従業員 (15 点)	社　会 (15 点)	環　境 (15 点)
500 社平均点	500	38.36	10.17	8.76	11.25	8.18
欧　州	191	43.02	10.97	10.65	12.24	9.16
イギリス	64	45.25	12.55	10.51	12.77	9.45
ドイツ	25	41.18	10.53	10.75	11.40	8.50
フランス	31	40.44	9.33	11.37	11.68	8.06
日　本	118	39.47	9.01	8.87	10.97	10.61
アメリカ	161	32.64	10.02	6.51	10.47	5.65
欧州平均—日本平均	—	3.55	1.95	1.79	1.27	−1.45
欧州平均—アメリカ平均	—	10.38	0.95	4.15	1.77	3.51

（出所）「ニューズウィーク日本版（2006 年 6 月 21 日号）」をもとに筆者作成。

（長谷川　直哉）

演習問題

1 日本，欧州，アメリカにおける CSR の発展プロセスを比較しなさい。
2 持続可能性報告書を読んで，CSR に関する国際的な行動原則や指針に対する企業の取り組み内容を分析しなさい。
3 持続可能性報告書やアニュアルレポートを読んで，企業の事業戦略における CSR の位置づけを確認しなさい。
4 複数の SRI ファンドを調べて，CSR 評価の手法を比較・検討しなさい。
5 ISO26000 のフレームワークを使って，あなたが所属する組織の CSR を評価しなさい。

第3章

環境経営の進展

　環境問題が国際社会の動向を大きく左右する時代となっている。エネルギー革命や**社会的革新**（social innovation）の推進要因としても制約要因としても，環境問題は無視できない。昨今の世界的金融不況においても，経済の再生と雇用の創出・吸収を狙いとする経済対策の一つとして環境ビジネスの育成・発展が大きな柱（**グリーン・ニューディール政策**）となっている。本章では，かかる環境問題について企業経営の観点から総体的に捉え，**環境経営**（eco-management）の基本構造とその機能デザインについて考察する。

1　環境問題に対する国際的取り組み

1.1　環境問題の国際化

　環境問題は最近になって初めて生じた問題ではない。人間の生活が，自然に働きかけ，資源を費消し，その恵みを技術と工夫とによって最大限に享受できるようにすることで成り立ってきたのであるから，人類の進歩と発展そのものが環境問題と結びついている。では，なぜ今，環境問題が叫ばれるのか。

　その背景にあるのが，産業の高度化と大規模化，経済のグローバル化，人口の急激な増加，情報通信技術の発達などによって，人々が認知する環境問題の質も量も範囲も格段に広がったことである。多くの人が，①地球が本来有する自然回復力や汚染浄化能力を超えているのではないか，②将来世代は現在のわれわれと同じような自然の恵みを享受することができないのではないか，そして，③われわれの生活自体も生態系に内在する食物連鎖や栄養段階における循

環システムの破壊の潜在的な影響を受けているのではないか，といった不安を感じ始めている。世界各地で起こる気象災害や，干ばつや塩害による農産物価格の高騰，希少資源や野生種のバイオ特許をめぐる国際紛争，拡大する貧困や飢餓，経済格差など，さまざまな経済・社会問題が環境問題と結びつけられて理解されるようになったのである。**気候変動リスク**や**環境リスク**は，今や国際政治や世界経済の動向を大きく左右するテーマとなっている。

このような気候変動リスクや実際の環境破壊に対して，世界が一つになって取り組もうという姿勢を明確に打ち出したのが，1992年にブラジル・リオ・デ・ジャネイロで開催された**国連環境開発会議（地球サミット）**[1]である。ここ

表3-1　リオ宣言の主たる内容

原則			
1	持続可能な発展	15	予防的アプローチ
2	国の環境責任	16	汚染者負担の原則
3	開発の権利に関する世代間の公平	17	環境影響評価
4	環境保護	18	緊急事態への支援
5	貧困の撲滅	19	事前の適切な通告と関連情報の提供
6	開発途上国や最貧国における優先的配慮	20	女性の参加
7	グローバル・パートナーシップの精神	21	青年による国際パートナーシップの構築
8	適切な人口政策の推進	22	先住民族の参加
9	技術の開発，適用，普及及び移転	23	抑圧・制圧・占領下の人権と資源の保護
10	市民参加	24	戦争による環境破壊
11	環境法の整備	25	平和，開発及び環境保全における相互依存
12	協力的な国際経済システムの促進		
13	被害者の救済と賠償	26	環境に関する紛争の平和的解決
14	有害活動／物質の国外移転の禁止	27	協力関係の推進

（出所）国連事務局・環境庁・外務省監修（1993）『アジェンダ21－持続可能な開発のための人類の行動計画－』（'92 地球サミット採択文書），㈳海外環境協力センター参照。

（1）　UNCED（U. N. Conference on Environment and Development）では，多くの環境NGOやNPOが参加したため，環境問題への取り組みにNGO/NPOの協力が重要であることが認識されるきっかけとなった。また，2012年は地球サミットから20年を経過したことから，「国連持続可能な開発会議（Rio＋20）」が再びリオ・デ・ジャネイロで開催され，地球サミット以降のリオ宣言／アジェンダ21のフォローアップが行われた。

で採択された**環境と開発に関するリオ宣言**（表3-1）と**アジェンダ21**が，地球環境問題に取り組むその後の国際社会の方向性を示すものとなった。

1.2　環境に係る諸原則

　環境問題を巡っては，多くの利害関係者（stakeholders）が存在するので，多様な視点やさまざまな考え方が交差する。この点を整理し，基本的な考え方や責任類型を整理したものが，環境に係る諸原則である。ISOの社会的責任国際規格では，次の4つを挙げている（ISO26000：2010，6.5.2.1参照）。

(1)　環境責任（environmental responsibility）

　法規制の順守だけでなく，自らの活動が引き起こす環境影響に対して責任を負う。のみならず，自らが影響力を及ぼし得る範囲内で他者の環境パフォーマンスの改善を図ることも要求される。すなわち，バリューチェーン全体に視野を広げなければならないことが責務として盛り込まれている。

(2)　予防アプローチ（precautionary approach）

　環境や人間の健康に重大な損害や取り返しのつかない（不可逆的な）被害が発生する恐れがある時，その予防のための対策を講じることは当然であるが，それだけにとどまらず，仮に被害／損害との因果関係が科学的に十分に証明されていない場合であっても，環境劣化や健康被害を防ぐための費用対効果の高い予防策を先延ばしにしてはならない。また，予防策の費用対効果を考える場合，短期的な経済費用だけでなく，長期的な費用便益も考慮すべきである[2]。

(3)　環境リスク・マネジメント（environmental risk management）

　サステナビリティの観点からリスク・アプローチを採用し，事業活動等に潜む環境リスクや環境影響を，評価し，回避し，軽減し，緩和するためのプログラムを実施しなければならない。また，いったん発生した環境事故や安全衛生上の影響負荷に対しては，すみやかに緩和・軽減処置を講じるとともに，行政や地域住民に連絡する体制・手順を予め整備しておかなければならない。

（2）　ISO26000規格では，予防アプローチは，環境（6.5）だけでなく，消費者課題（6.7）でも，消費者保護のための原則として採用している（6.7.2.1参照）。

(4) 汚染者負担（polluter pays）

自らの活動によって引き起こした汚染に対して，社会に対する環境影響の範囲及び必要な救済措置，汚染が許容レベルを超えた程度に応じて，汚染の浄化費用を負担しなければならない。費用負担のための引当金等の経済的手法を他者と協力して推進することも認められている。いずれにおいても，汚染を防止するための経済的・環境的便益を数値化する努力が必要とされる。

1.3 その他のアプローチ

ISO26000 規格では，上記 4 つの環境原則のほかに，より具体的なアプローチ手法として次の項目をあげている（同 6.5.2.2 参照）。

(1) ライフサイクル・アプローチ（life cycle approach）

製品サービスの環境影響を軽減し，原材料の採取やエネルギー生成から，生産段階・使用段階を経て，耐用年数経過後に廃棄・回収されるまでのライフサイクル全体にわたる社会経済的パフォーマンスを改善することを考慮しなければならない。**ライフサイクル思考**（life cycle thinking）が不可欠となる。

(2) 製品サービスシステム・アプローチ（a product-service system approach）

製品を販売・提供することに力を入れるのではなく，製品に対して顧客が求める機能やサービス，あるいは顧客のニーズを満たすことのできるシステムを販売・提供することにシフトすることをいう。ライフサイクル全体の環境負荷を減らすために，**3R**（Reduce, Reuse, Recycle）のうち，資源／環境負荷の削減と再利用とによって新たなビジネスモデルを構築することを提唱している。わが国では「グリーン・サービサイジング」[3]と呼ばれており，原材料の使用量を削減し，物質フローから利益獲得機会を切り離し，製品のリースやレンタル・共同利用によって収益を上げることを提唱している。

---

(3) 経済産業省 HP「グリーン・サービサイジング事業」(http://www.meti.go.jp/policy/eco_business/servicizing/gs-index.html) 参照。

表 3-2　環境に関する課題一覧

項目No.	課題	
6.5.3	1	**汚染の予防** 大気への汚染，排水，廃棄物管理，有毒及び有害化学物質の使用及び処理，その他の特定可能な汚染
6.5.4	2	**持続可能な資源の利用** エネルギー効率，水の保全，水の利用，水へのアクセス，材料の使用効率，製品の資源所要量の最小限化
6.5.5	3	**気候変動の緩和及び気候変動への適応** 温室効果ガス（GHG）排出抑制（緩和），気候変動への対応（適応）
6.5.6	4	**環境保護，生物多様性，及び自然生息地の回復** 生物多様性や生態系サービスの評価・保護及び回復，土地及び天然資源の持続可能な使用，環境にやさしい都市開発及び地方・村落開発の促進

（出所）ISO26000：2010 Guidance on social responsibility 6.5.参照。

(3)　持続可能な調達（sustainable procurement）

購入意思決定の際に，調達する製品サービスのライフサイクル全体を通じた環境的，社会的，倫理的パフォーマンスを考慮することである。具体的には，エコラベルのようなラベリング制度を利用したり，検証制度を利用したりして，環境影響を最小限に抑えた製品サービスの購入を推奨している。

この他，後述する環境影響評価，クリーナー・プロダクション及び環境効率，環境にやさしい技術及び慣行の採用，学習と啓発などが取り上げられている。その上で，組織が取り組むべき環境に関する課題を例示している（表3-2）。

2　環境配慮経営

2.1　企業経営と環境認識

今日では，持続可能な発展に向けて，多くの組織が環境問題に取り組むことを表明し，また実践している。かかる組織の取り組み姿勢を**環境経営**と総称している。例えば，環境省環境報告ガイドライン（2012年版）では，「**環境配慮経**

営（Eco-Minded Business）」を次のように定義している。

「環境配慮経営とは，事業活動に伴って直接的または間接的に発生する環境への影響や関連する経済・社会的影響を削減・管理するために，事業者がバリューチェーン全体を視野に入れて行う取組を総称したもの」（同 p. 12 参照）

このような事業者の環境配慮が，経済・社会のグリーン化やグリーン・イノベーションを創出し，地球環境の保全と持続可能な発展に寄与するのである。

しかしながら，企業等が環境に取り組む際に生じるいちばんの問題は，環境問題の大きさに対して個々の経済主体である企業の大きさが釣り合わない点である。とりわけ地球温暖化や野生種の減少などといった地球規模の環境問題となると，個別企業の努力が問題解決のためにどの程度役に立つのかすぐにはわからず，環境への取り組みに徒労感を感じてしまうこともある。

2.2 環境効率の概念

これに対して解決の糸口を提供したのが，持続可能な開発のための世界経済人会議（WBCSD）[4]の報告書『Changing Course』（1992年）である。この報告書では，企業は経済と環境の両面において効率的であるべきであるとして，**環境効率（eco-efficiency）**の概念を提唱した。これは，人間のニーズを満たすとともに生活の質を高める財・サービスを，そのライフサイクル全体にわたる環境への影響と資源の利用量を地球が耐え得る限度以下に引き下げながら，競争力のある価格で提供することを示すための指標として提案されたものである。

環境効率の考え方は，資源生産性の観点から考えると分かりやすい。資源生産性とは，投入された資源量に対する産出の増分を比較するもので，1単位当たりの資源投入に対してどの程度の付加価値が得られたのかを表わす。

$$資源生産性 = \frac{付加価値}{資源投入量}$$

---

(4) WBCSD (World Business Council for Sustainable Development) は，世界中の経営者やビジネスマンによる会議体で，1990年当時はBCSDとして活動していた。

この式の，分母に環境負荷量や廃棄物量，定量化された環境影響などの環境に関する変数を用い，分子に製品サービスの価値等の産出量を用いると，1単位当たりの環境負荷に対する付加価値がわかる。つまり，環境負荷を発生させることによってどれだけの付加価値が得られたのか，その割合を示す。これが環境効率指標である。

$$環境効率（eco\text{-}efficiency）= \frac{製品サービスの価値}{環境負荷量}$$

環境効率を上げるためには，分子を小さくするか，分母を大きくする，もしくはその両方を達成すればよい。そして，この環境効率の値を新旧の製品間で比較すれば，新製品が旧製品と比べてどれほど環境効率性が改善されたのかがわかる。これが，**ファクター指標**（Factor X）[5]である。

$$ファクター指標（Factor X）= \frac{新製品の環境効率}{旧（基準年）製品の環境効率}$$

わが国では，2006年に大手電機メーカーがファクター指標の標準化のためのガイドラインを策定し，2009年には『製品の環境効率指標の標準化に関するガイドライン』に改訂し，8社6製品が対象とされている。

2.3 環境マネジメントの国際規格化

さらに，環境への取り組みを企業経営に容易に取り組むことができるようにするために，WBCSDは次の2つの提案も行なった。

① ビジネスにおいて持続性のある技術の導入・普及のためには，環境に関する国際規格が重要な手段となる
② 製品・サービスのライフサイクル分析のための国際規格が必要である

---

(5) ファクター指標は，ドイツのブッパタール研究所（Wuppertal Institute for Climate, Environment & Energy）が，限りある地球資源の消費を下げつつも人類の豊かさを大きくしていくための指標として開発・提唱したものである。同研究所は，製品の生産のために使われた物質量を重さで表した指標「エコロジカル・リュックサック（ecological rucksack）」指標も開発している。

①の提言は，環境への取り組みを品質マネジメントと同様の国際標準（global standard）とすることで，**最良の利用可能な技法（BAT：best available technique）**の導入やその費用対便益を明確にし，ビジネスのあり方を変革していこうというものである。②の提言は，製品サービスの環境配慮を検討するためには，確立された手法とそれに基づく信頼性のあるデータを提供する国際的に承認されたシステムが必要であることを指摘したものである[6]。いずれの提案も，WBCSDのメンバーが実際のビジネスに携わる経済人であることによるもので，実務における有用性と経営管理ツールとしての有効性とが確保されなければならないことを念頭においたものであった。

WBCSDの諮問を受けた**国際標準化機構**（ISO：International Organization for Standardization）では，環境に関する戦略諮問グループ（SAGE：Strategic Advisory Group on Environment）を立ち上げ，環境マネジメントシステムに関する英国規格（British Standards 7750）と，EUの環境管理・監査スキーム（EMAS：Eco-Management and Audit Scheme）を参考にしながら，環境マネジメントシステムの国際規格開発を行ったのである。

2.4 環境マネジメントシステム

ISOでは，環境マネジメントに必要な規格を規格番号14000番代に集約させている（表3-3参照）。なかでも企業の環境経営の推進に大きな役割を果たした規格は，1996年に発行された**ISO14001環境マネジメントシステム（EMS：Environmental Management System）規格**である。品質マネジメントシステム規格（ISO9001）と同様の独立した外部機関による認証／登録をすることができる国際規格であるが，規格自体の構造もマネジメントシステムについての考え方も，両者はよく似ている[7]。特に大きな共通点としては，両者が**PDCAサイ**

---

(6) 既存の環境活動やエコロジー運動に対する異論や批判の中には，想定されているライフサイクルの時間的・空間的範囲が異なることが議論の一端となっている例もある。古くは布おむつvs.紙おむつ，近年では原子力発電所の環境影響評価，ペットボトルの再資源化の是非，エコカーや太陽光発電が本当にエコなのか，といった議論などにもみられる。

クルを基本構造とするマネジメントシステムを採用している点である。

　PDCAサイクルは，品質管理の分野で広く活用されてきたマネジメント手法である。品質改善（QC: quality control）活動を行う上で，Plan（計画）—Do（実行）—Check（監視）—Act（見直し）の段階を経ることを1サイクルとし，このサイクルを繰り返すことで**継続的な改善**（continual improvement）を図ろうとするものである。現在では，基本マネジメントシステムとして，あらゆる種類のマネジメント手法に応用され，組み込まれている。

表3-3　ISO環境マネジメント関連規格の構成

規格番号	規格のテーマ
14001〜	環境マネジメントシステム（EMS）
14010〜	（旧）環境監査の指針※現在は，19011：マネジメントシステム監査の指針
14020〜	環境ラベル
14030〜	環境パフォーマンス評価
14040〜	ライフサイクルアセスメント（LCA）
14050〜	環境マネジメント用語（14050）
14051	マテリアルフローコスト会計
14060〜	温室効果ガス及びカーボンフットプリント
TR14061	森林経営組織における環境マネジメントシステム情報
TR14062	環境適合設計（DfE: Design for Environment）
14063	環境コミュニケーション
Guide64	製品規格で環境課題を取り扱うための指針
26000	社会的責任に関する手引
50001	エネルギーマネジメントシステム（EnMS）

（注）日本規格協会ホームページ参照。

（7）　ISO9001規格も14001規格も現在改訂作業中である。今回の改定作業ではマネジメントシステム規格の共通テキスト化が検討されており，規格の基本構造，用語，共通する要求事項等の定型化が図られている。マネジメントシステム監査については既に共通化が終了している（ISO19011：2011参照）。新しい規格は2015年頃の発行が予定されている。

(1) 環境側面マネジメント

環境マネジメントにおけるマネジメントの対象は何か。地球環境問題そのものをマネジメントする手法なのであろうか。前述のように、個々の経済主体にとって地球環境問題はあまりに大きく、何をすれば良いのかわからずに困惑することが少なくない。そこで14001規格では、環境問題と企業活動（及びその成果たる製品サービス）との間に因果関係を想定し、結果として発現する環境影響（environmental impact）[8]は企業活動の何を原因にして生じているのか、その原因部分を洗い出すことを要求し、その原因部分を環境側面（environmental aspect）[9]と名づけた。すると、原因たる環境側面を上手くマネジメントすれば、結果として生じる環境影響を軽減させることができると考えたわけである（図3-1参照）。

つまり、環境影響を直接マネジメントすることは技術的にも経営的にも時間的にも、多大な困難が想定されるので、企業活動の中にある環境側面をマネジメントすることによって環境影響を軽減させようというのである[10]。

図3-1 環境側面と環境影響の関係

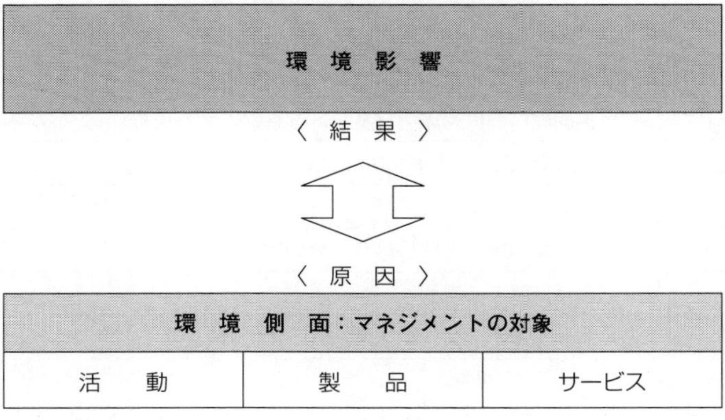

```
┌─────────────────────────────────┐
│          環 境 影 響              │
└─────────────────────────────────┘
             〈 結 果 〉
               ⇕
             〈 原 因 〉
┌─────────────────────────────────┐
│   環 境 側 面：マネジメントの対象    │
├──────────┬──────────┬──────────┤
│   活 動   │   製 品   │ サービス │
└──────────┴──────────┴──────────┘
```

---

(8) 環境影響は、「有害か有益かを問わず、全体的に又は部分的に組織の環境側面から生じる、環境に対するあらゆる変化」と定義される（ISO14001：2004 3.7）。
(9) 環境側面は、「環境と相互に作用する可能性のある、組織の活動又は製品又はサービスの要素」と定義される（ISO14001：2004 3.6）。

環境側面マネジメントという仕組みを使うことで,直接的にはマネジメントすることができない環境影響であっても,それと因果関係で結ばれる企業活動や製品・サービスの環境側面をマネジメントの対象とすることができるようになった。同じことは,本来であればマネジメントの対象とはならない他の経済主体,例えば,取引先や協力会社,顧客,廃棄物処理業者等に対するマネジメントとしても考えることができる。すなわち,自らの環境側面を通じて,他の経済主体が発生させている環境影響に対する改善を求めていく(影響力を及ぼす)契機が生まれるのである。取引先に対しては,自社でグリーン調達(グリーン購入)基準を定めて,環境配慮製品の優先的購入を進めることができる。事実,環境配慮した経営を行う企業との取引を優先する等の取引先選別を行うことが実際に行われている[11]。産業廃棄物処理業者に関しては,産業廃棄物処理法に基づいて,廃棄物の排出事業者はマニフェスト伝票(産業廃棄物管理票)の発行・回収・照合をすることが義務付けられている。したがって,自身の排出した廃棄物が適正に処理されているか,最後まで追跡して確認することが必要とされる。そのため,廃棄物処理業者をモニターしなければならない。その他,流通の簡素・効率化や低環境負荷化[12],容器包装材の再利用や減容化などの対策のほか,顧客に対しては,自社の使用済み製品の回収や再資源化

---

(10) 環境経済学や環境政策の領域では,環境問題は外部不経済と捉えられる。市場メカニズムがうまく機能せずに,外部(社会)がコストを負担している状態と考えるのである。この外部コストを事業者にきちんと負担させるために,例えば環境税や排出権取引などの仕組みを設ける。これによって,事業者は内部化されたコスト削減のために,環境問題の発生を抑制し,環境影響を軽減させるインセンティブを持つ,というわけである。14001規格では,環境側面という概念を取り入れることによって,外部で発生した環境影響を組織内部に起因する問題として認識させる仕組みを作ったのである。

(11) CSRを推進する企業では,CSR調達基準やサステナビリティ調達規準を設けて,環境のみならず,人権や労働慣行,公正取引,消費者課題等についても調査し,自社の取引先としての妥当性を検討している。紛争鉱物訴訟に例示されるように,どのような取引先とビジネスを行っているのかについても,社会的責任の観点から事業リスクとなりつつあるからである。

(12) トラック・航空機輸送による排気ガスの発生や騒音,振動等の交通公害を回避するため,鉄道や船舶による貨物輸送に切り替えるモーダルシフト(modal shift)も含まれる。

等のリサイクル事業への協力要請なども求められる。

このように，環境側面マネジメントを通じて，環境に係るバリューチェーンが広がっていくのである。

(2) 環境影響評価

環境影響を引き起こす原因たる環境側面を洗い出したならば，次にどの環境側面から取り組みを開始するのか，その優先順位をつけるために**環境影響評価**（EIE：environmental impact assessment）[13] が行われる。洗い出されたすべての環境側面に対して対策を講じることができるのであれば問題はないが，限られた経営資源（ヒト・カネ・モノ・情報）の有効利用も図らなければならないのであるから，ここでの評価結果が，実質的に企業が取り得る環境保全対策の内容や優先順位を規定することになる。

また，環境影響評価の結果，環境影響が小さく，評価点が低くなって取組み順位が劣後になったとしても，経営課題上の重要事項として優先的に取り組まれる場合もある。例えば，原子力発電所の事故による放射線汚染が広く懸念されているような状況においては，仮に汚染の実態が極めて低い場合であっても，消費者に商品の安心と安全を提供するために，被曝線量の監視や測定結果の公表などを優先的に行わなければならないケースもある。

(3) 法的及びその他の要求事項の特定と順守評価

企業経営において，法令順守は当然のことである。しかし，注意しなければならないのは，14001規格が要求している法令順守とは，EMSを運用する上で求められる法令順守をいっている点である。

ISO14001規格では，環境側面を視座の中心において，どの環境側面にどのような法令が適用されるのかを検討することが求められる。すなわち，環境影響を惹起する環境側面が洗い出されたならば，その環境側面に関係して適用さ

---

[13] 環境影響評価は，発生の可能性や頻度，結果の重大性，対策の緊急性や難易度等が検討される。ここで検討された内容は，環境リスク・マネジメントや環境事故等が発生した場合の事業継続計画（BCP：Business Continuity Planning）のための基礎的資料にもなる。

れる法令や組織が同意するその他の要求事項を特定し，それをどのように守っていくのかを決めなければならない（4.3.2参照）。また，法令には改廃もあるので，常に最新版であることを確認し，それが適切に守られているのかを定期的に評価しなければならないのである（4.5.2参照）。

(4) 環境パフォーマンス評価

環境マネジメントにおける測定／評価は，環境目的・目標がどの程度達成されたかを確認する**環境パフォーマンス評価**（**EPE: environmental performance evaluation**）[14]によって行われる。この環境パフォーマンス評価については，ISO14031 : 1999 規格が発行されており，階層別の環境パフォーマンス指標（EPI : environmental performance indicator）を設定することが推奨されている（図3-2参照）。

ISO14031規格では，管理可能原則にのっとり，マネジメント層に対する指標（MPI）と現場作業レベルの指標（OPI）とに分け，管理責任の内容と程度に

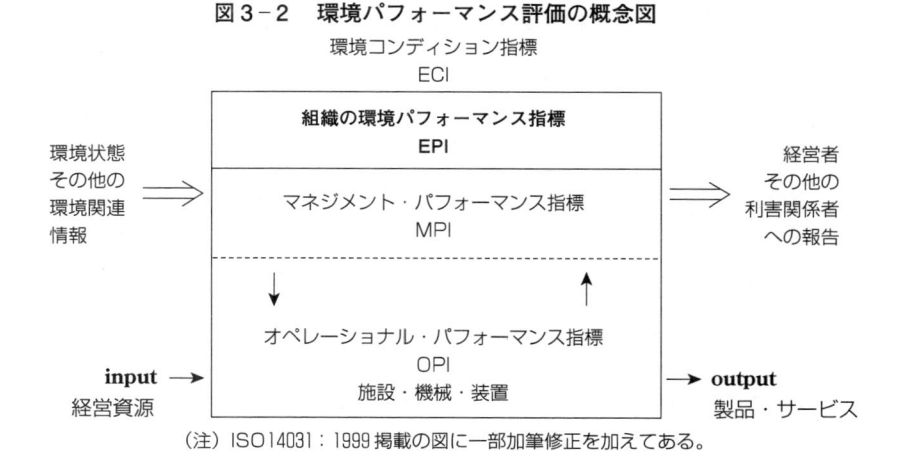

図3-2　環境パフォーマンス評価の概念図

環境コンディション指標
ECI

組織の環境パフォーマンス指標
EPI

環境状態その他の環境関連情報　→

マネジメント・パフォーマンス指標
MPI

オペレーショナル・パフォーマンス指標
OPI
施設・機械・装置

→　経営者その他の利害関係者への報告

input
経営資源

→ **output**
製品・サービス

（注）ISO14031 : 1999 掲載の図に一部加筆修正を加えてある。

---

(14) 環境パフォーマンス評価とは，「組織の環境パフォーマンスが，組織のマネジメントによって決められた基準を満たしているか否かを判定するために，継続的に信頼可能で，かつ検証可能な情報をマネジメントに提供するように策定された内部マネジメントプロセス及びツール」である（ISO14031 : 1999 序文）。

応じてその成果の測定／評価を行うものとされている。また，企業の環境パフォーマンス指標が，企業にとって都合の良いものだけが選択されないように，環境全体の状態を表す環境コンディション指標（ECI）を併せて検討することが求められる。評価単位についての取り決めはなく，物量単位でも，指数化された数値でも，貨幣単位でもよい。いずれも定量化し，検証可能な測定値を用いることが望ましい。但し，定量化が困難な場合は，定性的評価でもよい。

指標の選択・開発については組織の環境方針や環境目的・目標に依存するが，指標と最終目標（goal）との間にどのような関係性を見出すのかが重要である。目標達成に向けての先行指標となる場合もあれば，遅行して現れる指標もある。場合によっては，事業からの撤退や閉鎖，投資の引き上げといったマイナス判断につながるシグナルを必要とすることもあり得る。いずれにせよ，環境マネジメントを形成する環境側面の論理構造と，それを的確に反映したパフォーマンス指標を選択・構成することが重要なこととなる。

ISO14001規格には環境パフォーマンス評価に関する要求事項がない。そのため，14001規格の発行当初（1996年），「形（システム）だけで中身（パフォーマンス）がない規格」との批判もなされた。そのため，2004年改訂では，EMSそのものの有効性（effectiveness）が厳しくチェックされるようになった。つまり，環境パフォーマンスの改善やその水準の向上が見られないようなEMSには，システム上の欠陥があるのではないか，と考えられるようになったのである。さらに，システム構築・運用の効率性を考えると，マネジメントシステムとしての親和性の高い他のシステム[15]，例えば，品質マネジメントシステム（QMS：quality management system）や労働安全衛生マネジメントシステム

---

[15] 本文で紹介したもののほかにも，業種によっては，持続可能な成長を実現する質マネジメントシステム（JISQ9005/9006 Quality management system—Guidelines for sustainable growth），リスクマネジメントシステム（JISQ2001 : 2000 Guidelines for development and implementation of risk management system），食品安全性マネジメントシステム（ISO22000 Food Safety management systems），HACCPシステム（Hazard Analysis Critical Control Point system）などとの連携も視野におくことができよう。

(OSHMS : occupational safety and health management system) などと併せた統合マネジメントシステムの構築を推進する企業も出てきている。すると，パフォーマンス指標も，環境分野に限らず統合された他の分野とのパフォーマンス指標との均衡や相乗効果を計るものが必要となる。その意味で，マネジメントシステムの有効性評価とパフォーマンス評価とは，評価ツールとしては異なっていても表裏一体のものとして活用することが求められよう。

3 サステナビリティ・マネジメント

3.1 環境マネジメントの階層

ISO 環境マネジメント規格を例にとって環境経営の構造や手法を概観したが，実際は多様で機知にとんだ取り組みがなされている。その多くは，汚染物質や環境負荷の発生源である環境側面に対し，その削減や軽減に取り組む直接対策と，環境改善を促進・支援するための間接対策とを組み合わせている。

直接的対策の典型は紙・ゴミ・電気の削減を図るための省エネ・省資源活動や廃棄物の削減活動，ゼロエミッション活動[16]，あるいは発生した汚染の修復や原状回復などであるが，それ以外にも，工程の最後や排出箇所での環境保全対策を講じる**点源管理**（end of pipe）や，企業内部の生産工程や工法など，業務フローそのものを見直して，そこから発生する環境負荷の低減を図ろうとする**クリーナー・プロダクション**（cleaner production）なども含まれる。環境負荷低減や環境保全をビジネスの目的とした**環境ビジネス**なども含まれる。

間接的手段の代表的なものは，EMS の構築・運用や，従業員の環境教育，利害関係者との環境コミュニケーション，環境広告や環境報告書等の環境パブリシティ，環境マーケティング，環境ファイナンスなどがある。これらには取

---

(16) ゼロエミッション（zero emission）とは，国連大学が提唱した概念で，環境への「排出ゼロ」を目指す活動である。しかしながら，実際の企業経営の現場ではまったく排出しないということはありえないので，現実的には，最終処分場の容量限界や用地取得の困難性に配慮し，埋め立て廃棄物の排出ゼロ（もしくは許容可能な最小限の排出）を「ゼロエミッション」と呼んでいる場合が多い。

引先との連携を戦略的に検討する環境サプライチェーン・マネジメントや，企業や製品・サービスについてのブランド価値の向上を図るための環境ブランド・エクイティ戦略といった手法も含まれる。

これらを整理すると，環境マネジメントの階層モデルが類型化できる。

[Tier 1] "点" のマネジメント

汚水浄化槽や油水分離槽，排煙脱臭装置等，特定の汚染源（点源）に対する管理（end of pipe）を行う。末端処理技術等を用いた公害対策が典型である。

[Tier 2] "線" のマネジメント

生産工程の省エネ省資源，歩留まりの向上，有害物質の使用禁止など，本来業務におけるクリーナー・プロダクションを図る。製品ライフサイクルを視野において**拡大生産者責任**を果たすことも含まれる。

[Tier 3] "面" のマネジメント

間接業務を含め，事業所全体に環境配慮を展開するもので，ビール会社の環境配慮型工場や，ビオトープや森林を備えた自然共生型事業所などがある。

[Tier 4] "立体" のマネジメント

EMSと他のマネジメントシステムとを統合して，一体型のマネジメントシステム（統合的マネジメントシステム）を構築・運用する。これには，二つの形態がある。一つは，個々の事業所が単独で構築していたマネジメントシステムを，全社統一のマネジメントシステムに一本化するものである。統一化により経営資源の効率的な運用や取組みレベルの高度化を図ることが目的である。もう一つは，品質や労働安全衛生といった環境以外の領域のマネジメントシステムとの統合である。併存するマネジメントシステムを共通化することで，マネジメントシステムの運用効率を上げるとともに，システムの簡素化を図り，多重投資を回避する。同時に個々のマネジメント特性を際立たせ，明確にする効果がある。ISO26000（社会的責任に関する手引）では，環境に対する取り組みは，組織統治，人権，労働慣行，公正な事業慣行，消費者課題，コミュニティへの参画及びコミュニティの発展，といった他の中核主題と共に検討されるべきものと位置付けている。

[Tier 5]　"サステナビリティ"のマネジメント

　自社のみならず社会全体のサステナビリティの維持・発展に向けたマネジメント戦略を立てる。これは，「自社の環境マネジメントを推進すれば，そのこと自体が社会に対する貢献である」といったレトリックの話ではなく，社会全体を持続可能な方向に進めるために何ができるのかを考え，それを適切に実行することに意義がある。

　2011.3.11 東日本大震災以降，持続可能な都市（スマートシティ，スマートコミュニティ等）の構想・建設が話題になっている。ISO は，2012 年，「コミュニティの持続可能な発展」を評価するための国際標準化を検討する専門委員会 TC 268 を立ち上げた。コミュニティの持続可能性評価項目や評価水準が，具体的にどのようなものになるのか，何を国際標準規格とするのかについては今後の検討を待たねばならないが，企業の環境マネジメントの目指している方向が，このような国際化の流れと同じベクトル上にあることが重要である。

3.2　デューディリジェンス

　ISO26000 社会的責任規格の中の重要な概念のひとつに，**デューディリジェンス**（due diligence）[17]がある。組織の社会的責任を理解するための最初のステップとして位置づけられる（ISO26000 7.3.1 参照）が，規格の上では人権に関する課題 1 で取り上げられている（同 6.3.3）。人権デューディリジェンスは，組織が行う活動によって生じる人権侵害を未然に防止するために，適切な注意を払ってそのリスクを減少させるプロセスのことである。結果として人権侵害が起きなければ良いとするのではなく，人権侵害が発生するリスクを適切に評価し，マネジメントすること（「保護，尊重，救済（Protect, Respect, Remedy）」）が求められる[18]。このデューディリジェンスを踏まえて，中核主題及び課題との

---

(17)　もともとは，金融分野で開示情報の法的適合性を精査するという意味で用いられていたが，一般的には，財務デューディリジェンスとして，企業買収や企業再生を行う際に，投資先の会社の投資価値や財務実態を明らかにするために行う調査を指して用いられる。環境分野では，環境リスクを洗い出して，そのリスクの発現を防ぐ手段の有効性を評価するための手法，を指している（早川晃・大串卓矢・根岸博生（2007）参照）。

関連性（relevance）や重要性（significance）が判断され，影響力を行使する範囲（sphere of influence）が決められ，行使される（同7.3参照）。

同じことが環境の領域でもいえる。EMS規格では，環境側面の洗い出しを行い，環境影響評価を行うことをマネジメントシステムとして規定している。この一連のプロセスを，バリューチェーン全体に拡大して，自社及び自社の関連する組織の活動や製品サービスに関する環境リスクを洗い出し，予防アプローチのもと環境保全に向けた影響力を行使し，直接間接の潜在的環境破壊に加担せずに，現に発生している環境破壊に対して実効性ある救済措置を検討していく仕組みに発展させていくことが必要となる。それをステークホルダーにコミットしながら遂行していくプロセスに転換していくことが，社会的責任の中の「環境」の位置付けとなってこよう。

（千葉　貴律）

COLUMN2

制度化された環境効率指標

　環境効率の概念は，汎用性が高く，さまざまな場面で用いられているが，既に指標化され制度化されている環境効率もある。「建築環境総合性能評価システム」（CASBEE：Comprehensive Assessment System for Built Environment Efficiency）がそれである。住宅や建築物，街づくり，都市の建築環境性能を総合的に評価し，格付けする。

　その特徴は，①建築物の「企画，新築，既存，改修」といったライフステージごとに評価，②「建築物の環境品質（Q）」と「建築物の環境負荷（L）」の両側面から評価，③評価指標「建築物環境性能効率」で評価，などが挙げられるが，環境効率の考え方は，BEE（Built Environment Efficiency：建築物環境性能効率）」に反映されている。

$$\text{BEE（建築物環境性能効率）} = \frac{Q\,（建築物の環境品質）}{L\,（建築物の環境負荷）}$$

---

(18)　人権デューディリジェンスの考えは，2008年にJohn Ruggie教授が国連人権理事会に提出した報告書「ビジネスと人権に関する枠組み」（'Protect, Respect and Remedy : a Framework for Business and Human Rights', Report of the special Representative of the Secretary-General on the issue of human rights and transnational corporations and other business enterprises.）を基調としている。

分母の L（Lord：建築物の環境負荷）は，エネルギー消費や資源・マテリアルの費消，敷地外への CO_2 排出，排気，排熱，排水などの環境負荷で評価される。分子の Q（Quality：建築物の環境品質）は，建築物の室内環境，サービス性能，敷地内の室外環境などの環境性能で評価される。

　評価結果は，「S ランク（☆☆☆☆☆）」から，「A ランク（☆☆☆☆）」「B＋ランク（☆☆☆）」「B－ランク（☆☆）」「C ランク（☆）」の 5 段階で格付けされる。

　現在，全国 24 の自治体で，一定規模以上の建築物を建てる場合に環境計画書の届出を義務付けているが，その際に CASBEE による評価書の添付が必要とされている。スマートコミュニティの実証実験が，横浜市，北九州市，けいはんな学園都市等で進められていることと合わせて，都市の持続可能性評価手法に関する研究は，ますます進展しそうである。

〈参照〉CASBEE ホームページ（http://www.ibec.or.jp/CASBEE/）

（千葉　貴律）

演習問題

1　貴君の受講している授業の環境影響と環境側面を抽出しなさい。
2　ISO14001 の認証取得企業の実地調査を行いなさい。
3　環境報告書等を発行している会社を選んで，その会社が「環境マネジメントの階層」のどの段階に当てはまるのか，推察してみなさい。
4　スマートコミュニティやスマートシティの持続可能性評価指標について，どのような指標が適切か，アイディアを練ってみなさい。

第4章

ミクロ生態会計の展開

　21世紀では，サステナビリティをキーワードとして，社会や企業に，経済面，環境面，社会面のベストバランスが求められている。企業のサステナビリティは，第2章で述べた通り，CSRという形で登場してきた。ミクロ生態会計はこうしたCSRをマネジメントするためのツールとして開発され，企業社会会計，社会責任会計，社会監査，社会貸借対照表といったさまざまなモデルが提唱された。当時，理論面と実践面においてもっとも充実したミクロ生態会計の発展が見られた国として，アメリカとドイツをあげることができる。前者においては**企業社会会計**（Corporate Social Accounting），後者においては**社会貸借対照表**（Sozialbilanz）が開発された。これらのモデルは今日の生態会計や環境会計にも大きな影響を及ぼしており，生態会計の将来の展開を考える上でも重要な示唆を与えている。本章では，両国における生態会計の誕生と普及の状況を明らかにしながら，今日に至る生態会計の発展の経緯を明らかにする。

1　社会的費用と社会的便益の把握

　第1章で述べたように，企業活動などの活動によって生じた環境問題や社会問題を把握するための重要な指標として**社会的費用**（組織体の活動の結果，第3者または社会が受け，当該組織体に責任を負わせるのが困難な，あらゆる有害な結果や損失）と**社会的便益**があげられる。**生態会計モデル**においては，これらの発生状況および減少もしくは増加状況が把握される。そのためには，企業活動が社会的費用や社会的便益を発生させるプロセスを明らかにする必要がある。そこで，ミ

図4-1 社会的影響の発生プロセス

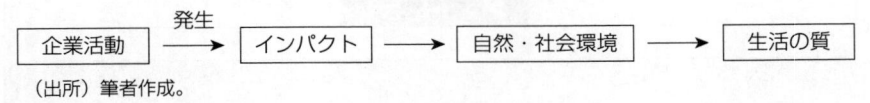

企業活動 →(発生) インパクト → 自然・社会環境 → 生活の質

(出所) 筆者作成。

クロ生態会計モデルを紹介する前に，企業活動が社会的費用や社会的便益を引き起こす一般的なプロセスを考察しておく。

図4-1は，企業活動が人間の生活の質にまで影響を及ぼすプロセスを示したものである。環境問題を例に挙げて説明する。インパクトは，企業活動から生み出された環境負荷や企業活動によって消費された資源などの量である。自然・社会環境は環境負荷もしくは環境負荷物質によって影響を受ける生態系，大気，水質，土壌などの自然環境のことである。そして，自然・社会環境の変化は，最終的には，精神的・肉体的損失，アメニティの侵害などの形で人間の生活の質に影響を及ぼすことになる。

企業活動の影響をうけた自然・社会環境および生活の質のうち，当該地域，国もしくは地球全体からみた一定の基準に基づいてマイナスの影響が社会的費用，プラスの影響が社会的便益として認識される。一定の基準は社会的合意に基づいて設定されるが，社会的合意の例としては，法的な環境基準，公害や環境に関する協定の基準などがあげられる。こうした基準は，新たな環境問題の出現や認識，生活の質に対する認識などに影響されることから，時代，立地条件，国や地域などによって異なったものとなる。

企業がその活動によって引き起こされる社会的費用や便益の発生プロセスを把握することは必ずしも容易ではない。また，社会的費用や便益の大きさは，まず物量で把握されるが，さまざまな費用や便益を貨幣単位，評価単位といった共通の測定単位で把握する測定尺度の開発は発展途上にある。ミクロ生態会計では，こうした社会的影響の段階と測定単位を組み合わせたさまざまなアプローチが提唱されてきた。以下に，その具体例を紹介する。

2 企業社会会計の展開

2.1 発展の経緯

　日本と同じ時期に，アメリカでも多くの社会的費用をめぐる問題が発生していた。具体的には，環境問題，少数民族・女性・身障者などのマイノリティをめぐる問題，従業員の労働問題，製品の安全性，取引の公平性などである。当時の調査によれば，1965年から71年の間に，これらの問題がマスコミで取り上げられていた割合は図4-2で示される[1]。当時は，消費者問題，環境保全，取引の公平性，人権などが大きな問題となっていたことがわかる。

　こうした問題に対しては，たとえば，環境問題に代表されるように，政府によって，1970年代に国家環境政策法，大気汚染防止法・水質浄化法・資源保全回復法・有害物質規制法などの制定，環境保護庁の設立，1980年に土壌汚染対策のための包括的環境対策保証責任法（通称スーパーファンド法）の制定とい

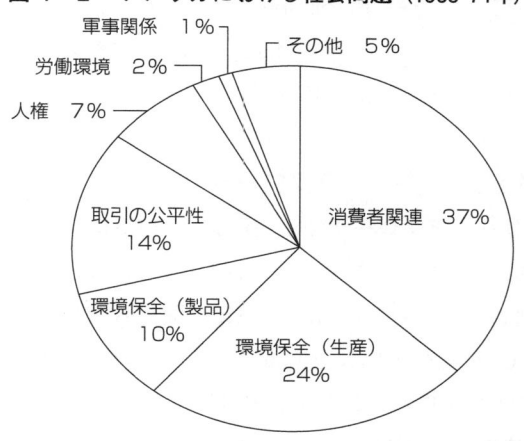

図4-2　アメリカにおける社会問題（1965-71年）

- 軍事関係　1%
- その他　5%
- 労働環境　2%
- 人権　7%
- 取引の公平性　14%
- 環境保全（製品）　10%
- 環境保全（生産）　24%
- 消費者関連　37%

（出所）Dierkes and Bauer [1973] p.64に基づいて筆者作成。

（1）　調査対象は，1965年から1971年に発行されたNewsweek, Time, Business Weekからランダムに選ばれている。

った直接的な対策が取られた。

社会問題が顕在化するに従って，企業に対しても関与する問題の解決を図るCSRが問われるようになった。そこでは，企業は自らに求められている社会的責任の範囲と内容を的確に把握して実行し，その結果を自社の社会問題にかかわるステークホルダーに情報開示する必要性が出てきた。アメリカでは，こうした企業が社会に及ぼす社会的影響，経済的影響を認識，測定，報告することを目的として，**企業社会会計，社会責任会計，社会報告，社会監査**などの会計モデルが登場してきた。本章では，これらを総称して企業社会会計と呼ぶ。

企業社会会計の先駆的なモデルは，1950～60年代に，ボウエン（Bowen），ゴイダー（Goyder）などによって提唱されているが，今日の環境会計の原型とも言える企業社会会計が登場し，実践されたのは1970年代以降である。企業社会会計では，図4-1に示されている一連のプロセスが測定の対象になる。ただし，これらのプロセスをすべて貨幣単位や評価単位で測定することは容易でない。そのため，今日に至るまで，さまざまな測定方法が試みられている。

ディレイ（Dilley）らによれば，数量化のタイプによって当時の企業社会会計は以下のインヴェントリー（Inventory），コスト・アウトレイ（Cost or Outlay），プログラム・マネジメント（Program Management），ベネフィット・コスト（Benefit Cost）の4つのアプローチに分類される。

2.2 インヴェントリー・アプローチ

インヴェントリー・アプローチでは当該企業のCSR活動を記述的に表示する。1970年代中ごろに行われたアメリカ企業を対象とした調査では，8割以上の企業が年次報告書において何らかのCSRに関する情報を開示しているが，そのほとんどがCSR活動の内容を文章によって表わしている。ちなみに，環境保全に関しては約5割の企業が情報を開示している。表4-1はIBMの年次報告書における開示例である。

表4-1　インヴェントリー・アプローチの事例：IBMの年次報告書

社会的責任—IBMが継続的に支援していること 　IBMは，営利企業はそれが活動する社会に対して責任があるという信念に基づいて活動してきた。そこで，当社は，絶えず教育，病院，若者集団およびコミュニティ中の諸集団に対して貢献者となっている。最近，黒人，インディアン，メキシコ系アメリカ人，プエルトリコ人のような少数民族グループに対する援助を強化した。……1971年におけるアメリカ国内での少数民族グループの雇用者数は12,000名であり，そのうち黒人は9,000名であった。過去5年間に，黒人その他の少数民族グループの管理職は4倍以上に増加し，総数で600名以上に達した。同期間中に，女性の管理職者数は3倍の450名以上となり，かつ，女性の専門職数は2倍の4,000名以上となった。

（出所）IBM［1971］p.18に基づいて作成。日本語訳は河野［1998］p.201による。

2.3　コスト・アウトレイアプローチ

　コスト・アウトレイアプローチでは，CSR活動を関連する費用額または支出額と物量によって表示する。実際に適用した企業は必ずしも多くないが，アメリカ中西部ガス電気公社の社会責任報告書，チェイス・マンハッタン（Chase Manhattan）の年次報告書，東部ガス電気会社の社会報告書などで採用されている。例えば，アメリカ中西部ガス電気公社の社会責任報告書では，企業および供給地域の概要，大気汚染・温水公害に関する情報，職場の安全，少数民族および女性の雇用と昇進に関する物理的情報に加えて，CSR活動の費用額により統合的な情報提供を試みている。具体的には，環境保全設備費用，慈善活動のための寄付金，従業員のための教育費用およびレクレーション費用などである。

2.4　プログラム・マネジメントアプローチ

　プログラム・マネジメントアプローチは，CSR実施プログラムの目標達成度を表示する。ピッツバーグ大学・社会監査研究グループ，バウアー（Bauer）などによって開発され，バンクオブアメリカ，ミネアポリス第一ナショナル銀行などの年次報告書で実践されている。たとえば，後者では，従業員の教育・安全・所得・雇用機会・健康，環境問題，地域社会，消費者など10個の項目について，設定目標，実績，目標達成度，次年度の目標を公表してい

表4-2　プログラム・マネジメントアプローチの事例

【環境問題への対応】	74年度実績	74年度目標	指標 増加率	75年度目標
1. オフィスの紙のリサイクル率（％）	18	増加	増加率	18.5
2. エネルギー消費（電気：kw／時）	13,095,560	15％	0.91	13,095,560
3. 基金への寄付（ドル）	5,000	6,037	0.83	5,000

(出所) Estes [1976] p.40 に基づいて筆者作成。

る。

　表4-2では，紙のリサイクル率，エネルギー消費などの環境保全活動について，これらの項目に該当するデータが示されている。ここでは，図4-1の企業活動とインパクトが主に目標の対象となる。当時は，同アプローチの導入企業は，必ずしも多くなかったが，そのフレームワークは，1990年以降の環境マネジメント，環境会計，サステナビリティ会計などにさまざまな形で導入されている。

2.5　ベネフィット・コストアプローチ

　ベネフィット・コストアプローチでは，CSR活動のために投入されたコストとその効果を貨幣単位で測定する。同アプローチは，リノウズ（Linowes），エスティス（Estes），アプト（Abt）などによってモデルが提案されたが，企業の実践例はアプト（Abt Associates, Inc.）のみである。ここでは，効果として図4-1のプロセスで示される生活の質への影響を測定することになる。ただし，生活の質の測定は容易でないことから，自然・社会環境の変化，企業活動のインパクト，企業活動へのインプットなどから間接的に測定もしくは推計するモデルも提案されている。こうしたアプローチは，現在でも手法の開発が進められているが，インパクトから生活の質の変化までを測定するLCA（Life Cycle Assessment）の発展によって，導入する日本企業も多くなってきている。

　表4-3はリノウズが提唱するモデルである。ここでは，企業活動もしくはインパクトが，その原因となる一定のレベルを超えた場合に社会的費用が発生し，これを下回った場合は社会的便益が発生する。**社会的費用**は，その発生を

表4-3　ベネフィット・コストアプローチ

社会的費用	社会的便益
⎡改善措置を怠ったために ⎣節約された費用⎤	(改善措置にかかった費用)
Ⅰ　従業員	Ⅰ　従業員
Ⅱ　環境	Ⅱ　環境
Ⅲ　製品	Ⅲ　製品
残高：社会的純便益	残高：社会的純損失

(出所) Linowes [1973] p. 39 に基づいて筆者作成。

防ぐために必要な費用額の内，実際に投入されなかった費用の金額によって測定される。たとえば，汚染物質の排出量が環境基準をクリアできなかった場合に，クリアするためにさらに必要だった費用額もしくはクリアしないことで節約された費用額が社会的費用の測定値となる。**社会的便益**の場合は，環境基準をクリアしている部分に投入された費用が測定値となる。さらに，企業活動全体で発生した社会的費用額が社会的便益額を下回る場合には社会的費用側に残高として社会的純便益が，上回る場合には社会的便益側に残高として社会的純損失が発生する。

このモデルから本来の測定目的である生活の質の変化もしくは社会的費用・便益を推定することは難しいが，CSR活動のための費用額が環境基準などによって評価され，CSR活動全体を貨幣額によって包括的に表示できることから，現在開発されている環境会計やサステナビリティ会計にも大きな影響を与えている。

3　社会貸借対照表の展開

3.1　発展の経緯

アメリカで開発と実践が進められた企業社会会計は，他の国々にも影響を及ぼした。こうした影響を受けながら発展を遂げたケースとして，独自の企業社

会会計モデルである**社会貸借対照表**（Sozialbilanz）を開発したドイツの事例があげられる。

ドイツでは，他の工業先進国と同様に，1960年代以降，公害問題が大きな社会問題となり，環境政策の基本原則である「未然予防の原則」「汚染者負担の原則」「協力原則」をはじめとした法整備が進められ，緑の党の躍進に象徴されるように社会的関心も次第に高まっていった。また，ドイツのCSRの特徴的領域の1つとしてあげられる従業員の経営参加システムは，1976年制定の**共同決定法**によって法制度が整えられた。

このような背景の中で，CSR活動に関する情報開示ツールとして，1972年にシュティーク（Steag）から最初の社会貸借対照表が公表された。その後，社会貸借対照表は多くのドイツ企業によって実践されたが，これらの普及にもっとも大きな影響を及ぼしたのは，1975年にドイツ化学工業協会経営経済委員会が公表した「社会のなかの企業」と1977年に「社会貸借対照表―実践」研究グループが行った提言「今日の社会貸借対照表」である。

特に，後者は社会貸借対照表に積極的に取り組んでいる企業7社から構成される研究グループが，社会貸借対照表の標準化を目指して作成したガイドラインであり，当時のドイツ企業に大きな影響を与えた。ここでは，CSRに関する目標体系とそのために必要な活動と費用およびこれらによってもたらされた効果が，企業全体および関連するステークホルダーごとに，可能な限り数量的な形で表示され，定期的に検証可能な形で開示されることが提案されている。

社会貸借対照表は3つの報告書によって構成される。すなわち，CSR活動を記述的に表示する**社会報告書**，企業が生み出して配分した付加価値を表示する**創造価値計算書**，CSR活動のための費用を表示する**社会計算書**である。当時のドイツを代表する企業30社を対象とした調査によれば，すべての企業が3つのうちのいずれかの報告書を公表しており，すべての報告書を報告している企業が7社，いずれか2つの報告書を公表している企業が17社あった。また，そこで開示されている内容の分量（ページ数）は図4-3に示す通りであるが，従業員に関するものが圧倒的に多く，他の領域はほぼ同じ割合になってい

3 社会貸借対照表の展開 63

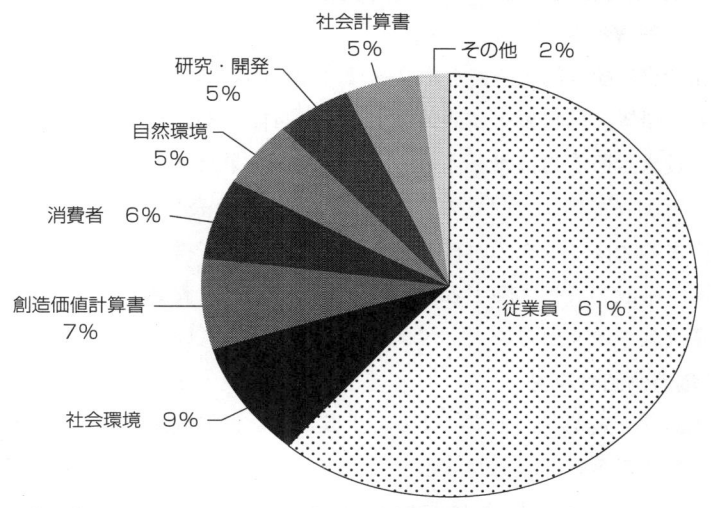

図 4-3　社会貸借対照表の記載内容（ページ数）

- 従業員　61%
- 社会環境　9%
- 創造価値計算書　7%
- 消費者　6%
- 自然環境　5%
- 研究・開発　5%
- 社会計算書　5%
- その他　2%

（出所）Dierkes and Hoff [1981] S.24 に基づいて筆者作成

る。

　この他に，ドイツの社会貸借対照表や環境会計の展開に大きな影響を与えたモデルとして，CSR に関する目標システムと実行のためのマネジメントシステムを構築し，その費用と効果を可能な限り数量的に認識・測定・公表する**目標関連報告書**があげられる。

　また，環境保全のための費用や投資などのコストは，社会貸借対照表の中で取り扱われる一方で，1970 年代に，連邦統計局の製造業を対象とした環境保全投資調査，ドイツ化学工業協会による会員企業を対象とした環境保全投資・環境保全費用の調査などが毎年行われるようになり，ドイツ技術者協会（VDI：Verein Deutscher Ingenieure）からは，環境保全コスト把握のための VDI 38000 ガイドラインが公表された。こうして，ドイツ企業内部では，環境保全のための会計システムが普及していった。

3.2 社会貸借対照表モデルの概要
(1) 社 会 報 告 書

社会報告書は統計的データを織り交ぜた記述的表示であり，企業の社会的活動の目標，措置，給付および活動による表示可能な効果を報告する。したがって，社会貸借対照表の情報を体系的に示す役割を果たす。既述のドイツ企業を対象とした調査では，すべての企業が同報告書を公表している。「今日の社会貸借対照表」では，具体的内容として，社員構成，所得，人件費，財産形成，労働時間，事故・災害に関する統計数値を必須項目，養老手当，企業内提案制度，職業訓練などを適時導入すべき項目として挙げている。

(2) 創造価値計算書

創造価値は一定期間に企業によって生成された**付加価値**である。これは，国民経済に対する企業の経済的貢献である。生成された創造価値とその使途は，以下の計算式で求められる。ここで，総給付には売上高，製品・半製品の増減額，前給付には，原材料費，補助材料費，棚卸資産を除く流動資産の価値の減少額，減価償却などが含まれる。また，生成された創造価値は，ステークホルダーに配分される。たとえば，従業員には賃金・給与，公共機関には租税，債権者には利息，株主・出資者には配当，企業には内部留保などが配分される。

これらのデータは，制度会計で用いられているものであることから，創造価値計算は制度会計と国民経済計算を結びつけるものとして位置づけられ，国民経済やステークホルダーに対する企業の経済的貢献を表すことになる。

　　　　　（生成計算）創造価値＝総給付－前給付
　　　　　（使途計算）創造価値＝従業員への配分＋公共機関への配分
　　　　　　　　　　　　　　　＋債権者への配分＋株主・出資者への配分
　　　　　　　　　　　　　　　＋企業への配分

創造価値計算書は，イギリスでは，会計基準委員会が提案した「**コーポレート・レポート**」(1975年) の中で付加価値計算として取り上げられており，現在，これらの計算書はいくつかの日本企業からも公表されている (第6章参照)。

(3) 社会計算書

社会計算書は，報告期間における CSR 活動に関わるすべての費用と収益の表示である。表4-4 はドイツ・シェル（Deutsche Shell）の社会計算書である。図4-2 と同様に，従業員に対する CSR 活動についやされた費用について多くの項目が設定されている。たとえば，Ⅰの2～5 はいわゆる福利厚生に該当するが，これらについては，さらに 24 の詳細項目が設定されている。また，環境保全については，Ⅲの3で経常費用が示されているが，同社では，補足情報として，廃棄物，大気汚染，水質汚濁，騒音のための費用額と投資額を 1977 年度分から公表している。

表4-4 ドイツ・シェルの社会計算書（単位千ドイツマルク）

費用項目	1989 年	1988 年
Ⅰ．企業と従業員		
1．賃金・給料	276,606	289,019
2．従業員への直接給付	40,044	41,469
3．退職した従業員への直接給付	99,180	93,865
4．従業員への間接給付	85,987	94,666
5．従業員全体への給付	16,455	17,103
（重複分）	−11,771	−11,902
合　計	506,501	524,220
Ⅱ．企業と資本提供者		
1．配当金	—	340,000
2．利子費用	22,747	16,192
合　計	22,747	356,192
Ⅲ．企業と社会		
1．企業と国家	32,761	295,390
2．企業と公衆	3,059	2,699
3．企業と自然環境	144,239	136,251
（重複分）	−60,684	−63,193
合　計	119,375	371,147
Ⅳ．企業と実体維持	309,845	249,244

（出所）Deutsche Shell Aktiengesellschaft [1989], S. 34-35 に基づいて筆者作成。

(4) 目標関連報告書

目標関連報告書はディアケス（Dierkes）によって提唱された。そこでは，70年代の CSR 活動の多くが，現状の法律や規制を遵守するいわゆるコンプライアンスに重点を置いていたのに対して，将来の規制強化や企業に求められるCSR 水準の変化を念頭に置いて，コンプライアンスを超えた自主的な CSR 目標の設定が想定されている。したがって，そのためには，企業活動がおよぼす社会的影響の範囲，ステークホルダー，因果関係，影響度などを把握し，これらに基づいて実施される CSR 活動の遂行とその費用，業績とその評価などを明らかにする必要がある（Dierkes [1974]）。表 4-5 は環境保全に関するこうした要素を示した例である。

目標関連報告書はドイツ・シェル，ベルテルスマン（Beltelsmann）などで実践されている。たとえば，1974 年から 90 年代まで同報告書を公表してきたドイツ・シェルでは，①適正な営利性，②市場動向に合致した製品の提供，③従業員への配慮，④公共の福祉の考慮という 4 つの目標とこれに基づく 21 の個別目標について，当該年度の達成状況と次年度の計画を報告書の中で開示している。

「今日の社会貸借対照表」がガイドラインの機能を念頭においていたのと同様に，目標関連報告書においても実践性が重視されており，企業活動の社会的

表 4-5　目標関連報告書の例

要素	インプット（計画と遂行）			アウトプット（業績）		
	記述	測定方法	追加情報	記述	測定方法	追加情報
大気汚染 水質汚濁 廃棄物 騒音	政策と目標 研究開発（汚染物質と廃棄物など） 汚染物質処理装置 リサイクル装置 コントロール装置	記述，物量 記述，物量 金　額 機能，金額 機能，金額 機能，金額 総投資比率	コスト比率	排出大気汚染物質 水質汚濁 使用水道料 廃棄物 リサイクル品 騒音レベル 訴訟・苦情	重量，原単位 重量，原単位 料　金 重量，金額 重量，金額 デシベル 件数，金額	基準との比較

（出所）Dierkes and Preston [1977] p. 15 に基づいて筆者作成。

影響を貨幣単位もしくは評価単位などの共通単位によって評価するベネフィット・コストアプローチは重視されていない。

4 企業社会会計から環境会計へ

4.1 アメリカにおける環境会計の展開

　アメリカでは，1980年代に入ると，企業がCSRをある程度果たしたこともあり，企業社会会計モデルに関する議論は下火となり，企業にとって実践性の高いインヴェントリー・アプローチによる開示が定着していった。ただし，環境問題に対しては，既述のスーパーファンド法に代表されるように，各種の法規制が強化され，企業の環境リスクが大きくなっていったことから，プログラム・マネジメントアプローチの考え方をベースに，環境リスクの発見，環境マネジメントの実施，その業績のチェックを行う環境監査が実践されるようになった。その後，環境監査は，1990年代のISO環境規格の制定（第3章参照）へとつながっていく。また，環境法規制の強化や環境リスクの増大は，財務会計の領域にも影響を及ぼすようになり，アスベストの除去，土壌汚染処理，自然環境の回復や修復などを対象とした環境財務会計が登場してきた（第7・8章参照）。

　ベネフィット・コストアプローチのエッセンスは，1992年から環境保護庁（EPA；Environmental Protection Agency）がスタートさせた環境管理会計プロジェクトへ引き継がれた。そこでは，環境マネジメントツールとして機能するために，さまざまな領域を対象とした環境保全コストの把握や社会的費用の測定が試みられている（第10章参照）。

　表4-6は，EPAが提示している**環境保全に関連するコスト**である。同コストは，伝統的コスト，隠されている可能性があるコスト，偶発コスト，イメージ・関係調整コストから構成される。また，これらの企業コスト以外にも，社会的費用（第1章参照）が提示されている。

　伝統的コストは，一般的には，環境保全に関係するコストとみなされてこな

表 4-6 企業で発生する環境保全に関連するコスト例

隠れている可能性があるコスト		
規制対応コスト	事前コスト	自主的コスト （規制を超える）
通知	用地調査	地域との関係づくり
報告	用地準備	監視・検査
監視・検査	許可	訓練
研究・モデル化	開発研究	監査
修復	エンジニアリングおよび調達	納入業者の選定
記録	設置	報告書（年次環境報告書など）
計画		保険
訓練	**伝統的コスト**	計画
検査	資本的設備	実行可能性調査
マニフェスト	材料	修復
ラベリング	労働	リサイクル
準備	消耗品	環境調査
保護設備	公共料金	研究開発
健康管理	建造物	生息地や湿地の保護
環境保険	残存価格	風景美化
財務保証		その他の環境計画
汚染管理	**事後コスト**	環境団体や研究者への財政支援
漏洩への対応	閉鎖・撤去	
雨水管理	在庫処分	
廃棄物管理	閉鎖後の管理	
税金・手数料	用地検査	

偶発コスト		
将来の規制対応コスト	修復	法的費用
ペナルティ・罰金	財産の損害	天然資源の損害
将来の放出	人的損害	経済的損害

イメージ・関係調整コスト			
企業イメージ	専門スタッフとの関係	債権者との関係
顧客との関係	従業員との関係	地域社会との関係
投資家との関係	納入業者との関係	規制当局との関係
保険会社との関係		

（出所）EPA［1995］p.9を参考にして筆者作成。

かったが，EPAは，これらの使用量や廃棄物になる割合を減らすことが，環境負荷と再生不能資源の消費量の削減につながることを重視する。**隠れている可能性があるコスト**は，環境保全のための生産プロセス，システム，設備などを対象とするが，発生時点によって，これらが稼働する前の事前環境対策コスト，稼働した際に生じる経常的な環境保全コスト，設備閉鎖後の事後環境対策コストに分類される。また，経常的な環境保全コストは，環境規制に対応するためのコストと規制を超えた自主的なコストに分けられる。

偶発コストは，事故などによる環境負荷の発生や規制の強化といった将来起こりうる事態において生じるコスト，イメージ・関係調整コストは，企業のステークホルダーに対して，当該企業がもたらす環境負荷とこれに関連するコストに対する理解を求めるとともに，環境先進企業としての評価を高めるためのコストである。

EPAでは，環境配慮型設備投資（TCA；Total Cost Assessment），ライフサイクル・コスティング（LCCing；Life Cycle Costing），活動基準原価計算（ABC；Activity Based Costing）などにこうしたコスト概念を組み込んだ環境管理会計手法を展開し，2000年には，バリューチェーンまでを対象とした環境管理会計を提唱している（EPA [2000]）。また，EPAの研究成果は，2003年にテラス研究所の環境管理会計情報センター（EMARIC；Environmental Management Accounting Research Information Center）に引き継がれている。

4.2 ドイツにおける環境会計の展開
(1) 社会貸借対照表から環境会計へ

70年代にドイツで開発された社会貸借対照表は，CSR領域で先進的なドイツ企業の間で80年代まで公表されていたが，80年代後半から環境問題が大きな社会問題となり，企業戦略の重要な領域になるにしがたって，多くの企業では社会貸借対照表から環境報告書へ開示方法がシフトしていった。

この間，環境問題への対応は情報開示だけでなく，継続的な環境マネジメントシステムの構築が求められるようになった。ドイツでは，80年代後半から，

チェックリストを用いた環境パフォーマン評価，生態簿記でも提示されているマテリアルのインプットとアウトプットを管理するエコバランスなどが普及し，EMAS では登録組織数（2012年6月時点で8,174組織）の約2割をドイツ企業が占めるなど，環境マネジメントシステムが着実に企業の間に根付いている。環境管理会計もこれに歩調を合わせる形で開発が進められており，96年には環境省・環境庁が一連の成果をまとめた『**環境原価計算ハンドブック**』(BUM／UBA [1996]) を公表している。そこでは，エコバランスに基づいて環境保全に関連するコストを把握し，環境負荷削減とコストダウンの両立を試みるさまざまな手法とケーススタディが紹介されている。

環境管理会計は，連邦政府や州政府の環境政策においても，循環型経済社会を実現するための有力なツールとして位置づけられており，環境省・環境庁から，企業の環境戦略に基づいて環境管理会計を体系化した環境コストマネジメントガイドライン（BUM／UBA [2003]）が公表されている。

(2) 環境管理会計の展開

ドイツで展開されてきた環境管理会計は図4-4で示される。法的規制を遵守するための環境保全から EMAS などの環境マネジメントへ環境戦略目標が進化すると，把握した環境保全コストをベースに，環境規制や自主的に定めた環境目標の効率的な達成が図られることになる。具体的には，既述の VDI 38000 ガイドライン，エンドオブパイプ型の環境保全コストに加えて，生産プロセスに統合された環境保全活動に関わるコストを投資段階と生産段階で把握する改訂版 VDI 38000 ガイドライン，環境統計法に基づいて1996年から実施されている環境保全コスト調査などがあげられる。

ドイツが政策目標とする**循環型経済社会**では，環境と経済の両立もしくは両者の Win-Win 関係を構築する必要がある。マテリアルやエネルギーの低減を通して環境負荷とコストの同時削減を達成する環境管理会計ツールとして登場してきたのが，マテリアルフローコスト会計，廃棄物会計，フロー資本予算，リソースコスト会計などである。これらのモデルについては，マテリアルフローコスト会計を中心に第11章で詳しく説明する。

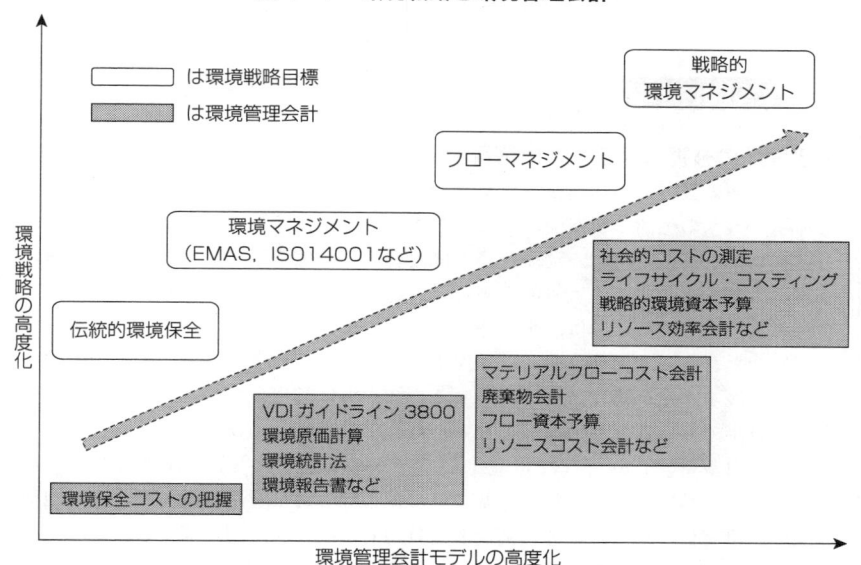

図4-4 環境戦略と環境管理会計

□ は環境戦略目標
▨ は環境管理会計

（縦軸）環境戦略の高度化
（横軸）環境管理会計モデルの高度化

- 伝統的環境保全
- 環境保全コストの把握
- 環境マネジメント（EMAS, ISO14001など）
- VDIガイドライン3800／環境原価計算／環境統計法／環境報告書など
- フローマネジメント
- マテリアルフローコスト会計／廃棄物会計／フロー資本予算／リソースコスト会計など
- 戦略的環境マネジメント
- 社会的コストの測定／ライフサイクル・コスティング／戦略的環境資本予算／リソース効率会計など

（出所）BUM/UBA［2003］に基づいて筆者作成。

　環境戦略の最も高いレベルでは，**戦略的環境マネジメント**を構築し，環境保全活動による収益増加や企業成長を目指すことになる。そのためには，企業活動がもたらす社会的費用や社会的便益の大きさを把握し，その変化が企業活動に及ぼす影響を明らかにする必要がある。具体的には，LCCing，リソースコスト効率会計などがあげられる。たとえば，リソース効率会計では，製品ライフサイクルのすべてのプロセスで投入されるマテリアル量（kg, t など）すなわちマテリアル集積量（MIPS: Material Intensity per Service）で環境負荷量が把握され，MIPSとさまざまなコストとの関係によって環境効率が把握される。

　また，欧州委員会では，環境管理会計の調査プロジェクト（ECOMAC: Eco-Management Accounting as a Tool of Environmental Accounting Project）が1996年から2年間にわたって実施されたが，ドイツを含むEUにおけるこうした最先端の環境管理会計の研究や調査はEMAN　Europe（Environmental and Sustainability Management Accounting Network Europe）に引き継がれている。

（八木　裕之）

COLUMN 3

公害問題の被害の大きさと対策費用

　公害問題によって引き起こされた社会的費用の大きさ，すなわち自然環境，社会環境，人々の生活の質が受けた被害の大きさの全体像を貨幣単位で把握することは容易でない。ただし，治療費用，修復費用，賠償費用などによって最低限の被害の大きさを示すことは可能である。日本の公害問題についてもこうした推計が行われている。ここでは，水俣病についての推計を紹介する。

　周知のとおり，水俣病はチッソ水俣工場のアセトアルデヒド生産工程で生成されたメチル水銀化合物が工場に隣接する不知火海に排出され，人的被害をはじめとして日本でもっとも甚大な被害をもたらした公害問題のひとつである。

　以下の計算は，1989 年までに発生している賠償額や費用額を基準とし，支払済もしくは支払い予定の貨幣額に基づいた被害額と対策費用の試算である（地球環境経済研究会［1991］）。②の補償額の負担者はチッソ，国，熊本県，①③④はすべてチッソである。補償額は最低限の社会的費用の推定値であるが，この金額だけを見ても，早期に社会的費用を把握し，内部化することの重要性がわかる。

【被害額】
①健康被害額：単年度の平均補償額＋一括払補償額の 30 年間の元利均等償還額
　　76 億 7100 万円（1989 年度価格）／年
②湾内汚染被害額：単年度の平均的ヘドロ浚渫事業費
　　42 億 7100 万円（1989 年度価格）／年
③漁業被害：漁業補償額の 30 年間の元利均等償還額
　　6 億 8900 万円（1989 年度価格）／年

【対策費用】
④公害防止対策費用：単年度の平均公害防止投資額
　　　　　　　　　　＋単年度の平均公害防止施設運転費用
　　1 億 2300 万円（1989 年度価格）／年

（八木　裕之）

演習問題

1　アメリカではどのようなタイプの企業社会会計が発達したか説明しなさい。
2　「今日の社会貸借対照表」で提示されている社会貸借対照表について説明しなさ

い。
3　アメリカとドイツのミクロ生態会計のちがいを述べなさい。
4　環境保全に関わるコストで最も重要と考えるコストをあげ，その理由を説明しなさい。
5　環境戦略と環境管理会計の関係について説明しなさい。

第5章

サステナビリティ情報の開示

　情報通信技術（ICT：Information & Communication Technology）の発展により，情報開示のあり方は大きく変化してきている。環境問題などの社会的課題を巡っては，企業等と利害関係者との間のコミュニケーションの重要性は深まるばかりであるが，その深化は新たなコミュニケーションのあり方を模索するプロセスでもある。本章では，持続可能な発展に向けて，サステナビリティ情報の開示がどのように展開されてきたのかについて考察する。

1　サステナビリティ・コミュニケーション

1.1　ステークホルダー・エンゲージメント

　人が人とコミュニケーションを図るときには，言葉や身振り手振りなど，体中を使って表現する。通信手段が発達すると，遠くの人と，あるいは一度に大勢の人と意思疎通を図ることができるようになる。そして，自分や相手，他の人や世の中のことを皆で共有し，共に考えるようになるのである。

　社会が持続可能な発展に向けて動き出そうとするとき，その構成員は，自分たちがどこに向かうのかを知りたいと思う。自分が生きる世界について知ることは，人の権利として守られるべきものである[1]。

　水俣病などの公害問題が発生した時，原因企業においては，自らの責任を回避・軽減するために，自分にとって都合の悪い情報を隠匿したり破棄したり，

（1）　日本国憲法には表現の自由（21条），幸福追求権（13条）などが規定されており，これらの規定に基づいて「知る権利」や「アクセス権」などの概念が導かれている。

時には資料やデータの捏造まで行った。今でも自分の会社を守ろうとする不祥事隠しやクレームの隠蔽などは後を絶たない。これを企業倫理の問題と捉えて，CSRの観点から論じることもできる。「三方よし」や「先議後利」など，先人の家訓を引いて今日の経営の戒めとすることも，企業内部からの取り組みとして効果的であろう[2]。

しかし，持続可能な社会の構築という観点からすると，企業は社会の一構成員に過ぎない。社会の構成員は誰でも，それぞれに夢を持って生活し仕事をし，豊かさと幸福を享受する人生や社会を目指している。自分ひとりだけの価値観を主張するのではなく，他の構成員の意見や感情，利害等にも気を配りながら，皆で同じ目標を目指す歩みとしなければならない。

ISO26000社会的責任規格は，この点を**ステークホルダー・エンゲージメント**（stakeholder engagement）という概念で明確にしている。ステークホルダー・エンゲージメントとは，「組織の決定に関する基本情報を提供する目的で，組織と1人以上のステークホルダーとの間の対話の機会を作り出すために試みられる活動」(2.21) であり，「組織の社会的責任の取り組みの中心」(5.3.1) である。それゆえ，「ステークホルダー・エンゲージメントは，相互作用的であるべきであり，ステークホルダーの意見を聞く機会を設けることを目的としている。その本質的な特徴は，双方向のコミュニケーションを必要とすること」(5.3.3 第2段落後半) になる。

では，多様な利害関係者と双方向コミュニケーションを図るには，どうすれば良いのか。それには，環境コミュニケーションにおける経験が役に立つ。

1.2　環境コミュニケーション

組織に関する情報は，組織内部の者は良く知っているが，組織外部の者は情

（2）「三方よし」は，近江商人の考え方を表したもので，売り手や買い手にとって良いだけでなく，世間にとっても良いことが商売の基本であるとする。伊藤忠商事はこれを同社の「CSRの源流」として位置付けている。一方，「先議後利」は，今日の大丸百貨店の社是であり，大丸の前身の呉服屋「大文字屋」創業者下村彦右衛門の言葉といわれている。

報が開示されないと知る手立てがない，といった情報の偏在がある。環境問題は組織外部の人の健康や安全に係るため，この**情報の非対称性**を克服し緩和することが求められる。しかし，それは容易ではない。なぜなら，企業が環境問題を引き起こした時には，一般の不祥事のときと同じく，企業防衛の観点からできる限り自社が不利益を被らないよう，必要最小限に絞り込んだ情報を開示するか，もしくは自社にとって有利となる情報のみを提供するからである[3]。

他方，企業価値の向上とか，イメージアップにつながるような情報であれば，大々的なプロモーション活動が行われる。マスメディアを通じた環境広告やニュース・記事による環境パブリシティは積極かつ戦略的に行われる。環境配慮製品は企業利益に直結するため，活発な販売促進活動が展開される。2000年代に入ってからは，文字どおり「エコ（eco）」を売り言葉にした製品が世の

表5-1　環境広告キャンペーンの例

パナソニック『eco ideas』 松下電器産業『Nの環境計画』	東芝『ecoスタイル』 『人と，地球の，明日のために，』
NEC『IT，で，エコ』	三洋電機『人と地球が大好きです』
ENEOS『創エネ』	新日鉱ホールディングス『資源イノベーション。』
トヨタ自動車『あしたのために，いまやろうTOYOTA ECO-PROJECT』	本田技研 『地球のために，新しいものさしSMALL IS SMART. I'm HONDA.』
三菱自動車『Drive@earth』	東京海上火災 『地球に緑，人に安心，ひろげます。』
東急グループ 『WE DO ECO すすめています。環境のためにできること。』	東日本旅客鉄道 『あなたとリサイクル。』 『つくるエコ。』
リコー 『競争力ある環境経営へ。』	FUJI XEROX 『資源循環型生産の21世紀を』
ロッテ『噛むエコ』	キリンビール『エコ，どこ？　エコ，ここ！』

（出所）各社の広告を参照。

（3）　会社に不利益を及ぼす内部告発者に対して報復的処遇を行うケースもあるため，内部告発者を保護する制度（公益通報者保護法）も設けられた（2006年）。

中に溢れた（表5-1参照）。

もちろんこれらの環境広告は消費者に環境に関する新たな知見や知識を提供することになるので，消費者に対する環境学習効果があることは無視できない。当該企業のホームページを見たり，製品説明を聞く機会の少ない一般消費者に対する訴求手段として有用であろう。

その一方で，企業活動そのものの環境配慮については，ISO14001認証取得企業を中心として，環境報告書を発行したり，自社のホームページにて環境に対する取り組み状況を開示したりする企業が増えた。環境省の『環境にやさしい企業行動調査』（平成22年度）によると，環境報告書等の作成・公表企業は，今日では調査対象全体の約36.5％，上場企業に限ると約56.0％に上る。報告書等によらない情報開示を行う企業もあることや，先に見た環境広告などのような宣伝活動で環境情報を提供する企業もあるので，実際にはほとんどの企業が何らかの形で環境情報の提供を行っているといってもよかろう。

このように企業が発信する環境関連情報が増えてくると，その内容の信頼性が問題となる。とりわけ，環境報告書等による情報開示については，開示情報の質と信頼性を高めることが要求されるため，欧米を中心に環境報告書の作成・公表の指針となるような環境報告書ガイドラインが制定された（表5-2）。

オランダやデンマーク等で環境報告書の作成を義務付ける法制度ができたほか，EUのEMAS (Eco-Management and Audit Scheme: 2003) は環境報告書の作成・公表制度を設けた。また，環境報告に関する研究調査には，多くの団体や調査機関が関与した[4]。

わが国でも，環境省が，1999年に『環境報告の促進方策に関する検討会報告書』を公表して以降，2000年に『環境報告書ガイドライン』を発表し，

---

(4) 主な機関としては，CERES (Coalition for Environmentally Responsible Economies), PERI (Public Environmental Reporting Initiative), UNEP (United Nations Environment Programme), WICE (World Industry Council for the Environment：現WBCSD), AccountAbility, 等がある。この中には既に活動を行っていないものもあるが，当時の欧米の大企業や行政当局が環境報告に熱心に取り組んでいたことが理解されよう。

表 5-2　海外の主な環境報告書ガイドライン (2005年調査時点)

機　関	名　称
欧州化学産業協会	The CEFIC Responsible Care-Health, Safety and Environmental reporting guidelines (1998).
GRI	Global Reporting Initiative: Sustainability Reporting Guideline.
ノルウェー	Recommendations from the Employers' organization, based on existing guidelines and standards.
スウェーデン	Swedish Federation of Financial Analysts; recommendation on environmental information in the 2000 annual report-Financial analysts and companies listed on the Stockholm stock exchange.
イギリス	DEFRA (Department for Environment, Food and Rural Affairs); General Guidelines on Environmental Reporting (2001).
ドイツ	The INEM Sustainability Reporting Guide: a manual on practical and convincing communication for future-oriented companies (2001).
オランダ	Ministry of Economic Affairs; Annual Report Guideline 400 (2003).
オーストラリア	DEH (Department of the Environment and Heritage); Framework for Public Environmental Reporting, an Australian approach (2000).
カナダ	CMA (The Society of Management Accountants of Canada); Writing and Evaluating Sustainable Development and Environmental Reports (1998). Environment Canada; Canadian Corporate Sustainability Reporting Toolkit (2003).

(出所) 環境省 (2005)『環境報告書の諸制度に関する海外動向調査報告書』pp. 66-70 参照。

2003年の改訂を経て，2007年に『環境報告ガイドライン』と改称し，2012年同改訂版を公表している。環境報告に関連したものとしては，2000年に『環境会計ガイドライン』を発表し，2002年と2005年に改訂版を公表している。また，『事業者の環境パフォーマンス指標 (2000年版)』及び『事業者の環境パフォーマンス指標ガイドライン (2002年版)』を策定，さらに，2012年には報

80　第 5 章　サステナビリティ情報の開示

告書『環境経営の推進と環境情報の利用について―グリーン経済を導く基盤の構築に向けて―』等も発表している（図5-1参照）。環境報告の制度化を図ったものとしては，2004年の環境配慮促進法[5]が，独立行政法人や国立大学法人等の特定事業者に環境報告書の作成を義務付けている。

他方，経済産業省においても，2001年に『ステークホルダー重視による環

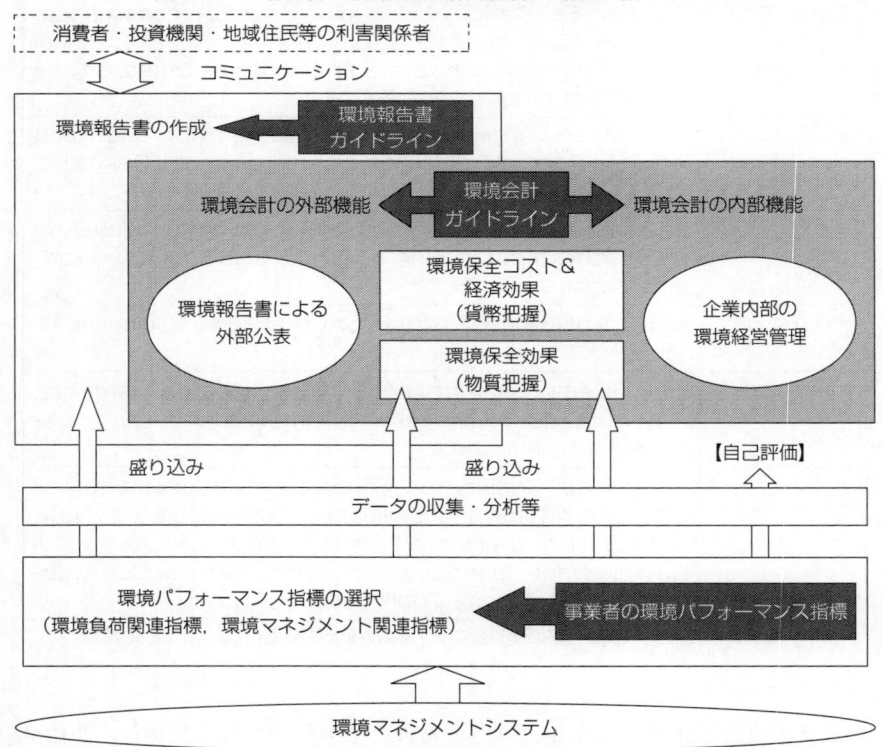

図 5-1　環境省の提案する環境報告・環境会計の仕組み

（出所）環境省パンフレット「環境会計の理解のために」p.5。

---

(5)　正式名称は「環境情報の提供の促進等による特定事業者等の環境に配慮した事業活動の促進に関する法律」である。

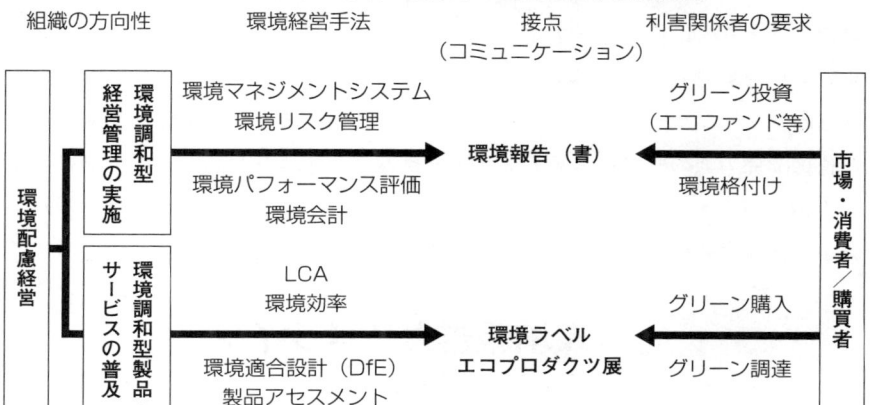

図5-2 経済産業省の提案する環境経営手法関連図

組織の方向性	環境経営手法	接点（コミュニケーション）	利害関係者の要求
環境配慮経営	経営調和型 経営管理の実施：環境マネジメントシステム／環境リスク管理／環境パフォーマンス評価／環境会計	→ 環境報告（書） ←	グリーン投資（エコファンド等）／環境格付け	市場・消費者／購買者
	環境調和型製品・サービスの普及：LCA／環境効率／環境適合設計（DfE）／製品アセスメント	→ 環境ラベル エコプロダクツ展 ←	グリーン購入／グリーン調達	

（出所）経済産業省配布資料参照。

境レポーティングガイドライン』を公表[6]し，2006年には『環境コミュニケーション事例集』を取りまとめている。環境ビジネスの育成と環境経営に関心を寄せる同省においては，環境経営手法と市場・消費者とを取り結ぶ関係を中心に検討を進めている（図5-2参照）。

1.3 クロスメディア・コミュニケーション

環境報告は，現在では冊子媒体の報告書によるもののほか，多くの情報量を扱うことができる上コスト面で優れ，最新情報への更新が容易なwebサイトを用いた情報開示が積極的に行われている。また，その利用方法も，一般向けの情報提供としての利用のほか，取引先との事業活動連絡，従業員やその家族向けの環境教育，顧客向けの環境学習会等にも活用されている。なかにはIR説明会や株主総会に合わせて報告書が作成される例もある。

このように，環境報告は，環境広告／パブリシティも含め，一方通行の情報

（6）このガイドラインでは，ステークホルダーを，①金融機関等，②取引先等，③行政等，④地域住民等，⑤一般市民等，⑥従業員等，の6つのグループに分けて，それぞれのグループの情報ニーズについて分析している。

提供から双方向コミュニケーションの場の形成へと発展し，また，単一の環境報告をさまざまに用いるメディアミックスからクロスメディア・コミュニケーションへと新たな展開を広げている[7]。それこそが，多様な利害関係者との双方向コミュニケーションの場を持ち，そこで必要とされる情報を提供しながら利害関係者との対話を求めるステークホルダー・エンゲージメントの核心である。このようなクロスメディアによるサステナビリティ・コミュニケーションが，後述する統合報告等の未来像を描く手掛かりとなるであろう。

2　環境報告ガイドライン

2.1　環境報告の考え方

わが国の企業の環境報告の多くは，環境省『環境報告ガイドライン（2012年版）』に準拠している。そこで，同ガイドラインの概要を見ておこう。

(1) 環境報告の定義と基本的機能

環境報告は，「事業者が事業活動に関わる環境情報により，自らの事業活動

表5-3　環境報告の基本的機能

〈外部機能〉
①事業者の社会に対する説明責任に基づく情報開示機能
②ステークホルダーにとって有用な情報を提供するための機能
③事業者の社会とのプレッジ・アンド・レビュー（誓約と評価）による環境活動等の推進機能
〈内部機能〉
④自らの環境配慮等の取組に関する方針・目標・行動計画等の策定・見直しのための機能
⑤経営責任者や従業員の意識付け，行動促進のための機能

（出所）環境省『環境報告ガイドライン（2012年版）』p. 10参照。

（7）　メディアミックス（media-mix）とは，ひとつの商品を異なる媒体で広告することで消費者の関心を呼ぶ手法であるが，クロスメディア（cross-media）では，利用者を他の媒体に移動させる機能を活用することによって，各媒体の持つ特性を十分に発揮させるとともに，利用者の満足を高めようとする。環境報告でも既に，冊子版は簡易化し，詳細な情報はホームページに載せたり，有価証券報告書等の他の報告書媒体との連絡をとったりと，クロスメディア化をすすめている企業も出てきている。

2 環境報告ガイドライン

図5-3 環境配慮経営と環境報告の関係イメージ

事業活動に関連する情報の集合体

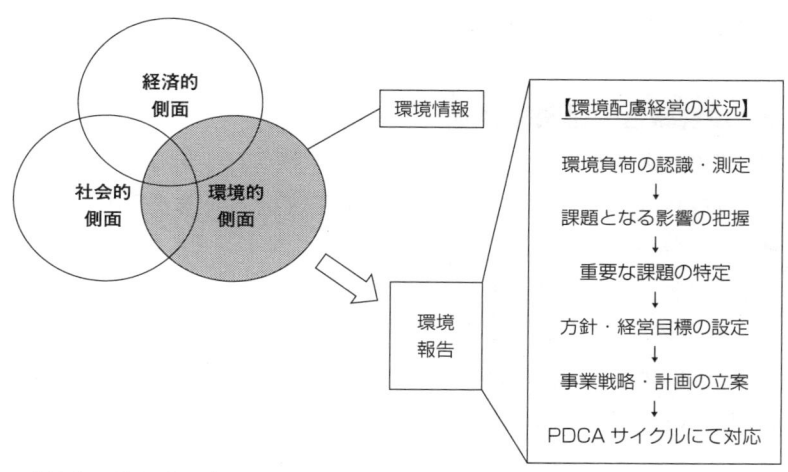

【環境配慮経営の状況】

環境負荷の認識・測定
↓
課題となる影響の把握
↓
重要な課題の特定
↓
方針・経営目標の設定
↓
事業戦略・計画の立案
↓
PDCAサイクルにて対応

(出所) 環境省『環境報告ガイドライン (2012年版)』p.13参照。

に伴う環境負荷及び環境配慮等の取組状況について公に報告するもの」(p.9) と定義される。基本機能としては，外部機能と内部機能がある (表5-3参照)。

また，事業活動に伴って発生する環境影響は事業活動の経済的側面や社会的側面にも関わることから，環境報告は，環境配慮経営の状況を説明するために必要な情報が網羅的に含まれることが望ましいとされる (図5-3参照)。

(2) 環境報告の基本指針

環境報告の基本指針として，次の3つが挙げられる (pp.18-33参照)。

[Ⅰ] 環境報告の前提条件としての6つの一般原則

①目的適合性，②表現の忠実性，③比較可能性，④理解容易性
⑤検証可能性，⑥適時性

[Ⅱ] 重要な視点として5つの視点

①経営責任者の主導的関与，②戦略的対応，③組織体制とガバナンス
④ステークホルダーへの対応，⑤バリューチェーン志向

[Ⅲ] 環境報告を実施する上での基本事項として3つの項目

① 対象範囲と対象期間の明確化
② 公表媒体の選択
③ KPI（Key Performance Indicators）[8] の開示

2.2　環境報告の記載枠組み

環境報告の記載項目は，概ね表5-4のように構成される（p.34参照）。

2012年改訂のポイントは，ポスト京都議定書の国際的な動向や社会的責任論の高まりに鑑み，今後，社会からの監視の強化や事業者の責任範囲の拡大等が想定されるため，バリューチェーン全体を視野におく取り組みの必要性や，ステークホルダーへの対応に重きが置かれた。それゆえ，事業戦略における環境面の位置づけを重視し，経済・環境・社会のすべての側面を関連付けた体系的な情報開示を目指すものとなった。

表5-4　環境報告ガイドラインの記載項目例

1	報告にあたっての基本的要件
2	経営責任者の諸言
3	環境報告の概要（環境配慮経営等の概要，KPI一覧，個別環境課題に関する対応）
4	マテリアルバランス
5	環境マネジメント等の環境配慮経営に関する状況
6	事業活動に伴う環境負荷及び環境配慮等の取組に関する状況
7	環境配慮経営の経済・社会的側面に関する状況
8	その他の記載事項

（出所）環境省『環境報告ガイドライン（2012年版）』p.34参照。

3　GRIサステナビリティ報告ガイドライン

3.1　サステナビリティ報告の考え方

GRIは，1997年の創設以来，マルチステークホルダーを想定したサステナ

（8）　KPIは「主要業績評価指標」と呼ばれるもので，環境配慮経営における重要課題についての取組状況や関連する事業活動の経過，業績，現況を効果的に計測できるような定量的指標をいう（同ガイドライン，p.30参照）。

ビリティ報告を提唱してきた。グローバル・ビジネスを展開する世界企業の多くが **GRI** のサステナビリティ報告ガイドライン（以下，GRI ガイドライン）に準拠しているので，現在では，サステナビリティ報告の事実上の標準（de facto standard）となっている。前述の環境省環境報告ガイドラインも，GRI ガイドラインとの整合を図っている。そこで，本節ではこの GRI ガイドラインの概略を見ておこう。

(1) GRI ガイドラインの目的及び特徴

GRI ガイドラインでは，サステナビリティ報告を「持続可能な発展の目標に向けた組織のパフォーマンスの測定，開示，及び内外のステークホルダーに対する説明責任の実践」（序文）と位置付けている。これを，経済・環境・社会の3つの側面（トリプルボトムライン）[9]から報告することを促している。

(2) 報告原則

報告原則は，サステナビリティ報告が達成すべき成果を示し，報告すべきテーマや指標の選択，その報告方法等を含めた，報告プロセス全体についての判断基準を提示するもので，大きく2つのグループに分けられる（表5-5参照）。

表5-5　GRI ガイドラインの報告原則（概要）

〈報告すべきテーマ／指標を決めるための原則〉 ①重要性（materiality）　②ステークホルダーの包含性（stakeholder inclusiveness） ③持続可能性の状況（sustainability context） ④網羅性（completeness）（報告する範囲（scope）や境界（boundary），報告期間の特定） 〈報告内容の質や表現の適切性を確保するための原則〉 ①バランス（balance）　②比較可能性（comparability）　③正確性（accuracy） ④適時性（timeliness）　⑤明瞭性（clarity）　⑥信頼性（reliability）

（出所）GRI ガイドライン 1.1-1.2（pp.7-17）参照。

---

(9) トリプルボトムライン（TBL : triple bottom line）という考え方は，もともとは Elkington, John [1997] で用いられたものとされているが，今日では持続可能な発展を考える上で一般的に用いられている。とりわけ GRI ガイドラインがこの概念を採用したことによって，世界的に認知されるようになった。

3.2 基本情報の開示

サステナビリティ報告に掲載すべき基本的内容としては，次の3つの項目が挙げられる（Part 2参照）；

[Ⅰ] 戦略とプロフィール
　　　経営戦略[10]や，組織の概要，ガバナンスなど，組織のパフォーマンスを理解するための背景説明

[Ⅱ] マネジメント・アプローチ
　　　個々の具体的なパフォーマンスを達成するために用いられたマネジメント手法の提示

[Ⅲ] パフォーマンス指標
　　　経済・環境・社会というカテゴリー別にパフォーマンス指標は作成される。社会的指標はさらに，労働，人権，社会，製品責任に細分される。

表5-6　経済／環境／社会の指標プロトコル（概要）

カテゴリー	主　な　側　面
経済（EC）	①経済的パフォーマンス，②市場での存在感，③間接的な経済的影響
環境（EN）	①原材料，②エネルギー，③水，④生物多様性，⑤排出物，排水，廃棄物，⑥製品及びサービス，⑦順守，⑧輸送，⑨総合
労働慣行とディーセント・ワーク（LA）	①雇用，②労使関係，③労働安全衛生，④研修及び教育，⑤多様性と機会均等，⑥女性・男性の平等報酬
人権（HR）	①投資及び調達の慣行，②無差別，③結社の自由，④児童労働，⑤強制労働，⑥保安慣行，⑦先住民の権利，⑧評価，⑨改善
社会（SO）	①地域コミュニティ，②不正行為，③公共政策，④反競争的行動，⑤順守
製品責任（PR）	①顧客の安全衛生，②製品サービスのラベリング，③マーケティング・コミュニケーション，④顧客のプライバシー，⑤順守

（出所）GRIガイドラインIndicator Protocols Set参照。

---

(10) 経済的・環境的・社会的パフォーマンスを達成するための，短期／中期／長期の総合ビジョンと戦略を，CEO（最高意思決定権者）等が自ら声明を出すことが求められる（Part 2, 1.1参照）。

具体的な指標については指標プロトコルを利用できる（表5-6参照）。

現行 GRI ガイドラインは"Ver. 3.1"であるが，既に新しい"G4（Ver. 4）"の開発も始まっている。G4 では，利害関係者の範囲を拡大し，規制当局や投資家，格付機関，NGO 等も視野に入れるとともに，ISO26000 規格との整合や，統合報告との連携の可能性を模索している。サステナビリティ・コミュニケーションは，今後更に新しい展開を見せる可能性がある。

4　企業評価における CSR の位置づけ

4.1　イギリス年金法改正と機関投資家の投資行動

年金資金の運用規制に関して，イギリスで注目すべき改革が実施された。Pension Act of 1995 が 2000 年に改正され，年金基金等の機関投資家は企業倫理や CSR に関する投資基準を有するか否かを開示し，投資方針を有する場合はその内容を報告書（**SIP**：Statement of Investment Principles）に記載することが義務づけられたのである[11]。

CSR などの非財務情報を企業価値の評価基準とする投資手法に，**社会的責任投資**（**SRI**：Socially Responsible Investment）がある。SRI は財務情報に基づく従来型の投資手法とは異なり，財務情報と非財務情報の双方の視点から企業価値の将来像を推計する手法である。SRI は中長期的な視点で経済的リターンと社会的リターンの両立を目指すサステナブルな投資手法である。SRI を支持する投資家が拡大していけば，社会的責任を果たす企業が積極的に評価される新しい規範が市場に形成されていくことになる。

イギリスの年金法改正は CSR を企業価値の構成要素と位置づけることで，

---

(11)　改正内容は以下のとおりである。
　　ⓐ投資銘柄の選定，維持，売却にあたって，環境，社会，倫理について考慮を加えているか否か。投資の意思決定過程において，こうした側面についての考慮を加えている場合には，その基準および程度を開示しなければならない。
　　ⓑ投資に付帯する権利（議決権等）を行使する方針があるか否か，ある場合にはその内容を開示しなければならない。

社会的リターンが経済的リターンと同列に評価されるメカニズムを株式市場に築くことを意図した。環境，社会，企業統治などに関する非財務情報が投資基準に組み込まれ，短期投資に傾斜した投資のあり方に一石を投じたのである。

4.2 企業評価と CSR 情報の活用
(1) 第1次 SRI ブーム

1990年代後半からステークホルダーとのコミュニケーション・ツールとしてCSR報告書等を発行する企業が増えた。これにより，ステークホルダーが入手できるCSR情報は飛躍的に拡大し，CSRに関する企業間比較も容易になった。

日本におけるCSRは主として環境問題を軸に展開してきた。1999年，国内企業を対象とした本格的なSRIとして**エコファンド**が登場する。エコファンドは環境問題への取り組みが優れている企業に投資するSRIの一形態であり，投資家に対してCO_2削減などの社会的リターンの獲得と市場平均を上回る投資収益の還元をめざしている。

エコファンド第1号は「日興エコファンド」(1999年8月)で，これに続いて「損保ジャパン・グリーンオープン」(同年9月)が設定された。2000年1月までに5本のエコファンドが設定されている。2000年に入ると新たに4本のSRI fund が設定され，評価軸も環境から多様なCSR分野へ拡大した。

さらに，1999～2001年にかけて，国内企業を対象としたSRI fundの設定が相次いだ時期を第1次SRIブームと位置づける。2001年に入ると日本の株式市場が低迷し，SRI fund の運用成績も総じて振るわなかった。そのため，2003年までSRI fundの新規設定は中断している。

(2) 第2次 SRI ブーム

2004～05年にかけて再びSRI fundの新規設定が加速し，第2次SRIブームが訪れた。SRIに対する社会的認知度も高まり，環境に加えて雇用，人権，消費者など幅広い領域をカバーするCSR評価が行われるようになった。

第2次ブームの背景には，①国内外で頻発した企業不祥事によって事業プロ

セスの透明性を求める動きが顕在化したこと，②過度に収益を重視する企業経営への反発から利益とCSRの両立を求める声が高まったこと，さらには③CSR先進地域の欧米機関投資家が日本企業に対してCSR情報の開示を求めたことなどがある。CSR情報の開示を求める海外の機関投資家からの圧力がCSRに対する社会的関心を高め，CSRと企業評価を結びつける動きを促したのである。

4.3 責任投資原則

責任投資原則（**PRI**: Principles for Responsible Investment）とは，投資の意思決定プロセスに**環境**（**E**），**社会**（**S**），**ガバナンス**（**G**）に関する諸問題を反映させることを求める行動原則である。2006年に当時のアナン国連事務総長が金融業界に提唱した。CSRに関する諸問題を機関投資家の意思決定や所有慣習に組み込み，受益者のために長期的な投資成果を向上させることを目的としている。PRIに法的拘束力はないが，多くの金融関連機関が署名する世界的なガイドラインとなっており，以下の6原則で構成されている。

① 株式責任を意識した株式所有者となり，株式の所有方針と所有習慣にESGの課題を組み込む。

表5-6　責任投資原則への署名機関数
(Number of signatories)

Categories of signatory	All countries	Japan	Korea	UK	USA	China
Asset owner signatories	249	5	2	27	20	0
Investment manager signatories	619	12	7	79	98	0
Professional service partners	175	5	6	25	23	1
Total	1,043	22	15	131	141	1

（出所）PRIホームページ（http://www.unpri.org/signatories/index.php?country=Country）のデータに基づき筆者作成

② 投資対象の主体に対して ESG の課題について適切な情報開示を求める。
③ 資産運用業界において本原則が実行に移されるよう働きかける。
④ 本原則を実行する際の効果を高めるために協働する。
⑤ 本原則の実行に関する活動状況や進捗状況に関して報告する。

　非協力集団である株式市場で過度な私益（経済的リターン）の追求を制御し公益（社会的リターン）との両立を図るには，何らかの規範や強制が必要と考えられる。PRI には株式市場においてサステナビリティを推進する規範としての役割が期待されている。

　PRI が支持される背景には，CSR に関する諸問題が企業価値の形成に影響を与えるという認識を持つ機関投資家が拡大したことがある。CSR の実践から創出される社会的リターンを把握することで，企業の本源的価値をより正確に推計できると考えられている。

　PRI 署名機関は 2012 年 9 月末時点で 1,121 機関であり，その数は着実に増加している。機関投資家の多くが企業評価のフレームワークに CSR を組み入れる意思を持っているようである。わが国での署名数は 24 機関にとどまっており，世界全体の 2.14％ を占めるにすぎない。PRI 署名機関には，CSR を評価するフレームワークの構築と透明性の高い情報開示が求められる。これまでの企業価値は「決算時点における利益の量」と「将来における利益の産出能力」という経済効率の視点から推計されたものであった。

　一方，PRI は経済効率と社会的公正の両軸から企業評価を行う試みである。経済効率は文字通り「利益の量」をベースとしたものであるが，社会的公正は事業活動のプロセス評価である。PRI は「利益の量」に加えて「利益の質」を企業評価の尺度とすることでサステナビリティの実現をめざす取り組みであり，「利益の質」を保証するツールこそが CSR なのである。

4.4 問われる投資家の社会的責任

　所有と経営の分離によって，企業は株主が所有する私的な機関から社会シス

テムとしての性格を持つようになった。資本から独立した専門経営者には，株主利益の最大化よりもマルチステークホルダー間の利害調整が期待された。経営者支配の下では，株主利益の確保とCSRが矛盾なく遂行されるはずだった。

1950年代に活躍した専門経営者であるラルフ・コーディナーは，株主を含むマルチステークホルダーの利害をバランスさせることが経営者の責務であると述べている（ダイヤモンドハーバードビジネス編集部［1998］p. 114）。残念ながら現実は，投資先企業のCSRには関心を払わず，株価上昇を求める投資家が多数派である。

機関投資家は投資家と所有者（株主）の二面性を持つが，所有者としての責務を果たすことへの関心は低い。投資先企業の株価上昇が最大の関心事となっている[12]。これでは，CSRへの資本投下を適切に評価することは難しい。

CSRはサステナビリティ社会を構築するためのツールであり，経済効率を優先するこれまでの企業評価のあり方を修正し，社会的公正という視点から事業プロセスを評価する役割を担う。CSRは企業行動に影響を及ぼすことによって，はじめて本来の意義が機能する。そのためには，経済効率と社会的公正を評価軸とする企業評価のフレームワークを株式市場に構築することが求められる。

米国公認会計士協会が公表した「ジェンキンズ報告書」（1994年）は，企業価値の説明要素として無形資産の比重が拡大し，CSRなどの非財務情報と財務パフォーマンスとの関連性が強くなっていると指摘している。CSRは企業価値にポジティブにもネガティブにも反映する要素を持っているのである。

20世紀型の社会経済システムが成長の限界に近づいている現在，投資家がサステナビリティに基づいた企業評価に取り組まなければ，マルチステークホルダー間の利益を均衡させることは難しい。所有と経営が分離した現代企業において，サステナビリティを巡る議論は経営の社会的責任のみならず，所有者

---

[12] 機関投資家は投資後半年〜1年以内に株価を上昇させることを経営者に期待している。

としての投資家の社会的責任（ISR：Investors' social responsibility）を包含したフレームワークの中でなされるべきであろう。

（第1-3節　千葉貴律，第4節　長谷川直哉）

COLUMN 4

環境報告の保証

　環境報告で提供する情報や環境報告そのもののありかたについて，信頼性を高めるために「外部保証（external assurance）」を利用する企業も少なくない。

　GRIガイドラインでは，外部保証は「報告書や報告書に記載されている内容の質について，結論を公表する活動」（p. 41）と規定しており，専門の保証業務者，ステークホルダー・パネル，その他の個人やグループを利用するなど，さまざまな態様があるとしつつも，いずれの場合であっても外部の能力ある者によって実施されることを求めている。

　環境省『環境報告ガイドライン（2012年版）』では，より具体的な方策について紹介している（p. 122参照）。

① 第三者による審査：監査法人等の専門審査機関による保証
② 第三者による意見：第三者による評価や勧告等の表明
③ 双方向コミュニケーション手法の組込：ステークホルダーとの対話（座談会や説明会等）を記録し，環境報告書に掲載する方法
④ NGO／NPO等との連携：環境報告の企画，作成段階からNGO／NPOのスタッフや一般消費者，学生等の外部者を加え，事業者とともに環境報告書を作成する取組み

監査法人等の専門家による保証については，保証水準や保証業務リスクの高低により実施内容が変わるものと思われるが，環境報告に対する保証業務を行う際の明確な基準はないのが現状である。環境報告の信頼性の向上をいかに図るのか，課題はこれからである。

　保証業務に関する参考資料としては，次のようなものがある。
- 日本公認会計士協会（2005）「CSRマネジメント及び情報開示並びに保証業務の基本的な考え方について」（経営研究調査会研究報告第26号，2005年7月）。
- 日本公認会計士協会（2009）「欧州等における海外のCSR情報に対する保証業務の動向調査」（経営研究調査会研究資料第3号，2009年1月）。
- 山崎秀彦編著（2010）『財務諸表外情報の開示と保証―ナラティヴ・リポーティングの保証―』同文舘出版。

（千葉　貴律）

演習問題

1 ステークホルダー・エンゲージメントの実践例について，どのようなケースがあるのか調べなさい。
2 企業等の公表した環境報告において，バリューチェーンの範囲がどの程度まで含められているのか，実際に調べなさい。
3 GRIガイドラインの指標プロトコルとISO26000規格の中核主題や課題を比較し，異同についてまとめなさい。
4 社会的責任投資ファンドの情報を入手し，環境面及び社会面に関する評価スキームを分析しなさい。

第6章

環境報告会計

　環境会計は，1990年代後半から日本企業の間に急速に普及した。その直接のきっかけとなったのは，環境省から公表された「**環境会計ガイドライン**」である。同ガイドラインは，企業などが自らの環境保全についやした投資額や費用額すなわち環境保全コストと同コストがもたらす環境保全効果および経済効果を認識・測定・報告する仕組みを明らかにしている。企業外部へ報告する環境会計としては，環境報告書や持続可能性報告書などで公表されている**環境報告会計**と財務諸表で公表されている環境財務会計をあげることができる。環境会計ガイドラインは，前者に大きな影響を及ぼしており，日本企業の環境報告会計は，そのほとんどがこれに準拠して作成されている。本章では，同ガイドラインの主な構成要素と日本企業における実践状況を解説すると同時に，これに基づいて，環境報告会計の今後の展開の方向性を明らかにしていく。

1　環境報告会計と環境会計ガイドライン

1.1　環境会計ガイドラインの発展の経緯
　環境省（当時環境庁）は，環境保全コスト情報の把握・公表のためのガイドラインを設定するために，1996年に「環境保全コストの把握に関する検討会」を設置した。その背景には，環境保全コストの把握が環境保全活動さらには健全な事業活動にとって不可欠な要素となり，環境報告書などによって開示された当該情報が企業評価の重要な尺度になってきているという当時の現状認識があった。この2年後に行われた「環境にやさしい企業行動調査」では，調査回

答企業の約8割がガイドラインの必要性を認めており,環境省の認識を裏付けた結果となっている。

同検討会の審議の成果は,1999年に『環境保全コストの把握及び公表に関するガイドライン～環境会計の確立に向けて～（中間とりまとめ）』として公表され,「環境会計に関する企業実務研究会」や日本公認会計士協会・専門部会との共同研究会などを経て,環境会計ガイドライン（2000年版）としてまとめられた。同ガイドラインは,2002年と2005年に改定が行われている。本章では,2005年版を中心に解説する。

環境会計ガイドラインが提示する環境会計のフレームワークは,環境保全コストとその環境保全効果および環境保全対策に伴う経済効果の3つから構成されており,環境保全コストと経済効果は貨幣単位,環境保全効果は物量単位で測定される。この3つの構成要素は,図6-1に示されるように,企業活動の経済的側面を表した財務パフォーマンスと環境的側面を表した環境パフォーマンスの2つの側面をリンクさせる形で示すことができる。

環境会計情報は,環境報告の中心的財務情報であり,環境保全コストデータは財務会計データと共通する部分も多いことから,環境会計の対象となる期間と範囲もこれらと同一であることが望ましい。たとえば,企業活動では,関係

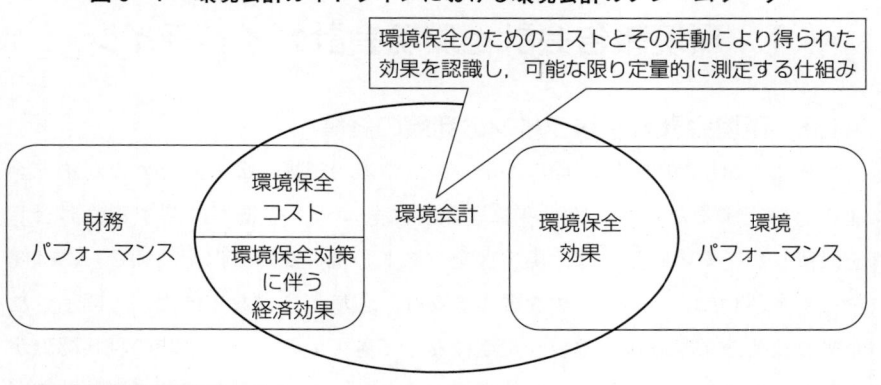

図6-1 環境会計ガイドラインにおける環境会計のフレームワーク

環境会計：環境保全のためのコストとその活動により得られた効果を認識し,可能な限り定量的に測定する仕組み

財務パフォーマンス ─ 環境保全コスト／環境保全対策に伴う経済効果 ─ 環境会計 ─ 環境保全効果 ─ 環境パフォーマンス

（出所）環境省［2005a］p.2．

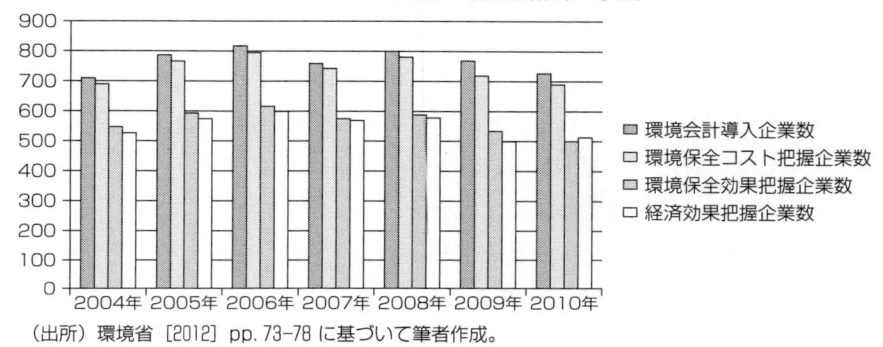

図6-2 日本企業の環境会計導入状況

（出所）環境省［2012］pp. 73-78に基づいて筆者作成。

会社（子会社および関連会社）に生産移転しているケースもあることから，連結財務諸表上のこうした関係会社も環境会計の対象とする。ただし，具体的な環境会計の範囲の設定においては，環境保全上の重要度に応じて連結の対象となる企業集団が設定される。

環境会計ガイドラインで示された環境会計のフレームワークは，日本企業の環境会計導入に大きな影響力を及ぼしている。図6-2の環境省の調査では2010年度に730社の日本企業が環境会計を導入している。2006年頃から環境報告企業数などとともに導入企業数は停滞傾向にあるが，500社以上の企業が環境会計の3つの構成要素を把握している（環境省［2012c］）。また，建設，ガス，ゴム，石油，食品製造，食品流通，鉄道，機械，化学などの業界団体では，ガイドラインをベースに業界独自の環境保全活動を組み込んだ業界用の環境会計ガイドラインを公表している。

1.2 環境会計情報の開示

環境会計ガイドラインでは，環境保全コストとその影響を把握するが，情報提供目的としては，図6-3に示す通り，環境会計の外部機能である環境報告会計と環境会計の内部機能である環境管理会計の両方を視野に入れている。本章では，前者を取り上げるが，環境省より公表されている環境報告ガイドライ

ン［2012a］では，環境会計は関連する財務情報の中心的開示項目として位置づけられている。

環境省の調査（環境省［2010］）では，1,526社が環境情報を，そのうち606社が環境会計情報を開示している。また，環境情報を環境報告書，サステナビリティ報告書などを用いて開示している企業は，1,091社である。

環境情報や環境会計情報の開示はステークホルダーとのコミュニケーションツールの役割をはたす。具体的な役割としては，まず，外部のステークホルダーへの**説明責任**の遂行があげられる。たとえば，環境問題については，消費者，取引先，投資家，金融機関，地域住民，NGO，行政などに，環境負荷の現状とその削減の取組み状況を説明する必要がある。

つぎに，それぞれの**ステークホルダー**の意思決定に役立つ情報の提供があげられる。たとえば，投資家は，環境保全活動への資源配分の大きさとその効果から，当該企業の環境効率，環境リスク，ビジネスチャンスを読み取り，消費者，地域住民，NGOなどは，企業が企業活動や製品で展開している環境戦略について，それぞれの関心領域を中心に分析することができる。

このように，定期的に公表される環境保全活動，環境保全コスト，環境保全

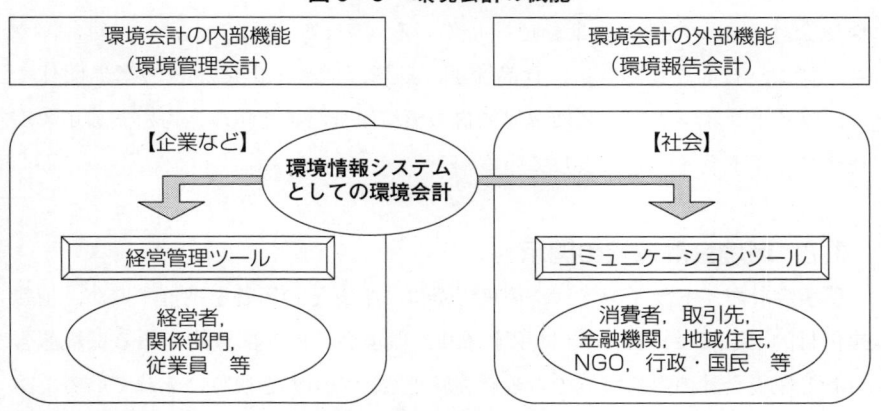

図6-3　環境会計の機能

環境会計の内部機能 （環境管理会計）	環境会計の外部機能 （環境報告会計）
【企業など】 ↓ 経営管理ツール 経営者，関係部門，従業員　等	【社会】 ↓ コミュニケーションツール 消費者，取引先，金融機関，地域住民，NGO，行政・国民　等

（中央：環境情報システムとしての環境会計）

（出所）環境省［2005a］p.3に基づいて筆者作成。

効果，経済効果の情報がステークホルダーによって評価されることで，企業は次年度以降の環境保全活動，環境予算などにその内容を反映し，環境保全活動をより社会的なニーズに沿った形で推進することができる。

2 環境保全コスト

2.1 環境保全コストの定義

環境保全コストは，環境保全目的で投入された投資額および費用額であり，貨幣単位で測定する。ここで，**環境保全**とは，環境負荷の発生の防止，抑制または回避，影響の除去，発生した被害の回復またはこれに資する取組を意味し，そこでは，社会的費用の内部化や社会的便益の創出（第1章参照）が行われる。したがって，環境保全コストの認識基準としては，環境保全のために投入されたことを条件とする目的基準が取られている。

環境保全コストのうち，**投資額**はその環境保全効果が長期間に及ぶ資産への投入額，費用額は当期に発生した環境保全のための費用である。環境保全**費用額**には，環境保全投資に計上されている資産の減価償却額が含まれている。

環境保全コストは，当該企業が環境問題全体および個別環境問題へ投入した経営資源の大きさを貨幣額という共通の単位によって表示する。企業の全体コストに対する環境保全コストの割合や個々の環境問題に投入された環境保全コストの大きさは，企業の環境保全活動の戦略や状況を示す重要な指標の一つである。もちろん，環境保全コストの大きさが環境保全活動への取り組みの熱心さやレベルの高さをそのまま表すわけではなく，企業規模，業種，生産方法，現状の環境保全対策のレベルなどによって投入される環境保全コストは大きく異なる。したがって，環境会計では，環境保全コストと環境保全活動，環境保全効果，経済効果の関係を把握することが重要になってくる。

2.2 環境保全コストの種類
(1) 事業活動別の分類

環境会計ガイドラインでは，**環境保全コスト**の代表的な分類方法として，**事業活動に応じた分類**を提示している。すなわち，表6-1で示す6種類のコストに分類される。表6-1はガイドラインで提示されている外部公表用フォーマットに従って岡村製作所が公表している環境保全コストである。集計範囲は，6社からなる企業集団が対象となる。

事業エリア内コストは，本社，工場，営業所などのように，企業が直接的に環境負荷の発生を管理できるエリアで発生するコストで，3種類に細分される。すなわち，環境基本法に定められた大気汚染，水質汚濁，土壌汚染，騒音，振動，悪臭，地盤沈下などを防止する公害防止コスト，地球温暖化，オゾン層破壊などを防止する地球環境保全コスト，資源の効率的利用，廃棄物の発生抑制・適正処理を行う資源循環コストである。

上・下流コストは，事業エリアに投入される原材料などの生産にかかわる上流域と，事業エリアから産出された財・サービスの利用・消費・廃棄にかかわる下流域で発生する環境保全コストである。たとえば，環境配慮型の製品を購入するいわゆるグリーン購入で，通常製品の購入価格と比較して追加的に発生するコストが上流コストであり，容器包装の環境負荷低減，製品の回収・リサイクル・適正処理などで発生するコストが下流コストである。

管理活動コストは，環境マネジメントシステムの整備・運用などの環境負荷の削減に間接的に貢献するコストや環境情報の開示などのステークホルダーとの環境保全にかかわるコミュニケーションのためのコストである。研究開発コストは，環境負荷の少ない製品，製造プロセス，物流，販売などを研究開発するためのコストである。社会活動コストは，事業活動には直接の関係がない，ボランタリーな自然保護，緑化，景観保護，寄付などの社会貢献のためのコストである。**環境損傷対応コスト**は，企業活動が環境に与える損傷に対応するためについやされたコストである。たとえば，自然修復，環境保全に関わる損害賠償などである。これら6種類の分類に入らないものは，その他のコストとし

2 環境保全コスト　101

表6-1　事業活動別の環境保全コスト

(単位：百万円)

分類	主な取り組み	投資額	費用額
1．事業エリア内コスト	事業エリア内コスト集計	16.6	337
1-1．公害防止コスト	大気汚染・水質汚濁・悪臭防止など	11.6	126
1-2．地球環境保全コスト	温暖化防止・オゾン層保護・省エネなど	5.1	72
1-3．資源循環コスト	節水・雨水利用，廃棄物削減，リサイクルなど	－	139
2．上・下流コスト	グリーン購入，製品・容器包装の回収・リサイクルなど	－	204
3．管理活動コスト	環境負荷の監視・測定，EMS運用など	－	192
4．研究開発コスト	環境配慮製品の開発，製造時の環境負荷低減など	－	247
5．社会活動コスト	環境保全団体への支援など	－	5
6．環境損傷対応コスト		－	－
7．その他のコスト		－	－
合計		16.6	984

集計範囲：オカムラグループ（岡村製作所，関西岡村製作所，三陽オカムラ，オカムラ物流オカムラサポートアンドサービス）
対象期間：2011年4月1日～2012年3月31日
(出所) 岡村製作所 [2012] p.69より抜粋。

て分類される。

(2) 環境保全対策分野別の分類

　環境保全コストの分類は，ガイドライン2000年版以来，事業活動別分類が提唱されてきた。日本企業のほとんどは，同分類に基づいた環境保全コストの開示を行っており，開示様式の標準化が進んでいる。ただし，企業によって，事業形態や環境保全対策の体系が異なるため，2005年版では，**環境保全対策分野ごとの環境保全コストの分類**も提示している。そこでは，地球温暖化対策，オゾン層保護対策，大気保全対策，騒音・振動対策，水環境・土壌環境・地盤環境保全対策，廃棄物・リサイクル対策，化学物質対策，自然環境保全対策の8つの対策分野が例示されている。

　表6-2は，環境活動領域分類に基づいて集計した環境保全コストを，事業活動別分類に変換して開示している横浜国立大学の事例である。ここでは，両

表6-2　環境活動領域別分類と事業活動別分類のリンク

(単位：千円)

事業活動別分類 \ 環境活動領域別分類		①地球温暖化対策（LED照明、冷暖房装置更新、断熱関係等）	②大気環境保全（集塵機設置・修繕等）	③騒音・振動・悪臭対策（換気扇設置等）	④水環境・土壌環境・地盤環境保全（中水道・排水管整備・排水設備整備等）	⑤廃棄物・リサイクル対策（一般・産業廃棄物処理、リサイクル等）	⑥化学物質対策（廃液、薬品庫整備関係等）	⑦建物・敷地緑化（屋上・壁面緑化等）	⑧森林保全（森林伐採・整備）	⑨生活環境保全（清掃、害虫駆除、防水、トイレ回り整備等）	合計
(1) 事業エリア内コスト	投資額	16,150	4,662	5,367	67,101	479	0	21	—	—	93,780
	費用額	13,397	867	0	15,201	179,759	5,634	2,530	—	—	217,389
(1)-1 公害防止コスト	投資額	—	4,662	5,367	66,177	0	0				76,206
	費用額	—	867	0	15,109	0	5,634				21,610
(1)-2 地球環境保全コスト	投資額	16,150	—	—	—	—	—	21			16,171
	費用額	13,397	—	—	—	—	—	2,530			15,927
(1)-3 資源循環コスト	投資額				924	479					1,403
	費用額				92	179,759					179,852
(2) 管理活動コスト	投資額				365			668	174	63,662	64,869
	費用額	13,714	—		2,583	70	173	2,795	28,503	353,809	401,647
投資額合計		16,150	4,662	5,367	67,467	479	0	689	174	63,662	158,649
費用額合計		27,111	867	0	17,785	179,829	5,807	5,324	28,503	353,809	619,036

(注) 合計金額の数値は四捨五入の関係上一致しないことがある。
(出所) 横浜国立大学 [2012] p. 34。

　分類をリンクさせることによって，他組織と比較可能な事業活動別コストと組織内部で用いている環境活動領域別コストの関係が明示されている。

2.3　環境保全コストの集計

　環境保全コストは，既述の通り，環境保全目的についやされることを認識基

準としているが，土壌汚染除去費用，大気汚染物質除去装置への投資などのように，環境保全だけを直接の目的とするケースと環境保全以外のコストと結合して複合コストとなるケースに分けられる。

　後者の場合のコスト集計方法としては，差額集計，合理的基準による按分集計，簡便な基準による按分集計があげられる。**差額集計**では，複合コストから環境保全目的以外のコストを区分して，環境保全コストを集計する。これが難しい場合には，一定の合理的基準による按分集計を行う。たとえば，環境保全活動の内容もしくは従事時間に応じて環境保全活動のための人件費を集計するケースなどである。さらに，合理的基準の設定が難しい場合には，10％，50％などのような簡便的な按分比率を設定して，発生コストごとに配分を行う。

3　環境保全効果

　環境保全効果は，環境保全活動による環境負荷の発生防止，抑制または回避，影響の除去，発生した被害の回復などの効果であり，重さ，熱量，容積などの物量単位で測定される。ガイドラインでは，環境保全効果を環境パフォーマンス指標ガイドライン（環境省［2003 c］）などに基づいて分類している。すなわち，表6-3で示されている，事業活動に投入する資源，事業活動から排出する環境負荷および廃棄物，事業活動から産出する財・サービスの使用時および廃棄時の環境負荷，その他の4つの領域に関する環境保全効果である。測定のために用いられる**環境パフォーマンス指標**の具体例は，表示されている通りである。

　環境保全効果は，環境パフォーマンス指標によって測定された，基準期間における環境負荷量と当期における環境負荷量の差によって算定される。多くのケースでは前期が基準期間となるが，1990年を1つの基準年とする地球温暖化対策のように，環境負荷削減計画が複数年にわたるときは，特定の基準期間を設定するケースもある。

　環境保全効果は，環境保全活動による基準期間からの環境負荷削減量を表し

表6-3　環境保全効果公表用フォーマット

環境保全効果				
環境保全効果の分類	環境パフォーマンス指標（単位）	前記（基準期間）	当期	基準期間との差（環境保全効果）
事業活動に投入する資源に関する環境保全効果	総エネルギー投入量（J）			
	種類別エネルギー投入量（J）			
	特定の管理対象物質投入量（t）			
	循環資源投入量（t）			
	水資源投入量（m³）			
	水源別水資源投入量（m³）			
	…			
事業活動から排出する環境負荷及び廃棄物に関する環境保全効果	温室効果ガス排出量（t-CO$_2$）			
	種類別または排出活動別温室効果ガス排出量（t-CO$_2$）			
	特定の化学物質排出量・移動量（t）			
	廃棄物等総排出量（t）			
	廃棄物最終処分量（t）			
	総排水量（m³）			
	水質（BOD, COD）（mg/l）			
	NOx, SOx 排出量（t）			
	悪臭（最大濃度）（mg/l）			
	…			
事業活動から産出する財・サービスに関する環境保全効果	使用時のエネルギー使用量（J）			
	使用時の環境負荷物質排出量（t）			
	廃棄時の環境負荷物質排出量（t）			
	回収された使用済み製品，容器，包装の循環的使用量（t）			
	容器包装使用量（t）			
	…			
その他の環境保全効果	輸送に伴う環境負荷物質排出量（t）			
	製品，資材等の輸送量（t・km）			
	汚染土壌面積，量（m², m³）			
	騒音（dB）			
	振動（dB）			
	…			

（出所）環境省［2005a］p. 43。

ており，必ずしも環境保全活動の水準を表すものではない。たとえば，同程度の環境保全コストでも，既に対策が進んでいる企業よりも対策が進んでいない企業のほうが，当該期間において高い環境保全効果を上げる可能性が高い。したがって，環境保全効果と同時に，発生している環境負荷の総量にも注視する必要がある[1]。

環境負荷量の大きさが一定のレベルに達した場合には，環境保全効果が把握できないケースも存在する。たとえば，高いレベルの協定基準，自主基準などを達成しているケースは，環境負荷の発生を一定水準に抑制・維持することが目的となる。こうしたケースでは，環境保全コストの効果は一定の目標水準を達成しているか否かで判断する。

また，環境負荷の大きさは，環境保全活動だけでなく，売上高や生産量などの事業活動量の増減によっても変化することから，以下に示すように，当期の事業活動量と基準期間の事業活動量の比率を基準期間の環境負荷量に掛けて調整する方法も考えられる。

環境保全効果＝基準期間の環境負荷量など×（当期の事業活動量÷基準期間の事業活動量）－当期の環境負荷など

環境保全効果は事業エリア内だけでなく，事業活動から産出する財・サービスの使用時や廃棄時などでも生み出される。たとえば，新たに開発された製品を顧客が使用する時に，旧製品に比較して削減することができるエネルギー量，これに伴うCO_2排出削減量（シャープ［2012］p. 28，東芝［2012］p. 62 など），環境関連融資による環境負荷削減（八十二銀行［2012］p. 42）などである。こうした環境保全効果は，企業の環境戦略や製品開発にとって大きな意味を持っている。ただし，使用時の環境保全効果などを把握するためには，使用時間，使用条件，使用方法といった製品使用状況が顧客によって異なるため，一定の仮定を設ける必要があり，情報開示の際にも十分な説明が求められる。

（1） ガイドラインでは，当期に発生する環境負荷を対象とすることから，土壌汚染のようにストックとして存在している環境負荷の把握は今後の課題である。

4　環境保全対策に伴う経済効果

4.1　実質的効果

　環境保全対策に伴う経済効果は，実施した環境保全対策が企業などの利益に貢献した結果であり，環境保全対策は環境面と経済面で効果をもたらすことになる。効果の大きさは貨幣単位で測定される。具体的には，環境保全活動によって実現した収益と節減された費用が考えられる。また，これらの効果は，現在や過去の財務会計数値といった確実な根拠に基づいて算定される**実質的効果**と，仮定的な計算に基づいて算定される**推定的効果**に分けられる。

　実質的効果の収益としては，事業活動で生じた不要物や使用済み製品のリサイクルによる売却収益などがあげられる。節減費用としては，まず，資源投入に伴う節減があげられる。原材料やエネルギーの効率的利用と循環的利用による原材料費，エネルギー費用の節減などである。次に，環境負荷や排出廃棄物の削減による法定負担金の削減，廃棄物処理費用の削減などがあげられる。最後に，環境事故に備えた保険料などの環境損傷費用の削減があげられる。この他にも，環境配慮型融資制度による支払利子の節減，環境マネジメントの効率化による人件費の節減などがあげられる。図6-5は，東芝が公表している地

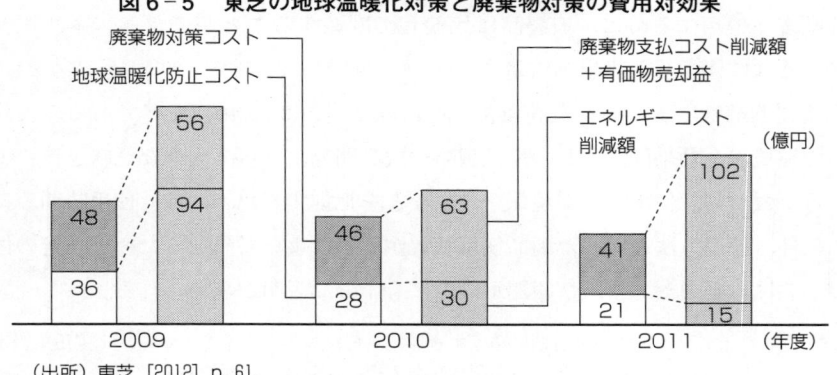

図6-5　東芝の地球温暖化対策と廃棄物対策の費用対効果

年度	廃棄物対策コスト	地球温暖化防止コスト	廃棄物支払コスト削減額＋有価物売却益	エネルギーコスト削減額
2009	48	36	56	94
2010	46	28	63	30
2011	41	21	102	15

（単位：億円）

（出所）東芝[2012] p.61.

球温暖化対策と廃棄物対策のためのコストと実質的効果である。

　日本企業が開示している経済効果の多くは，実質的効果である。ただし，財務会計データから直接導き出すことのできないさまざまな経済効果を把握することも重要である。そこでは，推定的効果の算定が重要になってくる。

4.2　推 定 的 効 果

　実質的効果と同様に，推定的効果も収益と費用節減の2つの効果に分けられる。収益の例としては，付加価値に対する環境保全活動の寄与効果，収益に対する環境保全目的の研究開発がもたらした効果などがあげられる。費用節減の例としては，環境損傷を予防することによる損害賠償や修復費用のリスク回避効果などがあげられる。付加価値への寄与効果（富士通［2012］p. 45-46），リスク回避効果（東芝［2012］p. 62）に関する算定式の例は以下の通りである。

　　付加価値寄与効果＝付加価値額×環境保全設備の維持運営コスト／
　　　　　　　　　　総発生費用
　　リスク回避効果＝化学物質など保管・貯蔵量×浄化修復基準金額×
　　　　　　　　　発生額

　推定的効果は，財務会計データからだけでは算出できないものであり，環境保全コストの経済効果を多面的に示すことができることから，企業の環境保全活動の意思決定に必要な情報となる。たとえば，富士通の2011年度のデータでは，環境保全コストが370億円であるのに対し，実質効果が133億円，推定的効果が580億円計上されており（富士通［2012］p. 47），同社の推定的効果は実質的効果と比較して相対的に大きな効果を生み出している。ただし，計算式で用いられている数値は，仮定的な計算値であることから，情報開示においては，その前提条件の検討と明示が必要である。

5　環境会計情報の拡大と利用

5.1　連結環境会計

　財務会計では連結会計が中心になっているが，環境会計においても，可能な限り広い範囲のバリューチェーンを捉えるために，企業集団を対象とした**連結環境会計**を実施する必要がある。

　環境会計においては，環境保全上の重要性に基づいて連結の範囲を決定する。たとえば，環境パフォーマンス指標で測定された環境負荷量が大きい企業，環境保全コストが大きい企業，有害物質などのように環境負荷の影響度が大きい物質を扱っている企業，環境保全上重要な役割を担っている企業などである。

　連結環境会計情報の集計においては，連結範囲を決定した後に，対象となる企業や組織の個別の環境会計情報を合算する。合算する際には，連結対象企業の持分比率に応じて合算する方法と持分比率に関係なく100％合算する方法が考えられる。また，企業集団内の内部取引によって生じたコストや効果については，2重計上部分を消去する必要がある。

　たとえば，グリーン調達した原材料で製造された製品が，企業集団内の他の企業に販売され，グリーン調達として計上されたケース，使用時・廃棄時の環境保全効果が計上されている製品が企業集団内の他の企業に販売され，その使用・廃棄時の効果が計上されたケース，販売額が経済効果として計上されたリサイクル品を，企業集団内の他の企業が購入して加工した上で再生材料として販売し，経済効果として計上されたケースなどが考えられる。

5.2　環境保全効果の評価

　環境保全効果は，物量単位によって測定されるため，対象となる環境負荷ごとに異なる単位が用いられる。企業で環境保全活動を行うには，企業全体や環境問題領域ごとの環境負荷の大きさやその増減を把握することが重要である。

異なる環境負荷を単一の指標すなわち**統合化指標**によって評価する研究は，LCAの領域で行われてきたが，企業社会会計の時代から，その成果は環境会計に導入されてきた（第2章参照）。環境会計に導入されている統合化指標は，評価単位によるものと貨幣単位によるものに分けられる。

評価単位による評価の代表例としては，Eco-indicator99，LIME（階層化分析法），MIPS（Materialintensität pro Serviceeinheit），スイス環境庁のエコファクター，JEPIX（Environmental Policy Priorities Index for Japan），ELP（Environmental Load Point）などが挙げられる。そこでは，たとえば被害，重量，希少性などのように指標ごとに異なる観点から重みづけが行われており，各企業は独自の判断で指標の選択を行っている。また，東洋インキの統合環境負荷指標（東洋インキ製造（株）[2012] p. 35），宝酒造の緑字（宝酒造［2012］p. 22）などのように，こうした評価データや物量データを用いながら，独自の重みづけを行った指標を開示している企業もある。

貨幣単位による評価の代表例としては，LIME（コンジョイント分析），EPS（Environment Priority Strategies for Product Design），ExternEなどがあげられる。貨幣単位評価指標を用いるこの他のケースとしては，省エネルギー，省資源などによる環境負荷削減量をそれぞれの取得価格で示すケース，評価単位による統合評価を行った後に貨幣換算を行うケースなどがあげられる。そこでは，対策費用，事後修復費用，市場価格，支払意思額（環境保全のために支払ってもかまわない金額）などが換算価格として用いられている。

5.3　環境経営の分析指標

環境会計のデータは，複数の集計項目や事業活動量の指標などを組み合せた**環境経営の分析指標**として用いられ，これらを用いた環境経営の企業間比較や当該企業の期間比較が行われる。環境会計ガイドラインでは，具体例として，以下の指標をあげている。

1つめは，環境保全活動が事業規模に占める割合を分析するための指標である。たとえば，エコカーの開発が重要な経営戦略となっているトヨタでは，

第6章 環境報告会計

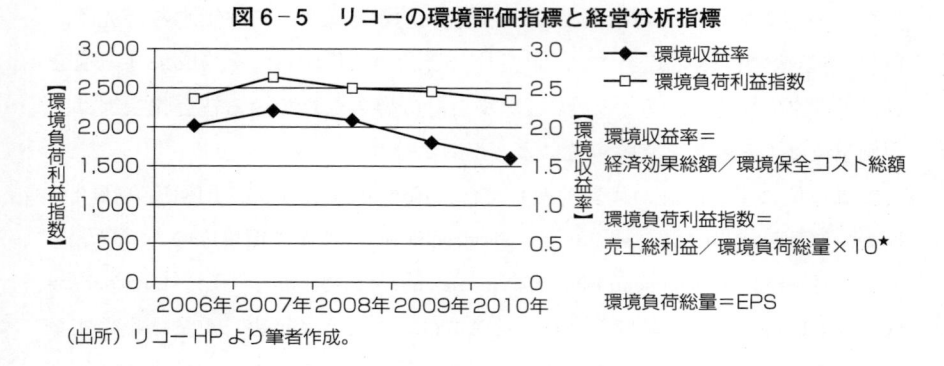

図6-5 リコーの環境評価指標と経営分析指標

環境収益率＝経済効果総額／環境保全コスト総額

環境負荷利益指数＝売上総利益／環境負荷総量×10★

環境負荷総量＝EPS

（出所）リコーHPより筆者作成。

2011年度の研究開発費6,900億円のうち，2,624億円が環境保全目的のものである（トヨタ自動車[2012] p.30）。2つめは，環境保全コストがもたらす環境保全効果の効率性を分析する指標であり，コスト当たりの環境保全効果の大きさなどが示される。3つめは，事業活動と環境負荷量の関係を分析するための指標であり，事業量当たりの環境負荷量などが示される。

図6-5は，リコーが公表している環境収益率と環境負荷利益指数のデータである。前者は環境保全コストが生み出す経済効果の効率性，後者は既述のEPSに基づいて評価した環境負荷当たりの売上総利益を表している。

5.4 環境報告ガイドライン2012年版と環境会計情報

環境報告ガイドライン2012年版では，環境会計ガイドラインの3つの構成要素によって環境保全活動の全体像を体系的に示す一方で，環境戦略に応じたさらなる環境報告会計情報の開示を進めている。

同ガイドラインでは，環境配慮経営の経済的影響を受ける組織体を事業者と社会に分類する。**事業者への影響**としては，すべての事業者に共通して重要性がある項目として，環境会計ガイドラインで示された環境保全コストと経済効果が提示されている。また，重要性がある場合に記載する情報・指標として，これ以外の環境報告会計情報及び関連情報が示されている。たとえば，環境配慮経営に関連する財務情報（投資，開発計画，売上見込，資産，負債など），事業機

会やリスク（市場動向，投資方針，対応策，財務リスク予測など），自然災害・事故などによる財務影響，環境効率指標，外部評価（格付け，インデックス，表彰など）の財務影響などである。

社会への影響としては，重要性がある場合に記載する情報・指標として，製品・サービスの利用者などの外部ステークホルダーもしくは社会が受けている経済的便益や負担が提示されている。たとえば，製品を利用した際に生まれる省エネルギーの経済効果，付加価値創出の経済効果，税金によって汚染除去を行う際に社会が被る経済的負担，環境負荷がもたらす環境影響の経済的評価（5.2参照）などである。

6 サステナビリティ会計

6.1 サステナビリティ報告と会計

　環境報告会計は，企業のホームページ，環境報告書などによって開示されている。環境報告が増加する一方で，2000年に公表されたGRIが提示するサスティナビリティリポーティングガイドラインを指針として，サステナビリティ報告やCSR報告を行う企業も国際的に増大している（第5章参照）。

　日本企業では，環境領域については，環境省が公表している環境報告ガイドライン，社会領域などについては，GRIのガイドラインが参照されてきた。また，最近ではISO26000も報告基準として注目されている。ただし，環境会計ガイドラインのように，経済的側面と社会的側面を関連づけて体系的に示す試みは緒についたばかりである。本書では，経済面，環境面，社会面の3つの視点から企業活動を把握する企業生態会計モデルを**サステナビリティ会計**と呼ぶ。

　同会計については，サステナビリティ・コミュニケーション・ネットワーク（NSC）が社会パフォーマンス指標（SPI: Social Performance Index）の1つとして提示したモデルを参考に解説する。

6.2 サステナビリティ会計のフレームワーク
(1) SPI計算書

サステナビリティ会計では，企業活動の経済面・環境面・社会面を対象とする。第4章では，同じ方向性を持つモデルとして企業社会会計や社会貸借対照表を紹介したが，最近でも，イギリスのシグマプロジェクト，麗澤大学企業倫理研究センター・CSR会計ガイドラインなどでモデルの開発が試みられている。

まず，企業のサステナビリティに関する活動をコストと効果の側面からとらえる会計を，本章では**SPI計算書**と呼ぶ。表6-5の右側の項目に示されているように，同計算書では，ステークホルダーごともしくは社会面や環境面のテーマごとに，企業の取組の方針（方針，体制，計画など），ついやされたコスト（投資額，費用額），取組の結果（総量）と効果（変化量）が示されている。社会的取組に投入されたコストは**CSRコスト**と呼ぶ。ここでは，取組のテーマごとに，実施プラン，実施プランとコストの関係が示されると同時に，社会的取組

表6-4　帝人の付加価値配分

ステークホルダー	金額（億円）	内　容
株　主	59	配当金
社　員	594	給料・賃金，賞与一時金，退職給付費用の総額
債権者（金融機関）	49	支払利息
行政機関（国，自治体）	99	法人税・住民税・事業税等の納税額の総額
地域社会	12	寄付金および現物寄付・施設開放・社員の役務提供を金額換算（経団連算定方式）
企業（帝人）	61	剰余金の増加額
環　境	81	環境保全費用
総　額	955	

（注）環境には販売管理費と製造原価が含まれる。
（出所）帝人 [2012] p.50 より抜粋。

表6-5　NSCのサステナビリティ会計

	ステークホルダー別付加価値計算書				SPI計算書				
	ステークホルダー		付加価値例	付加価値額	テーマ項目	取組方針	CSRコスト	取組結果	取組効果
1	顧客・消費者		販売額	＊＊	・・	・・	＊＊	・・	・・
2	供給者		原材料費・用益費	＊＊	・・	・・	＊＊	・・	・・
3	企業付加価値		注1	＊＊	・・	・・	＊＊	・・	・・
4	従業員	正規雇用	報酬	＊＊	・・	・・	＊＊	・・	・・
		非正規雇用	報酬	＊＊	・・	・・	＊＊	・・	・・
5	地域・社会		社会への投資額	＊＊	・・	・・	＊＊	・・	・・
6	公的機関		租税公課・補助金	＊＊	・・	・・	＊＊	・・	・・
7	投資家		配当金	＊＊	・・	・・	＊＊	・・	・・
8	債権者		借入金利息	＊＊	・・	・・	＊＊	・・	・・
9	経営者		役員報酬	＊＊	・・	・・	＊＊	・・	・・
10	環境		環境保全コスト	＊＊注3		・・	＊＊	・・	・・
11	その他			＊＊	・・	・・	＊＊	・・	・・
12	収支		内部留保	＊＊					
13	付加価値合計		注2	＊＊	CSRコスト合計		＊＊		

（注1）創出された付加価値を表す。3＝1−2
（注2）配分された付加価値の合計を表す。12＝4＋5＋6＋7＋8＋9＋10＋11＋12
（注3）他のステークホルダーに配分された付加価値の重複などを控除する。
（注4）「＊＊」には金額，「・・」には記述・物量データが入る。
（出所）NSC［2009］p.59に基づいて筆者作成。

全体からみたテーマごとの経営資源の配分状況が明らかにされる。同じタイプの計算書を開示している企業としては，エスエス製薬，富士フイルム，ユニチャーム，三井住友海上などがあげられる。

(2)　ステークホルダー別付加価値計算書

　企業活動の経済的側面をステークホルダーごとに体系的に示す代表的な方法として，**付加価値計算書**をあげることができる（第4章参照）。表6-4は帝人が開示している**ステークホルダー別付加価値計算書**である。創出された付加価値

がどのステークホルダーにどのようなかたちでどれだけ配分されたのか，さらに，付加価値全体のなかで各々の付加価値がどれだけの割合を占めているのかなどが明らかにされる。この他の開示企業としては，東芝，大和証券，九州電力などがあげられる。

(3) サステナビリティ会計のフレームワーク

企業活動の経済面・環境面・社会面についてステークホルダーの観点から，SPI 計算書，環境会計，ステークホルダー別付加価値計算書について説明した。これらの計算書を統合し，ステークホルダーへの影響を会計の観点から総合的に示した**サステナビリティ会計**が表 6-5 で示される。ここでは，ステークホルダーごとに付加価値配分額と CSR コスト配分額および CSR コストに基づいた活動とその成果が示されている。

付加価値計算書の環境の項目には，環境会計の環境保全コスト，SPI 計算書には環境保全コストと環境保全効果，経済効果が記入される。環境保全コストについては，金額だけでなく，企業全体の付加価値および CSR コストに占める割合が明らかにされる。

サステナビリティ戦略を構築するためには，企業活動の経済面，環境面，社会面の関係を把握することが不可欠になってくる。サステナビリティ会計，付加価値会計，SPI 計算書などはそのための重要な会計ツールである。ただし，環境報告会計と比較すると，測定対象が広範囲で多様なことから，基本的なフレームワークや測定方法などの確立や標準化は今後の課題である。

〔八木　裕之〕

COLUMN 5

東芝グループの環境会計

東芝グループでは，環境経営の推進にあたり，自らの環境保全に関する投資額やその費用を正確に把握して集計・分析を行い，投資効果や費用効果を経営の意思決定に反映させることを目的として環境会計に取り組んでいる。

当社グループでは 1999 年度に環境会計を導入し，翌 2000 年度にはじめて外部公表を行った。以来，環境保全コストは環境省発行の「環境会計ガイドライン」

に準拠した項目について,投資額と費用額を集計している。環境保全効果は,公表当初より,事業活動における環境負荷低減量を「実質効果」および「みなし効果」として金額と物量の両面で算出してきた。その後,主要製品群における環境負荷低減効果として「顧客効果」を,また将来起こりうるリスクを未然に防止した効果として「リスク回避効果」を追加するなど,環境会計体系の見直しや環境保全効果算出の精緻化を進めている。2002年度には環境会計データの第三者審査を導入し,データの正確性と透明性の確保にも努めた。さらに,2008年度からは第三者機関による審査レベルを段階的に格上げし,より厳格な評価を受けることで信頼性の向上を図っている。

以下に,東芝グループ環境会計における環境保全効果の各項目について考え方を示す。

東芝グループ環境会計における環境保全効果の考え方

実質効果	事業活動における,電気料金や廃棄物処理費用などの前年度に対して節減できた金額と有価値物売却益の合計であり,会計上の収支算出が可能な項目
みなし効果	事業活動における,大気や水域,土壌などに対する環境負荷の削減量を,カドミウム公害の賠償費用や環境基準などのデータをもとに金額換算
顧客効果	ライフサイクルコスティングのうち,顧客ベネフィットに繋がる製品の使用段階に焦点を当て,主要製品群の消費電力低減・環境負荷削減を評価
リスク回避効果	土壌・地下水等の汚染防止を目的とした環境構造物投資の前後で,リスクの減少度合いを計測し,将来起こる可能性のあるリスクを回避する効果として評価

環境負荷には,温室効果ガスや廃棄物,大気汚染物質など様々な種類があるが,それぞれに負荷を表す単位が異なるため,総合的な環境負荷量の把握は困難である。一方,環境会計を経営の意思決定に役立てるには,統一された単位で環境負荷全体を表すのが有効である。東芝グループ環境会計の環境保全効果は,前年度対比による事業活動および製品使用段階の環境負荷削減効果と,将来のリスクを回避する効果とで構成されており,それぞれを物量表示とともに金額換算することで,異なる環境負荷を同一の基準で比較することを可能にしている。

我々は事業活動を行う上で,各種の物質を環境中に排出している。排出は当然ながら規制値以内であるものの,多くの事業者が集まれば結果として環境負荷量は増大し,その対策費用を誰も負担しない「外部不経済」の問題が生じる。当社はこの「外部不経済」の可視化・内部化を試みることで,環境対策における意思

決定に反映させ，社会全体の環境負荷低減に貢献することを目指している。

また外部機能として，環境会計データを10年以上に渡り公表してきた継続性は当社の大きな特徴である。こうした膨大なデータ量の蓄積と公表の継続性は，国内外の環境格付や環境経営ランキングなどの評価に貢献してきたと考えている。

(㈱東芝　環境推進部　藤枝　一也)

演習問題

1　環境会計ガイドラインが示す環境会計の基本的な仕組みを説明しなさい。
2　環境保全コストの認識基準と分類方法を説明しなさい。
3　環境保全効果の測定方法と統合評価について具体例をあげて説明しなさい。
4　実質的経済効果と推定的経済効果について具体例をあげて説明しなさい。
5　サステナビリティ会計に必要な要素についてあなたの考えを述べなさい。

第7章

環境財務会計 I

1 環境財務会計の基礎概念

1.1 環境財務会計の概念的枠組

　企業は経済的資源を利用して収益獲得活動を行う経済主体であり，財務会計はこの企業活動に伴う企業内部の財務的変化を認識対象とする（図7-1，A）。この時企業が利用する経済的資源には，財務，物的，人的，知的（情報），自然資源等があり，企業活動がこれら経済的資源の利用可能性（資源の創造や枯渇）に重要な影響を与えている。そこで財務会計はこれら経済的資源の増減変化を

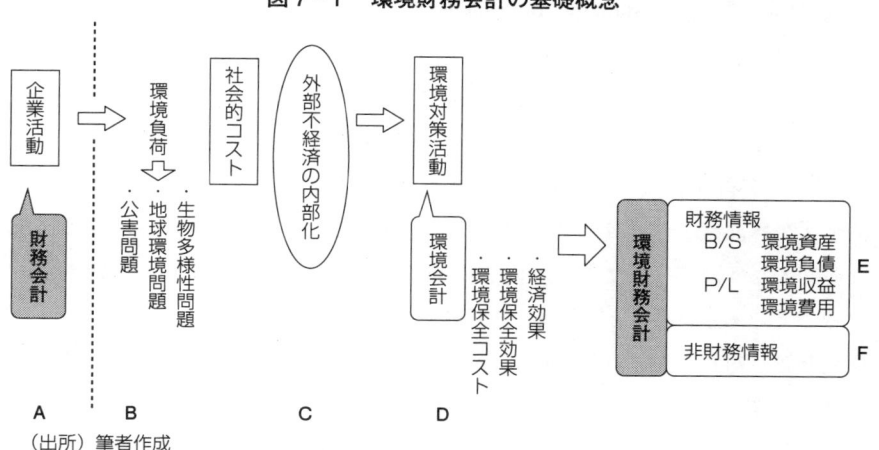

図7-1　環境財務会計の基礎概念

```
企業活動 → 環境負荷 → 社会的コスト → 外部不経済の内部化 → 環境対策活動 →   財務情報
                ・生物多様性問題              環境会計         B/S 環境資産
財務会計         ・地球環境問題              ・経済効果            環境負債
                ・公害問題                  ・環境保全効果     P/L 環境収益       E
                                          ・環境保全コスト         環境費用
                                                           環境財務会計
                                                              非財務情報         F

   A        B            C          D                              
```
（出所）筆者作成

認識・評価することによって，その使用・廃棄（インフロー・アウトフロー）に会計的制約を加えてきた。しかし財務会計が対象とする会計的取引は企業内部の財務的変化に基づいて認識され，従来，いわゆる金，物，人，情報，及び自然資源の一部は認識されてきたが，自然資源の大部分は認識対象外であった。

　私たち人類は，地球の三大要素である大気，海洋，大地の自然の恵みを存分に享受し，有害物質も含め自由に使用・廃棄してきた。自然は流域機能，汚染の希釈，土壌保全，気候調節などを提供しており，過去人類の活動はその自然回復力，汚染浄化能力の範囲内で行われきた。そのため企業活動が自然資源の利用可能性に重大な影響を及ぼすことはなく，財務会計の認識対象となることもなかった。しかし 1900 年以降の急激な人口増加ならびにエネルギー使用量の増加等により，人類の活動が自然・生態系に影響を及ぼし，人的被害，生活環境の悪化をもたらすようになった。もはや自然回復力，汚染浄化能力を超越し，地球の負荷を不可逆的に肥大化させ，地球規模の環境問題が認識されるようになった（図 7-1, B）。このままでは地球生態系は回復不能な損傷を受け続け，将来世代に大きな禍根を残す。

　企業は自然資源を利用して収益獲得活動を行い発展してきた。現在の利益は将来の自然環境を犠牲にして得られている。1992 年の地球サミットにおいて「**持続可能な発展** (Sustainable Development)」を世界が目指すべき目標として採択し，現在の自然環境を将来世代に享受すべく環境を維持することが求められるようになった。そのためには企業内部で自然資源を認識し，その使用・廃棄に制約を加え，一定環境水準維持の下で活動することが求められる。このとき企業は，「**外部不経済の内部化**」を要求される（図 7-1, C）。外部不経済とは経済主体の外部に生じた負の効果であり，**社会的コスト**とも呼ばれる。環境問題は典型的な外部不経済である。内部化とは，ある主体の中に取り込み費用負担することである。したがって環境問題に対する「外部不経済の内部化」とは，環境問題に対して環境対策活動を行い費用負担することである。外部不経済の内部化は環境問題に限らず，企業外部の多様な社会問題に対して認知されるが，とりわけ「持続可能な発展」を目指し一定環境水準維持という制約に基づ

く環境対策活動により環境保全コストが発生し，その活動による効果（環境保全効果・経済効果）を認識し，それらを可能な限り定量的（貨幣単位又は物量単位）に測定し伝達する仕組みを環境会計とする（図7-1，D）（環境省「環境会計ガイドライン」における環境会計の定義。これについては第6章で解説済み）。このとき企業内部で新たな経済的資源の投入や組み替えが起こり，環境投資・環境費用・環境損失ないし環境負債を認識し，時に経済効果を認識する。これらの財務的変化は財務会計の認識対象となる（図7-1，E）。ただし財務諸表に計上可能な財務情報は限定的であり，それ以外の重要性の高い環境会計情報（例えば環境保全効果）は，財務報告において非財務情報として認知することが望まれる（図7-1，F）。近年，環境問題に関する非財務情報の開示が，市場及び社会で強く要請されるようになり，これらを財務会計上の課題として扱う必要が生じている。「環境財務会計」の章では，財務会計に取り込むべき環境会計情報を，財務情報または非財務情報として適切に認識していく際の問題を解説していく。

1.2 外部不経済の内部化と財務会計

環境負荷ないし環境問題は企業にとって外部不経済であるが，企業活動と何らかの因果関係がある場合，汚染者負担の原則などの法的要求や，社会との良好な関係に基づく社会的要求により企業内部に取り込み，私的コストとして認識する必要がある。しかしこの時，環境対応に積極的な企業ほど財務会計上の評価が低くなる危険性をはらんでいることに注意が必要である。図7-2は，企業が社会的コストを内部化した場合としない場合との経営成績の比較である。A社とB社は，同様の事業活動により同様の環境負荷を発生させているものとし，これは社会的コスト100と測定される。A社はこの社会的コスト100をそのまま放置し，社会（地球）が負担している。一方B社は環境対策活動により社会的コスト100を内部化している。この結果，A社とB社は同様の収益獲得活動を行ったにもかかわらず，損益計算書上の利益はB社の方が低く，市場での評価の悪化をもたらす。

近年，企業の環境対策活動の増大に伴い，財務会計における環境会計情報の

図7-2 企業が社会的コストを内部化した場合としない場合の経営成績の比較

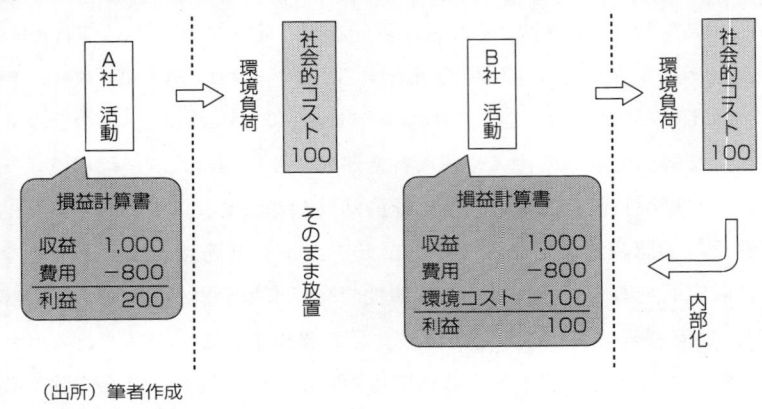

A社 活動 → 環境負荷 → 社会的コスト 100　そのまま放置

損益計算書
収益　　1,000
費用　　−800
利益　　　200

B社 活動 → 環境負荷 → 社会的コスト 100　内部化

損益計算書
収益　　　1,000
費用　　　−800
環境コスト −100
利益　　　　100

（出所）筆者作成

金額および質の重要性が高まっているが，重要性の高い環境会計情報は企業の財政状態・経営成績・キャッシュフローに重大な影響を与え経済的意思決定の重要な要素となるため，財務会計制度の中で適切に認識する必要がある。財務会計固有の制約により環境対策活動の適正な評価が阻害されるとしたら，それを是正するための制度もしくは追加的な情報開示が不可欠である。これまで財務会計が扱ってきたコストは，基本的に企業内部の便益（経済効果）を目的として費やされたが，環境対策に投じる環境保全コストは企業外部（社会ならびに地球）の便益（環境保全効果）を目的としている。このような社会的便益を目的とする環境保全コストを財務会計において適切に認識するためには，既存の財務会計制度に環境問題ないし環境対策活動の特性を適合させる必要があり，そのために財務会計基準の整備あるいは新たな設定が必要となる場合がある。また環境会計情報のうち，財務情報として認識不能な重要性の高い非財務情報は財務報告において適切に開示することが望まれる。このように環境会計情報を財務会計制度に取り込む際の論点を，伝統的な財務会計との整合性を考慮しながら考察していく。

2 財務諸表における環境会計情報の計上

2.1 環境保全コストと環境保全効果・経済効果の評価と連関

　環境会計で認知しうる企業における包括的環境コストは，財務会計の枠を取り払った広い概念であり，財務的変化（費用，損失，投資等）をもたらすもの以外に，潜在的コスト，偶発的コスト，社会的コスト，非貨幣情報など，広義にわたり多様なコストが考えられる（図7-3, A）。このうち環境保全を目的としたコストを環境保全コストといい（図7-3, B），その第一義的目的は企業外部の環境保全効果である（図7-3, C）。これら環境保全コストと環境保全効果により環境パフォーマンスを認識する（図7-3, D）。また環境保全コストをかけた結果として企業内の経済効果を認識することもあり（図7-3, E），これら環境保全コストと経済効果により財務パフォーマンスを認識する（図7-3, F）。環境会計におけるこれらの要素は，財務会計において如何に認識されるのか。

　環境保全コストのうち，会計的取引により発生し財務的変化をもたらすものは，投資，費用，損失として財務諸表に計上されるが，如何に認識されるかはコストと効果（経済効果・環境保全効果）の連関に依存する。まず環境会計における経済効果は実質的効果と推定的効果に分類されるが，財務会計では実現主義に基づき実質的効果のみが計上される。また実質的経済効果は収益と費用節減

図7-3　環境会計の概念的枠組

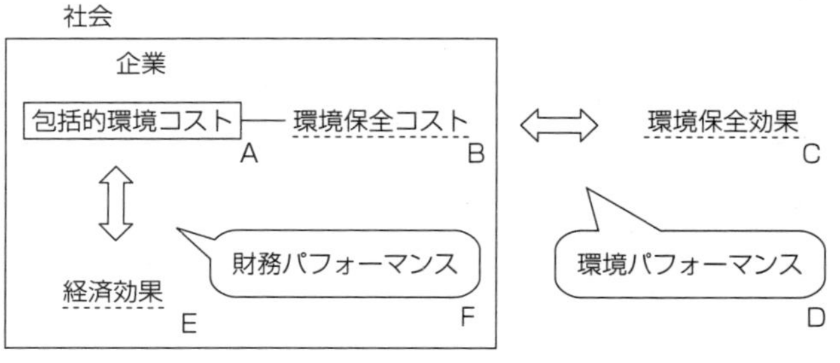

（出所）筆者作成

に分類されるが，明示的に計上されるのは収益のみで，費用節減は最終的な純利益の増加として間接的に認識される。この実質的経済効果と環境保全コストの関係を考えると，経済的便益が一会計期間内に留まるものは費用・収益対応の原則に基づき損益計算書に費用計上され，企業に将来便益をもたらすものは資本化され貸借対照表に資産計上される。これらは共に負債認識を伴う要因を有する。

次に環境保全コストの第一義的目的である環境保全効果は，企業における現在または将来の経済的便益ではなく，企業外の社会的コストに対応する社会的便益である（外部不経済の内部化）。基本的に財務会計は企業内部に財務的変化をもたらす要因のみを対象とするため，社会的便益である環境保全効果は財務会計上認識・評価されない。また環境保全効果自体は通常物量で表されるため，単独で財務諸表に計上されることはない。つまり環境保全効果は財務情報として評価されず環境保全コストの認識に影響を及ぼし得ない。環境保全効果が巨額あるいは長期にわたる場合でも，環境保全コストはその評価とは関係なく費用計上され支出した期のみの純利益を低下させる。これにより環境対応に積極的な企業ほど財務会計上の評価が低く，企業の環境対応が市場の原理に逆行してしまう。環境保全コストが対象としている環境問題は企業にとって外部不経済であるが，企業がそれを内部化する時点で，外生的要因を内生的要因の展開として捉えてコスト負担しており，環境保全コストの認識には環境保全効果と

図7-4　環境保全コストの費用化と資本化の比較

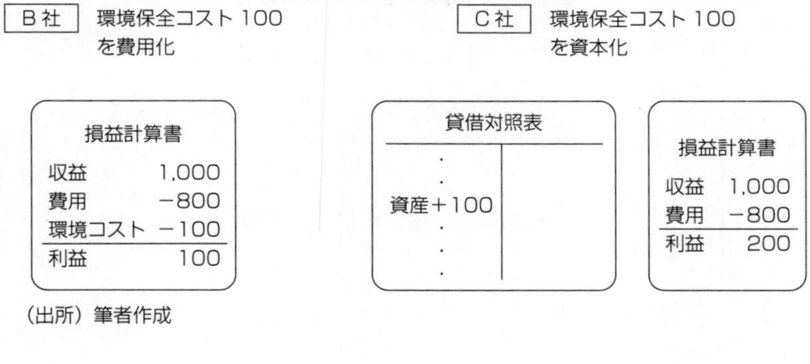

B社　環境保全コスト100を費用化

損益計算書
収益	1,000
費用	-800
環境コスト	-100
利益	100

C社　環境保全コスト100を資本化

貸借対照表
資産+100	

損益計算書
収益	1,000
費用	-800
利益	200

（出所）筆者作成

いう社会的便益の評価及び連関が必須検討事項である。会計基準設定に環境汚染の削減・予防，安全性の向上などの社会的便益を取り込み，適正な基準設定の構築が必要となる（図7-4参照）。

2.2 環境負債計上の可能性

　環境保全を目的とした債務は莫大な金額に上ることがあり，財務会計における重要性も高い。近年重大な環境問題により環境法規制が強化され，環境債務の増加をもたらす事例が続発している。2010年4月にメキシコ湾で起きた英BPの石油掘削装置の爆発事故では，1989年にアラスカ沖で発生したタンカー座礁事故の5倍の石油が流出し，重大な環境問題となった。これにより深海油田開発に関する各国政府の規制が強化され，開発コストならびに環境債務の増加をもたらし，さらに巨額の損害賠償リスクが顕在化した。また安全性議論は油田開発以外の環境規制強化にも波及し，米環境保護庁（EPA）は高圧水で岩盤層を破壊するシェールガス開発において，水質管理の強化に加え，天然ガスや原油の掘削時に排出されるベンゼン・トルエン等の大気汚染物質の排出規制を行い，2015年1月から完全実施する。豪州では温暖化ガス排出抑制のための二酸化炭素（CO_2）の地中封じ込めに関して安全対策規制を強化した。また2011年3月の福島第1原子力発電所の事故を受け，原子力発電に対する安全性基準ならびに非常時対策強化の要求が国際的に高まり，国民という広範なステークホルダーの信頼の下でなければ原発を運営することが困難な状況となっている。さらに土壌汚染対策法ならびに放射線量基準の強化という事項を伴い，原子炉の設計・開発コスト，環境債務の増加が顕然とした。

　これらの例からもわかるように，環境問題や災害リスクに伴う環境法規制強化により，環境債務発生の可能性ならびに損害賠償リスクが急増している。しかし環境関連の債務は長期かつ巨額であり，また責任当事者の因果関係が複雑に絡み合い，見積りが困難である。債務清算の時期及び（または）方法に不確実性が高く，債務の公正価値の測定可能性が環境負債計上における重要な論点となる。

2.3 環境負債計上のメカニズム
(1) 債務の概念

まず環境負債認識の前提条件として，企業における現在の債務の概念を明確にする必要がある。負債認識すべき債務は従来の**法的債務**（legal obligation）だけでなく，いわゆる擬制債務〔**推定上の債務**（constructive obligation）及び**衡平法上の債務**（equitable obligation）〕を含めた広義の概念と考えられるようになってきた。しかし法的義務が確定していない環境負債の認識には経営者の判断・恣意性が含まれることに注意しなければならない。企業が厳しい環境方針を立て，それを達成するための目標設定が一般的な目標を上回る場合においても，それが環境負債の認識へと拡張される可能性がある。結果として，環境対策に積極的な企業ほど環境負債が大きくなり，財政状態の悪化につながる。すべての産業およびすべての地域の企業に適用可能なグローバルスタンダードを目指すのであれば，経営者の判断や恣意性，産業・地域・企業規模により負債認識に差異が生じる可能性のある概念はできる限り排除しなければならない。したがって負債認識すべき債務の範囲について，基本的には法的債務及びそれに準ずるものと考える。しかし環境負債は，その性質の多様性・複雑性により，単一の規準設定では収まりきらない状況も予想される。個々の環境問題ごとに固有の環境リスクを含む債務の範囲に関しては，問題ごとの対処（problem by problem approach）による柔軟性を残しておいた方がよい。

(2) 負債の認識要件

将来事象に関する負債の認識・測定には多大な仮定・見積り・予測・判断が必然的に伴う。また環境債務は個々の事例により特徴ならびに不確定要因が異なるため，負債測定に当たっては事例ごとに個別対応する必要がある。このような測定上の問題を有する環境債務に関しては，起こり得るシナリオごとの見積りキャッシュフローを発生確率に基づいて加重平均する**期待キャッシュフロー・アプローチ**が有効である。この方法に基づく測定可能性を負債認識要件とすることにより，企業における現在の債務ではあるが不確実性の高さにより負債認識が推進されてこなかった環境債務を，財務会計制度において確立する際

の有効性が高まる。

(3) 過去及び将来の事業活動に起因する負債計上

(1)債務の概念，かつ(2)負債の認識要件に適合した環境債務は，財務諸表に負債として計上される。

①過去の事業活動に起因する負債

過去の事業活動に起因する環境負債は，負債認識時にすでに環境汚染が発生しており，企業は発生させた環境汚染に対して債務を負っている。したがって発生主義に基づき損益計算書に環境費用が計上される。

(借) 環境コスト (P/L, 費用) ××　　　(貸) 環境負債 (B/S, 負債) ××

ここで計上した環境コスト (P/L, 費用) は，当期発生し既に費消された便益を提供するコストであり，負債決済の時期に関係なく環境負債認識時（＝環境コスト発生時）に損益計算書に費用計上され，当会計期間の利益測定に影響し企業価値（資本）を減少させる。

②将来の事業活動に起因する負債

将来の事業活動に起因する環境負債は，負債認識時にはまだ環境汚染は発生しておらず，企業は将来の事業活動に起因する債務を負っている。したがって環境コストは損益計算書に費用計上するのではなく，貸借対照表の資産としてストックする。

(借) 環境コスト (B/S, 資産) ××　　　(貸) 環境負債 (B/S, 負債) ××

ここで計上した環境コスト (B/S, 資産) は損益計算書の費用ではなく，企業に将来便益を提供する未費消コスト（資産）であり，負債認識から決済までの期間に徐々に費用化される。環境負債認識時（＝環境コスト発生時）には利益測定に影響せず企業価値（資本）は減少しない。

近年の環境法規制に関連した企業の環境対策活動には資産除去，土壌汚染調査・対策，地球温暖化対策ならびに排出量取引等があるが，これらは財務会計においてどのように認識・測定・開示されるのか。次節より，これらの環境問題ごとに解説していく。

表7-1　環境負債計上のメカニズム

(1) 債務の概念	法的債務及びそれに準ずるもの
(2) 負債の認識要件	測定可能性—公正価値の合理的な見積り a. 取得原価に織り込まれている b. アクティブな市場が存在する場合の市場価格 c. 期待キャッシュフロー・アプローチと現在価値法 $=\sum_{t=1}^{n}\dfrac{リスク調整後の期待キャッシュフロー}{(1+無リスク利率)^{t}}$
(3) ①過去の事業活動に起因する負債	〈負債認識時〉 環境コスト（費用）／環境負債…負債増加，資本減少
②将来の事業活動に起因する負債	〈負債認識時〉 環境コスト（資産）／環境負債…資産・負債増加 〈負債認識時〜決済時〉 減価償却費／資産…資産・資本減少 利息費用／環境負債…負債増加，資本減少

(出所) 筆者作成

3　資産除去債務の会計

3.1　「資産除去債務に関する会計基準」制定の経緯と概要

　2005年より，日本の**企業会計基準委員会（ASBJ）**と**国際会計基準審議会（IASB）**の間で会計基準の**コンバージェンス**に関するプロジェクトが進められ，2008年12月に日本基準は**国際財務報告基準（IFRS）**との同等性評価を得た。このコンバージェンスのプロジェクトの1つとして，有形固定資産の除去に関する将来の負担を財務諸表に反映させることは投資情報として有用であるという認識に基づく「資産除去債務」が取り上げられ（2006年3月），2008年3月に，企業会計基準第18号「資産除去債務に関する会計基準」（2012年5月修正）（以下，本会計基準），及び企業会計基準適用指針第21号「資産除去債務に関する会計基準の適用指針」（2011年3月改正）（以下，適用指針）が公表された。近年，環境法規制の強化・拡大により資産除去債務の認識対象が拡大しており，本会計基準制定・施行後の動向が注目される。本節では，本会計基準の内容を

概観した上で，既に 2010 年 4 月以降開始されている本会計基準適用による実務の実態を追う。

3.2 「資産除去債務」の定義

本会計基準の内容を理解するに当たり，最初に**資産除去債務**についての定義を明確にする。「資産除去債務とは，有形固定資産の取得，建設，開発又は通常の使用によって生じ，当該有形固定資産の除去に関して法令又は契約で要求される法律上の義務及びそれに準ずるものをいう」(基準 3 項 (1))。

この定義における**有形固定資産**とは財務諸表等規則において有形固定資産に区分される資産のほか，建設仮勘定やリース資産など「投資その他の資産」に分類されている投資不動産についても，資産除去債務が存在している場合には対象となる。次に有形固定資産の「通常の使用」とは，有形固定資産を意図した目的のために正常に稼動させることであり，不適切な操業等の異常な原因によって除去義務が生じた場合には，本会計基準の対象とはならない。なお通常の使用によって生じた土地の汚染除去の義務も，それが当該土地の建築物等の資産除去債務と考えられるときには対象となる。また有形固定資産の「**除去**」とは，有形固定資産を用役提供から除外することであり，具体的な様態としては，売却，廃棄，リサイクルその他の方法による処分が含まれるが，転用や用途変更は使用を継続するものであり含まれない。また遊休状態になる場合は除去に該当しない。「法律上の義務及びそれに準ずるもの」とあるが，企業が負う将来の負担を財務諸表に反映させることが投資情報として有用であるとすれば，それは法令又は契約で要求される法律上の義務に限定されるものではない。したがって本会計基準では，過去の判例や行政当局の通達など，債務の履行を免れることがほぼ不可能な，法律上の義務と同等の不可避な義務も含む。ただし有形固定資産の除去が企業の自発的な計画のみによって行われる場合は，法律上の義務に準ずるものには該当しない。

1) 有形固定資産自体を直接的に除去する義務のほか，2) 環境法において規制や措置が定められている有害化学物質を含有する有形固定資産の解体・撤

表7-2 資産除去債務が該当する事例

- 原子力発電施設が廃炉になった際の除去
- 露天採鉱終了時の土地の再生
- 海洋上石油掘削用プラットフォームの解体・撤去
- 更地原状回復の契約条件付きの建物の撤去・取り壊し
- 建物解体時のアスベスト除去（建物解体自体に法的義務が存在しない場合はアスベスト除去コストのみが対象）

(出所) 筆者作成

去・処分時に、有害化学物質を法律等の要求による特別の方法で除去する義務も含まれる。ただしこの場合に資産除去債務の対象となるのは、有形固定資産の除去費用全体ではなく、有害物質の除去に直接関わる費用である。

3.3 資産除去債務の会計

(1) 資産除去債務の負債計上

資産除去債務は、有形固定資産の取得、建設、開発又は通常の使用により発生した時にその全額を負債計上し、同額を有形固定資産の取得原価に反映させる会計処理（資産・負債の両建処理）を行う。これまでアスベストやPCB廃棄物の処理・対策費を自主的に引当金計上していた企業はあったが、**引当金処理**に関しては、有形固定資産の除去に必要な全額が貸借対照表に計上されず、また国際的な会計基準とのコンバージェンスに資するという観点からも不十分である。ただし、特別の法令等により合理的な費用配分と考えられる場合には採用することができる。

資産除去債務の履行時期や除去方法が明確でないため金額が確定しない場合でも、たとえば**将来キャッシュフロー**の発生確率の分布の推定により当該発生額が見積り可能な場合には負債計上が要求される。それでもなお資産除去債務発生時に当該債務の金額を合理的に見積もることができない場合には、合理的な見積りが可能となった時点で負債計上する。このような場合は注記を付す。

(2) 資産除去債務の算定

資産除去債務の算定は、有形固定資産の除去に要する将来キャッシュフロー

を**現在価値**に割り引いた金額とする。このときの将来キャッシュフローの見積りは、生起する可能性の高い単一の金額、又は生起し得る複数のシナリオをそれぞれの発生確率で加重平均した金額とする。これらの見積り金額にインフレ率や見積り値から乖離するリスクを勘案し、**割引率**は貨幣の時間価値を反映した無リスクの税引前利率とする。信用リスクを反映させた割引率ではなく、退職給付債務と整合的に無リスクの利率を用いる。また割引前将来キャッシュフローが税引前の数値であるので、割引率も税引前の数値を用いる。（下記例参照）

例）　2010年4月1日、A石油会社は、海洋上の石油プラットフォームを建設した。そのプラットフォームの耐用年数は5年と見積もられ、耐用年数終了時に解体・撤去することを法的に要求されている。
- 期待キャッシュフロー・アプローチにより、当初負債の公正価値の見積りを行う。

見積りキャッシュフロー	発生可能性	期待キャッシュフロー
1,000,000 円	25 %	250,000 円
1,200,000	50	600,000
1,800,000	25	450,000
		1,300,000 円

2010年4月1日における無リスクの税引前利率8.5％、期間5年で割り引いた現在価値は864,500円となる。（1,300,000円×0.665＝864,500円）

(3) 資産除去債務に対応する資産除去費用の資産計上と費用配分

　資産除去債務に対応する資産除去費用は、負債計上時に同額を当該有形固定資産の帳簿価額に加える（資産・負債の両建処理）。これにより当該資産の投資回収額を引き上げる。当該除去費用は、法律上の権利ではなく財産価値も無く、独立して収益獲得に貢献するものでもないので、独立した資産として計上するのではなく、有形固定資産の稼動にとって不可欠なものとして資産の取得に関する付随費用と同様に処理する。減損会計適用の際には、資産除去費用部分は既に負債認識されているので二重認識を避けるため、将来キャッシュフローの見積りに含めない。

　有形固定資産の帳簿価額の増加額として資産計上された金額は、当該資産の**減価償却**を通じて残存年数にわたり各期に費用配分される。土地の原状回復費

用等は，当該土地に建てられている建物や構築物等の減価償却を通じて各期に費用配分される。

(4) 資産除去債務の見積りの変更

割引前将来キャッシュフローに重要な見積り変更が生じた場合には，資産除去債務に対する負債，及び関連する有形固定資産の帳簿価額に加減し，その後の残存年数にわたり減価償却を通じて費用配分を行う（**プロスペクティブ・アプローチ**）。調整額に適用する割引率は，キャッシュフローの増加部分については新たな負債の発生と同様，その時点の割引率を適用し，キャッシュフローが減少する場合には負債計上時の割引率を適用する。

図7-5 資産除去債務の会計処理のイメージ

①資産除去債務認識時：資産除去費用（B/S，資産）／資産除去負債（B/S，負債）
①～②資産除去債務認識時～決済時：a. 減価償却費（P/L，費用）／資産除去費用（B/S，資産）
　　　　　　　　　　　b. 利息費用（P/L，費用）／資産除去負債（B/S，負債）
②資産除去債務決済時：資産除去負債（B/S，負債）／現金（B/S，資産）

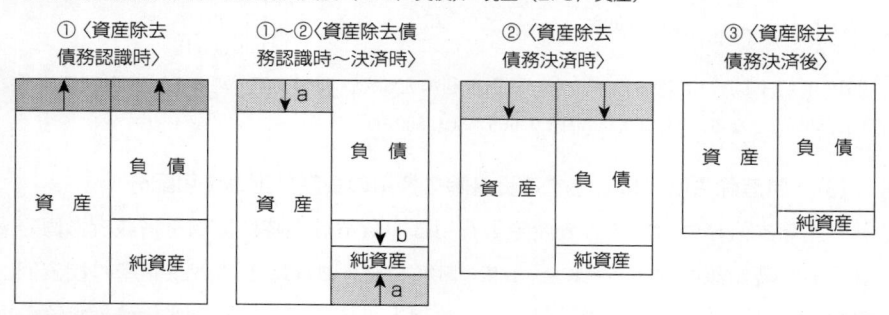

（出所）筆者作成

(5) 開　　示

①貸借対照表上の表示

資産除去債務は，貸借対照表日1年以内にその履行が見込まれる場合を除き，固定負債の区分に資産除去債務の適切な科目名で表示する。貸借対照表日1年以内に資産除去債務の履行が見込まれる場合には，流動負債の区分に表示する。

図7-6　資産除去債務の貸借対照表上の表示

貸借対照表

資　産	負　債
流動資産	流動負債 　買掛金 　短期借入金 　・ 　資産除去債務
固定資産 　有形固定資産 　無形固定資産 　投資その他の資産	固定負債 　社債 　・ 　資産除去債務
繰延資産	純資産
資産合計	負債・純資産合計

（出所）筆者作成

②損益計算書上の表示

　資産計上された資産除去費用に係る費用配分額，及び時の経過による資産除去債務の調整額は，損益計算書上，当該資産除去債務に関連する有形固定資産の減価償却と同じ区分に含めて計上する。資産除去債務履行時の資産除去債務帳簿残高と，実際の支払額との差額は，損益計算書上，原則として資産除去費用に係る費用配分と同じ区分に含めて計上する。

③キャッシュフロー計算書上の表示

　資産除去債務履行による支出額は，キャッシュフロー計算書上「投資活動によるキャッシュフロー」の項目として取り扱う。これは資産除去債務に対応する除去費用は有形固定資産の取得に関する付随費用と同様に処理すること，固定資産の除去に伴う支出は固定資産の売却収入の控除項目とすることを考慮すると整合的である。なお固定資産の取得に伴う資産除去債務の認識は，資金の移動を伴わずに資産および負債を計上するものであるが，将来の支出となることから，重要性がある場合には「重要な非資金取引」として注記する。

④資産除去債務明細表の作成

　金融商品取引法の財務諸表規則では，資産除去債務の金額が総資産の1％を

超える場合には，下記のような資産除去債務明細表を作成することが求められている。この明細表には，期首，期末残高及び当期の増減額等を記載する。ただし明細表に記載すべき事項が連結財務諸表の注記事項として記載されている場合は，その旨を記載することにより明細表の作成を省略できる。

資産除去債務明細表例（適用初年度）

区　分	前期末残高 （百万円）	当期増加額 （百万円）	当期減少額 （百万円）	当期末残高 （百万円）
○○法に基づくもの	－	×××	×××	×××
不動産賃貸契約に基づく原状回復義務		×××	×××	×××
	－	×××	×××	×××

3.4 「資産除去債務に関する会計基準」適用後の実務の実態

本会計基準及び適用指針は，2010年4月1日以降開始する事業年度から適用されている。適用初年度の期首残高の調整方法は**キャッチアップ・アプローチ**を採用し，資産除去債務に対応する除去費用の期首残高は資産除去債務発生後の期間の減価償却額に相当する金額を控除した金額とする。初年度の期首差額は当該年度の特別損失として一時に計上する。適用初年度及び2年目の有価証券報告書を対象に，その会計実務の実態を追う。

新日本有限責任監査法人ナレッジセンター・リサーチによると，日経株価指数300のうちの調査対象230社における適用初年度（2011年3月期）の連結貸借対照表の「資産除去債務」勘定科目の開示状況は表7－3の通りである。連結貸借対照表上「資産除去債務」を開示している企業35％に対して，開示していない企業は65％である。開示していない企業149社の実態は，1）資産除去債務を計上しているが，計上金額の重要性が乏しいため「その他」などに含めて表示（連結財務諸表規則第37項但書及び38項但書），2）資産除去債務自体が計上されていない，である。

また適用2年目となる2012年3月期からは「会計上の変更及び誤謬の訂正

3 資産除去債務の会計

表 7-3　連結貸借対照表における「資産除去債務」勘定科目の開示状況
(2011 年 3 月期)

開示内容		企業数	割合 (%)
連結財務諸表上「資産除去債務」を開示している	(1) 流動負債のみ	1	0
	(2) 固定負債のみ	48	21
	(3) 流動負債及び固定負債の両方	32	14
	小　計	81	35
連結財務諸表上「資産除去債務」を開示していない		149	65
合　計		230	100

(出所) 新日本有限責任監査法人ナレッジセンター・リサーチ (2012 年 6 月 21 日付)

に関する会計基準」が適用となっているため, ①将来キャッシュフローに重要な見積りの変更が生じた場合, ②合理的な見積もりが可能となった場合, については注意が必要である。資産除去債務の会計基準適用初年度は新たな計上に係る実務が注目されていたが, 2 年目以降は, 将来の除去費用や履行時期の見積り変更等, 一旦計上した金額の見積り変更にも留意していく必要がある。

【資産除去債務の見積額変更の開示例】

①　(株)スクウェア・エニックス・ホールディングス 2012 年 3 月期有価証券報告書 p.73 より

【会計上の見積りの変更】

(資産除去債務の見積額の変更)

　当社及び一部の連結子会社は, 本社及び本社周辺事業所を翌連結会計年度に移転することを, 当連結会計年度において決定いたしました。これにより, 当該物件の不動産賃借契約に伴う原状回復義務として計上していた資産除去債務について, より精緻な見積もりが可能になったため, 見積額の変更を行っております。

　この変更により, 従来に比べて, 当連結会計年度の営業利益, 経常利益及び税金等調整前当期純利益はそれぞれ 508 百万円増加しております。

---

②　想定事例 A 社〔一部の事業所の解約申し込み〕

当連結会計年度において, 一部の事業所の解約申し込みを行ったため, 原状回復義務の費用総額及び履行時期の見積りの変更を行い, これに伴う資産除去債務に含めて表示してお

ります。

「解約申し込み」は，当初の見積りでは想定されていなかった。このように一部の事業所において解約申し込みが発生した場合であっても，計上額の見直しが必要になる。

③　想定事例 B 社〔工場移転〕

2011 年 3 月 11 日に発生した東日本大震災の影響により，宮城県石巻市所在の工場継続は困難と判断し，移転する事を決定したことから，資産除去債務の履行時期の見直しをいたしました。これにより，営業利益，経常利益及び税金等調整前利益は，それぞれ○○百万円減少しております。

工場移転に伴い，資産除去の履行時期が早まったケースである。利益減少の影響が働いている。

表 7-4　資産除去債務に関する会計基準の概要

名　称	企業会計基準第 18 号「資産除去債務に関する会計基準」
制　定	2008 年 3 月（2012 年 5 月修正）
適　用	2010 年 4 月 1 日以降開始する年度
適用指針	企業会計基準適用指針第 21 号『資産除去債務に関する会計基準の適用指針』（2011 年 3 月改正）　制定時期，適用時期ともに会計基準と同様
基準制定以前	有形固定資産の除去費用を残存価格に反映させる規定はあったが，実際には殆ど適用されていなかった
債務の範囲	法令又は契約で要求される法律上の義務及びそれに準ずるもの
資産除去債務発生日	資産の取得・建設・開発又は通常の使用時
負債認識要件	当該債務額の合理的な見積り
資産除去債務の測定	将来キャッシュフロー（可能性の最も高い単一の金額又は期待キャッシュフロー）の現在価値
割引率	無リスクの税引前利率
資産除去費用	当該資産簿価に資産計上
資産除去費用の費用化	減価償却費として資産の使用期間に亘って費用化
当初認識後の変更	a. 時間の経過 b. 見積りの変更
本基準最初の適用による会計基準の変更	キャッチアップ・アプローチ

（出所）企業会計基準委員会［2008］に基づき筆者作成

今後予想される環境法規制の強化・拡大は，資産除去債務に関連する認識対象の拡大を導き，当該債務の金額的な重要性を高める可能性がある。かくして資産除去債務の会計処理の必要性が一層高まることが予想され，今後も会計基準施行後の実務の動向が注目される。

(植田　敦紀)

COLUMN 6

福島第1原子力発電所の廃炉と資産除去債務の会計

政府と東京電力は，福島第1原子力発電所1〜4号機の廃炉に向けた中長期の工程表を発表した（右表）。通常の原発と同様に最終的には建屋を解体し更地にすることを目指しているが，第1期，第2期における未知の

第1期 (2012〜13年)	・使用済み核燃料プールの燃料取り出し着手
第2期 (2014〜21年)	・炉内の溶融燃料取り出し着手 ・汚染水処理を完了
第3期 (2022〜51年)	・溶融燃料取り出し完了 ・原子炉や建屋を解体

廃炉工程には課題山積で難航必至である。第1期では，炉心溶融（メルトダウン）した原子炉は核燃料が溶け落ちており，その回収方法を検討中であるが，格納容器周辺の放射線量は高く，数年間は人が長時間作業するのは困難な状況である。また第2期では，格納容器は損傷して水漏れしており，原子炉建屋からも漏洩，大量の高濃度汚染水につながっている。水漏れをふさぐには遠隔操作ロボットを開発し，損傷場所を発見した上で，水漏れする穴をセメントなどで埋める作業が必要である。このような原子力発電施設の解体・撤去費用はどのように会計処理されるのか。

通常，原子力発電施設解体費の計上方法は，「核原料物質，各燃料物質及び原子炉の規制に関する法律」（昭和32年6月10日 法律第166号）に規定された特定原子力発電施設の廃止措置について，「資産除去債務に関する会計基準の適用指針」（企業会計基準適用指針第21号 平成20年3月31日）第8項を適用し，「原子力発電施設解体引当金に関する省令」（経済産業省令）の規定に基づき，原子力発電施設解体費の総見積額を発電施設の見込運転期間にわたり，原子力の発電実績に応じて費用計上し，総見積額の原価相当額を資産除去債務に計上している。なお，福島第1原子力発電所1〜4号機については2011年度に廃止が決定され，当連結会計年度において，原子力発電施設解体費の総見積額と原子力の発電実績に応じて計上した累積額との差額については，災害特別損失に計上している。上述の通り，当原発の廃炉費用の見積りには不確定要因が多く，また災害という特

殊な要因によるものであるので，通常の資産除去債務計上のための測定が困難であり，多額の災害損失引当金が計上された。

東京電力の連結貸借対照表　　（単位：百万円）

	平成22年 3月31日	平成23年 3月31日	平成24年 3月31日
固定負債 ・ 　原子力発電施設解体引当金	510,010	—	—
災害損失引当金	92,813	831,773	787,507
原子力損害賠償引当金	—	—	2,063,398
資産除去債務	—	791,880	803,299

(植田　敦紀)

演習問題

1　環境問題という外部不経済を内部化する際，どのようなコストが発生すると考えられるか。
2　財務会計分野において，財務会計情報の認識と環境会計情報の認識とでは，どのような点が異なるか。
3　環境負債を財務諸表に計上する際，困難を期す要因としてはどのようなことが考えられるか。
4　資産除去債務の会計処理において，当初認識時に借方・貸方に計上する各勘定科目は，それぞれ財務諸表のどこに属すか。
5　資産除去債務の会計基準適用2年目以降には，どのようなことに留意していく必要があるか。

第8章

環境財務会計 II

1 土壌汚染の会計

1.1 土壌汚染対策法とその改正

　企業の環境対策活動の誘因として環境法の影響は大きい。近年の日本の代表的な環境法に2003年施行の「**土壌汚染対策法**」があり，その後，より実務の実態を反映させるべく2010年，2011年に法改正が行われた。これにより企業は，法律遵守に起因した土壌汚染調査・対策が求められ，この実務レベルでの対応が財務会計に影響を及ぼす。そこで本節では，「土壌汚染対策法」及びその改正について概観した上で，会計的インプリケーション及び会計処理方法を解説していく。

(1) 土壌汚染対策法制定の背景と概要

　近年問題となっている土壌汚染は，1960年代以降の高度経済成長とハイテク経済に起因し，1980年代頃から市街地の土壌汚染判明事例が増加し社会問題としてクローズアップされるようになった。その背景には工場跡地の再開発による住宅地への転用，工場周辺の都市化等があり，地中に蓄積されてきた重金属・揮発性有機化合物等の有害物質が顕在化した。土壌汚染地は日本全国で約11万ha，社会的コストにして16兆円と推定される。そこで国民の安全と安心を確保するため，土壌汚染の状況の把握，および人の健康被害の防止に関する措置等の実施を内容とした「土壌汚染対策法」が2002年に制定，2003年に施行された。法律の対象となる特定有害物質として，土壌含有に起因して健

康被害を生ずる恐れのある 26 項目が政令で定められ，土壌汚染調査の結果，基準値を超える場合には，都道府県などの指定区域に登録し台帳を公開する。

(2) 土壌汚染調査・対策の状況と法改正

2003 年の施行以来，土壌汚染対策法に基づく調査・対策が実施されてきたが，問題点・検討事項も浮かび上がり，2010 年，2011 年に改正された。改正の趣旨は，①土壌汚染状況把握のための制度拡充，②土壌汚染措置の明確化，③汚染土壌の適正処理，について所要の措置を講ずることである。

①土壌汚染状況把握のための制度拡充

日本に先立ち 1980 年にアメリカで制定された通称**スーパーファンド法**は，1) 厳格責任，2) 連帯責任，3) 遡及責任を課す厳しいもので，当事者の故意・過失，廃棄・処分時点での環境法の遵守に関係なく責任が追及された。また浄化費用が巨額であるため，汚染懸念のある土地の再開発が滞り流動性が低下する**ブラウンフィールド問題**も発生した。このような教訓を活かし，日本の土壌汚染対策法は土地の利用状況に応じて個々に浄化発動要件が設定され，土

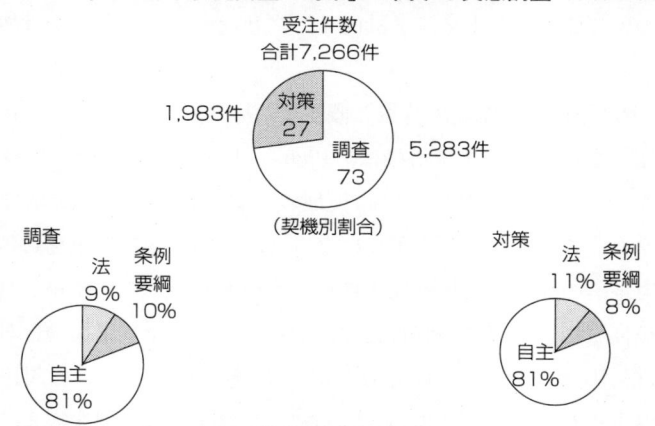

図 8-1 「土壌汚染状況調査・対策」に関する実態調査（平成23年度）

受注件数
合計7,266件

対策 1,983件 27
調査 73 5,283件
（契機別割合）

調査
法 9%
条例要綱 10%
自主 81%

対策
法 11%
条例要綱 8%
自主 81%

法契機による調査は 9 %，対策は11%に過ぎない

（出所）社団法人土壌環境センター
http://www.gepc.or.jp/04result/press23.htm（2012 年 11 月 20 日）

壌汚染対策法施行前に使用が廃止された有害物質使用特定施設に係る土地については適用が除外された。そのため法制定後も実際には自主的調査が圧倒的多数であり、これを法律の枠組みに取り入れ、汚染地の情報開示の拡充、適切かつ確実な管理・対策へと改正された。

②土壌汚染措置の明確化

　土壌汚染の措置は摂取経路の遮断（盛土、舗装、封じ込め等）を基本とし、他に掘削除去や原位置浄化等があるが、実際には圧倒的に掘削除去が採択された。掘削除去は搬出に伴い汚染を拡散させるおそれがあり、搬出汚染土壌の処分場が不足し、かつ良質な埋め戻し材を必要とする。またより安価な措置が認められているにもかかわらず掘削除去を選択することにより経済的不合理を生じ、ブラウンフィールド問題を引き起こす恐れもある。したがって合理的な対策を促進するため、汚染の状況、健康被害の恐れ（一般人の立ち入りや地下水の飲用の可能性等）の有無に応じた区域分類を行うと共に、必要な対策を明確化した。

③汚染土壌の適正処理

　掘削除去に伴う搬出汚染土壌の不適切な処理または投棄は、搬出先の環境負荷要因となる。汚染土壌の搬出は有害物質を他の場所に移したに過ぎず、かえって汚染拡散の恐れがある。そこで汚染土壌の搬出を抑制し原位置でのリスク低減措置（オンサイト処理）の技術開発・普及を推進するとともに、搬出については運搬・保管・処分に関する基準を定めた。

図8-2　土壌汚染調査後の分類

```
            調査の結果「汚染有り」
                   ↓
┌─────────────────────┐  ┌─────────────────────┐
│現状のままだと健康被害が出る恐れがある土地の│  │現状のままで健康被害の恐れがない土地の│
│場合「要措置区域」に指定           │  │場合「形質変更時届出区域」に指定    │
└─────────────────────┘  └─────────────────────┘
健康被害が出ないよう汚染土壌の封じ込めなどの
措置
```

（出所）（株）ジオリゾームhttp://www.georhizome.co.jp/law3.html（2012年12月28日）を参照して作成

1.2 「資産除去債務に関する会計基準」と土壌汚染対策法改正の会計的影響

(1) 「資産除去債務に関する会計基準」の土壌汚染への適用

　土壌汚染調査・対策義務が当該土地に建てられている建物や構築物の資産除去債務と考えられる場合には本会計基準の対象となる（基準26項）。なお，資産計上された除去費用は有形固定資産の減価償却を通じて各期に費用配分されることを考えると，土地に関連する除去費用（土地の原状回復費用等）は当該土地が処分されるまで費用計上されないのではないかと考えられるが，これらの支出は当該土地に建てられている建物や構築物等に関連する資産除去債務と考え，当該有形固定資産の減価償却を通じて各期に費用配分される（同45項）。土地のような非償却資産は，これまで売買時以外に会計対象となることは少なかったが，土壌汚染対策法による法的義務や，売却時に締結した契約上の義務が本会計基準の適用対象となり，当該土地に建てられた建物や構築物の資産除去債務となる。本会計基準では，建物等の除去予定がない場合でも法定耐用年数に合わせて資産除去債務を認識することが要求される。

(2) 土壌汚染対策法改正の会計的影響

　土壌汚染対策法改正により自主的調査を取り込んだ法制度が拡充し，一定規模以上の土地の調査義務が拡大した。これにより土壌汚染調査・対策義務の拡大ならびに資産除去債務の適用対象の増加を導き，土壌汚染調査・対策費用および負債が増加する。

　次に土壌汚染措置方法の明確化に伴い，資産のスクリーニングがより細やかに行われ，経済的合理性を見出す。土壌汚染の措置として完全な掘削除去を実施するのか，より対策費用の安い盛土・封じ込め等により汚染リスクを管理するのかによって，費用の見積り額が大きく異なる。また土壌汚染の指定区域の分類により，対策費用の試算も容易になる。資産除去債務の算定について適用指針では，「有害物質に汚染された有形固定資産については，法令等によりその平均的な処理作業が定められ，その工程が明確にされているため，ほぼ画一的に将来キャッシュフローを見積もることができる場合がある」（適用指針19

項）と述べている。指定区域の分類の改正は，将来キャッシュフロー算定根拠の明確化に活用できる可能性が高い。

　土壌汚染対策法の改正に伴い土壌汚染債務の認識対象が拡大し，かつ見積り額の算定が改善された。これにより土壌汚染に関する会計的対応が高まるものと考えられる。

1.3　土壌汚染の会計

　土壌汚染リスクは環境的側面・経済的側面・社会的側面において重大な問題であり，適切な会計的対応が求められる。企業にとって重大な土壌汚染リスクを明らかにし，土壌汚染対策に伴うコストや負債，また土壌汚染による資産価値の低下を財務諸表に適切にオンバランスすることにより，土壌汚染の影響を含めた企業の正しい経済実態を表すことができる。そこで土壌汚染に対する会計処理方法について検討する。

(1)　負　債　認　識

　土壌汚染対策法の制定により，企業の土壌汚染調査・対策は法的義務となった。土壌汚染は企業に多額の債務をもたらす可能性があり，それを会計として適切に認識すべきである。土壌汚染に対する負債を財務諸表にオンバランスするためには，将来の土壌汚染対策コストをできる限り正確に見積もる必要があるが，土壌の浄化・修復作業は，その方法や活動期間，技術の進歩などに不確定要因が多種存在するため，将来コストの支払時期や金額に不確実性を伴い，負債金額の合理的な見積りが可能かどうかが論点となる。

　土壌汚染問題は個々の事例により負債測定における不確定要因が異なるため，個別対応しなければならない。このような測定上の問題に対し，起こりうるシナリオごとの将来キャッシュフローを算出し，それぞれの発生確率によって加重平均した期待キャッシュフローを無リスク利率で現在価値に割り引くという方法（第7章第2節2.3項で検討）は有効である。土壌汚染に関する将来支出は企業にとって現在の債務であるが，これまで不確実性の高さにより見積りが困難であり，負債認識が推進されてこなかった。しかしこのような測定方法に

より，土壌汚染問題に対する負債認識が改善されるのではないだろうか。

(借)土壌汚染修復費用　　××　　　(貸)土壌汚染修復負債　　××

(2) 減 損 会 計

　土壌汚染認識時，当該土地の資産価値は一般に低下していると考えられる。このような土地の正しい資産価値を表すためには地価の減少分を認識する必要があり，**減損会計**の適用が求められる。2002年に企業会計審議会から「固定資産の減損に係る基準」が公表され，2006年3月期からの適用が求められている。この基準では，固定資産ないしそのグループの帳簿価額が最大20年間の将来キャッシュフロー総額（割引前）を下回る場合には減損損失を認識することとし，帳簿価額を**回収可能価額**〔正味売却価額と使用価値（将来キャッシュフローの割引現在価値）のいずれか高い方〕まで減額して，差額を当期の損失に計上しなければならない。また国土交通省による「不動産鑑定評価基準」及び「不動産鑑定評価基準運用上の留意事項」も2002年に全面改正された。ここでは，「不動産の価格を形成する要因」の中に「騒音，大気汚染，土壌汚染等の公害の発生の程度」が明記されており，改正後の留意事項では「土壌汚染が存在する場合には，汚染物質に係る除去等の費用の発生や土地利用上の制約により，価格形成に重大な影響を与える場合がある」として，土壌汚染対策法に係る調査項目を詳しく指示している。さらに，鑑定評価に関連して「汚染の除去等の措置が行われた後でも，心理的嫌悪感等による価格形成への影響を考慮しなければならない場合がある」と注意を促し，直接的な価値の下落に加えて風評被害等により，さらに地価が下落する可能性があることを示唆している。

〔減損テスト〕

* 減損損失の認識……将来キャッシュフロー総額（割引前）＜帳簿価額
* 減損損失の測定……帳簿価額を回収可能価額（正味売却価額と使用価値のうち高い方）まで減額

　(借) 減損損失　　××　　　(貸) 土地　　××

ただしこのときの減損額は，汚染前の簿価と，土壌汚染浄化・修復により物理的改善が見込める水準において算定される簿価回復額との差額に留めるべきで

ある。減損会計を適用すると土地の簿価が直接切り下げられ、その後浄化・修復等による地価の回復は認識しない。したがって減損会計は、土壌汚染対策により資産価値を回復させる見込みのある土壌汚染には適用すべきではない。

　土壌汚染修復義務が企業にとって現在の債務であり、かつ負債認識要件（上記考察においては測定可能性）に適合するならば、第一段階として負債認識し、その後どのように浄化・修復しても完全には汚染前の土壌水準への回復が見込めない場合に限り、第二段階として減損会計を適用する。このような会計処理方法により従来企業の財務会計では外部事象として扱われてこなかった土壌汚染問題が内部化されつつあり、財務会計における土壌汚染の認識の推進により、土壌汚染を含めた企業価値評価の有効性が高まる。

2　排出量取引の会計

2.1　地球温暖化対策の重要性

　1992 年にブラジルのリオ・デ・ジャネイロで開催された「環境と開発に関する国際連合会議（地球サミット）」において、**気候変動枠組条約**が締結され、1995 年より毎年「**気候変動枠組条約締約国会議（COP）**」が開催されている。1997 年の COP 3（京都）では**京都議定書**が議決され、2008 年から 12 年までの先進国の**温室効果ガス**（GHG；Greenhouse Gases）排出量の削減目標値が設定された。この数値目標達成に当たっては、直接的な削減とともに、**市場メカニズム**を利用した**クリーン開発メカニズム**（CDM）[1]、**共同実施**（JI）[2]、**排出量取引**といった京都メカニズムと呼ばれる手法が認められ、国際的に取り組みが推進されている。

　このうち排出量取引は、**排出クレジット**（排出許容量、排出枠）を売買するこ

---

(1)　先進国が途上国において排出削減プロジェクトを行い、その結果もたらされる排出削減量を先進国のクレジットとすることのできる制度。

(2)　先進国間で排出削減プロジェクトを行い、その結果もたらされる排出削減量をプロジェクトを行った国がクレジットとして得ることができる制度。

とにより，経済的合理性を利用し地球温暖化問題の解決を図る一施策である。本節では，現在既に実務が行われ，なお開発が進められている排出量取引制度，排出量取引市場の概要，及び会計処理方法について解説する。

2.2 排出量取引制度

　排出量取引とは，温室効果ガスの排出許容量を設定し，これを排出クレジットとして市場における取引を認めるものである。取引対象となる排出クレジットの価格は市場によって決まる。クレジットの市場価格が安い場合，割高な削減手段を自社で講ずるよりも，市場からクレジットを購入して削減不足を埋め合わせることに経済的合理性がある。反対に市場価格が高い時は，コストの安い省エネやエネルギー転換などの自社対策を実施する。クレジット価格がさらに上昇した場合は，自社のクレジットの余剰分を市場で売却して収益を得ることも可能である。このように排出量取引市場では排出枠の過不足分が売買され，その需給に応じて排出クレジットの時価が形成される。

　排出量取引はその市場規模において，以下の4つの制度に分類される。

(1) 国際排出量取引…各国を規制対象とした国際間での排出量取引
(2) 域内排出量取引…特定地域内の各国・企業等を規制対象とした域内での排出量取引（例 EU-ETS）
(3) 国内排出量取引…特定国内のみの企業等を規制対象とした国内での排出量取引（例 日本の試行排出量取引スキーム）
(4) 社内排出量取引制度…特定の企業内の各部門・部署を規制対象とした企業内での排出量取引

　また排出量取引にはその取引形態において，以下の2つの種類がある。

　(1) **キャップ・アンド・トレード（C&T）**…規制当局が温室効果ガスの総排出量（cap）を設定し，各排出主体に排出許容量（排出枠）として割り当てる。各排出主体は排出量を排出枠内に収めるように努力するが，最終的に過不足が生じた場合，余剰分は売却し，不足分は外部から調達することができる（図8-3参照）。市場でのクレジット価格は，企業の自社削減に必要なコストより低い

図8-3 C&T方式の排出量取引のイメージ図

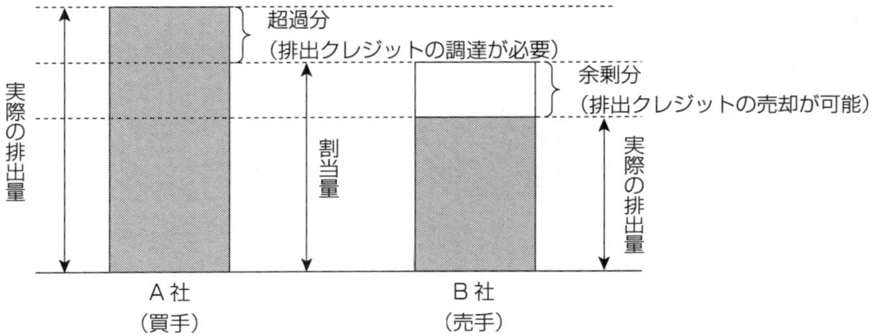

(出所) 筆者作成

場合に購入需要が起き，企業の限界削減コストがクレジット価格の上限となる。

$C \leq Q$　（C：排出クレジットの市場価格，Q：限界削減コスト）

(2) **ベースライン・アンド・クレジット（B&C）**…温室効果ガスの排出削減事業を実施しなかった場合（ベースライン）と実施した場合とを比較した温室効果ガス排出削減量をクレジットと認定し，このクレジットを取引する排出量取引である。例えば通常火力発電を行っていたところへ風力発電という新エネルギーを導入するプロジェクトを実施し，削減された排出量をクレジットとして自らの排出枠に加えてもいいし，売却してもいい。京都議定書で認められたCDMやJIはこの仕組みを用いたものである（図8-4参照）。

2.3 排出量取引市場

排出量取引の先駆としては，1970年代からアメリカでSO_2やNOxの排出削減手法として用いられてきた。また2003年からは自主的制度のシカゴ気候取引所（CCX）がスタートしている。EUでは，CO_2について2002年にイギリス排出量取引制度（UK-ETS，現在はEU-ETSに合流）が実施され，2005年からはヨーロッパ排出量取引制度（EU-ETS）が開始された。EU-ETSでは，2005年から2007年の第1フェーズではCO_2のみを対象としていたが，2008年か

図8-4　B&C方式の排出量取引のイメージ図（CDMの例）

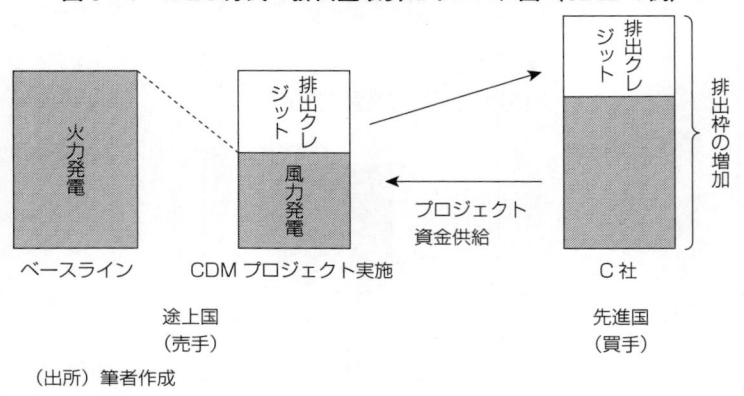

ベースライン　　CDMプロジェクト実施　　　　　　　　　C社

途上国
（売手）

先進国
（買手）

（出所）筆者作成

ら2012年の第2フェーズでは京都議定書で規定されている温室効果ガス6種類[3]が対象となった。EU-ETS市場には欧州27カ国における10,000以上の大規模排出主体が参加し，現在世界の7割以上が取引される最大規模の排出量取引市場となっている。C&T方式で一定規模以上の温室効果ガス排出企業に排出枠を付与し，排出削減を法的義務としている。排出枠の割当方式は表8-1に示すように，無償割当，有償割当があり，無償割当にはグランドファザリング方式，ベンチマーク方式がある。

一方日本では，環境省が2005年度から自主参加型国内排出量取引制度

表8-1　排出枠の割当方式

無償割当	グランドファザリング	過去の排出実績の平均値を基に割り当てる。欠点．過去の排出削減努力が初期割当に反映されず，逆に削減努力をしていない企業に多く割り当てられる。
	ベンチマーク	産業ごとに標準排出原単位を設定して排出枠を割り当てる。
有償割当	オークション（入札）	総量規制に連動する排出枠を入札で配分。企業は必要な排出枠を事前に確保することが求められる。

（出所）筆者作成

（3）　二酸化炭素(CO_2)，メタン(CH_4)，一酸化二窒素(N_2O)，ハイドロフルオロカーボン($HFCs$)，パーフルオロカーボン($PFCs$)，六フッ化硫黄(CF_6)

(JVETS) を実施, 2008 年からは国内統合市場の試行的実施として, 試行排出量取引スキームが開始されている。試行排出量取引制度には 500 社以上の企業が参加し, 各企業が自主的に排出量の削減目標を設定し過不足を取引している。ここでは, 1) 環境省の自主参加型国内排出量取引制度 (JVETS), 2) 経団連の自主行動計画, 3) 京都メカニズムを活用した CDM, JI による排出クレジット, 4) 大企業が中小企業を支援する**国内 CDM**, を組み合わせた統合市場を構築している。「国内 CDM」とは大企業が中小企業の環境負荷を低減することにより排出クレジットを取得するもので, 中小企業の排出削減と, 大企業の排出枠獲得における経済的合理性の両立を目指すものである。また東京都は, 2010 年 4 月より日本で初めての C&T 方式による「温室効果ガス排出総量削減義務と排出量取引制度」を実施し, 埼玉県は 2011 年 4 月より「目標設定型排出量取引制度」を開始した (本章コラム参照)。

2.4 排出量取引の会計
(1) 排出量取引制度のインフラとしての会計

排出量取引の実務の先行に伴い, 法的制度の確立及びそのインフラとしての会計処理の明確化が求められる。2005 年 1 月の EU-ETS の開始に合わせて, 2004 年 12 月に IASB の補佐委員会である**国際財務報告適用指針委員会 (IFRIC)** が IFRIC 解釈指針第 3 号「排出権」を公表した。これは C&T 方式を前提とした会計処理の指針を示したもので, 割り当てられた排出枠を, その時点の公正価値に基づいて無形資産として計上するとともに, 実際に支払った金額と排出枠の公正価値との差額分について繰延収益を計上する (IAS 第 38 号「無形資産」及び IAS 第 20 号「政府補助金の会計処理及び政府援助の開示」に則した会計処理)。また将来, 温室効果ガスの実際の排出量に相当する排出枠を政府に引き渡す義務 (排出枠引渡義務) を負う (IAS 第 37 号「引当金, 偶発債務及び偶発資産」に即した会計処理)。しかしヨーロッパ財務報告助言グループ等から, 排出量取引の実態をより適切に会計処理するため再検討をすべきという懸念が表明され, 2005 年 6 月に廃止された。

日本では2005年の自主参加型取引制度（JVETS）の開始に合わせて，ASBJが2004年11月に実務対応報告第15号「排出量取引の会計処理に関する当面の取扱い」（以下，本報告）を公表したが，これは国内の実務に当面必要と考えられる会計処理に限定し，C&T型の取引やトレーディング目的の取引が欠落していた。その後，より実務を反映すべく2006年，2009年に改正され，現在国内の排出量取引は本報告に基づき会計処理が行われている。本節では本報告最終改正（2009年6月）に基づき解説する。

(2) 排出量取引の会計処理

①排出クレジットとは何か

日本では，温室効果ガス排出量に対する明確な法的義務はない。本報告における排出量取引は京都メカニズムによるクレジットを対象とし，CO_2換算量で示される。排出クレジットの特徴は，所有権の対象となる有体物ではなく，法定された無体財産権ではないが，取得及び売却した場合には有償で取引されることから財産的価値を有しており，無形資産と考える。

②排出クレジットに関わる投資

企業の投資は，一般に金融投資と事業投資に大別される。金融投資は時価の変動により利益を得ることを目的とし，時価評価および損益認識が行われる。事業投資は事業遂行上売却に制約があり，一般に取得原価で評価される。

排出クレジットに関わる投資については，時価の変動により利益を得ることを目的としていても活発な市場が整備されていない場合には金融投資に該当せず，企業が買い手を見つけ価格交渉により利益が得られる事業投資に該当する。

一方，活発な取引市場が整備されており，金融投資として取引を行う場合には，トレーディング目的で保有する棚卸資産として市場価格に基づく価額を貸借対照表価額とし，帳簿価額との差額（評価差額）は損益処理する。

③排出クレジットの取引

本報告が規定する排出クレジットの取得目的には，1）第三者への販売目的，2）将来の自社使用（排出削減に充当）目的があり，それぞれの取得目的別に会

計処理を規定している。

1) 第三者への販売目的の場合の会計処理（有償取得のみ）

他者から購入する場合には通常の商品購入と同様の会計処理を行い，引渡しを受けた段階で取引を認識する。取引原価により棚卸資産として処理し，期末における正味売却価額が取得原価よりも下落している場合には正味売却価額を貸借対照表価額とする。

(取得時)　（借）棚卸資産　　　1,000　　　（貸）現　　　金　　1,000
(期末時)【残高】正味売却可能価額　110≧取得原価　100
　　　　　　（損益評価無し）
　　　　【残高】正味売却可能価額　90＜取得原価　100
　　　　　（借）棚卸資産評価損　10　　　（貸）棚卸資産　　　　10

プロジェクト実施企業への出資等によって取得した場合は，個別財務諸表上，金融商品会計基準に従って会計処理し，出資先が子会社又は関連会社の場合には，連結財務諸表上，連結会計基準及び持分法会計基準に従って，連結又は持分法により会計処理する。

2) 将来の自社使用目的の場合の会計処理（a 有償取得，b 無償取得）

a　有償取得の場合

将来の自社使用を見込んで排出クレジットを他者から購入する場合，「無形固定資産」又は「投資その他の資産」の購入として会計処理する。時間の経過による減価や陳腐化はないと考え減価償却は行わないが，「固定資産の減損に係る会計基準」の対象となる。資産として計上された排出クレジットは，自社の排出削減に充てられたときに費用計上する。

(取得時)（借）無形固定資産　1,000　　　（貸）現　　　金　　1,000
(償却時)（借）費　　　用　　1,000　　　（貸）無形固定資産　1,000

出資を通じて取得する場合は，販売目的の場合と同様に行う。

b　無償取得の場合（試行排出量取引スキーム等における排出枠の交付に関する会計処理に対応するために2009年6月の改正において規定）

試行排出量取引スキーム等において政府から排出枠を無償で取得する場合に

は，事前交付による取得と事後清算による取得が考えられるが，当該取引はともに暫定的なものとみて，取得時には会計上取引を認識しない。取引が活発に行われるかどうかは不明であり，信頼性のある公正価値を測定できない可能性があることから，資産計上を要求するのは現実的ではない。また試行排出量取引スキームは義務的なC&T方式とは異なるため，義務が明確でないものを負債としては認識しない。ただし事前に割り当てられた排出枠を清算前に売却した場合は，仮受金等の未決算勘定として処理する（収益計上はしない）。事後清算により交付されるクレジットについては，今後IASBでの対応を見極めた上で検討を行う。

　以上，本報告に基づく排出量取引の会計は，当面実務において必要と思われる会計処理を規定したものであり，日本ではまだ全国的には導入されていないC&T方式の取引については規定されていない。しかし今後日本でもC&T方式による取引を導入する可能性があり，前提の変更に応じて再検討する必要がある。

　排出量取引の会計基準に関しては，IASBを含め国際的に未だ検討段階であるが，実務的には気候変動情報という非財務情報の開示要求が高まっている。そこで気候変動情報の経済的影響を企業価値評価ならびに将来の企業戦略に反映させるため，**気候変動開示基準委員会（CDSB）**が2010年9月に『気候変動報告フレームワーク〔第1版〕(CCRF)』を公表した。CDSBの目的は，気候変動情報を年次報告書などの法定開示書類（メインストリーム・レポート）に開示することを推進しIASBの指令として確立することである。CCRFの適用は強制ではないが，IASBが示す財務報告の原則及び目的に合致させ，財務会計制度のもとでの適用可能性を追求している。こうした温室効果ガスの開示義務に向けての制度が今後ますます整備されていくものと思われる（詳細は第9章第5節において解説）。

　持続可能な産業社会を目指していく上で，地球温暖化対策は重要な課題である。今後，温室効果ガスの排出削減が義務化されれば，企業は外部コストの内部化によるコスト負担が義務的に発生し，その経済的手法の一つとして，排出

量取引がさらに推進されていく可能性がある。企業が温室効果ガスの排出削減に積極的に取り組んでいくためには，それが企業の優位性を高めるという社会の仕組みが必要であり，そのためには排出量取引制度のインフラとしての会計基準の整備・開発が求められる。

3 環境財務会計の国際的動向

環境問題に関わる事項を財務会計領域でどのように扱うかという問題について，欧米・国際機関等で1980年代後半から各種指針や報告書が公表され，またアメリカの**財務会計基準審議会（FASB）**やIASBでは，顕在化する個別の環境問題に実務上対応する形で，環境関連の財務会計基準を制定してきた。また近年，環境問題及び環境会計情報が財務会計に及ぼす影響の増大に伴い，財務諸表では認識できない環境会計情報を，従来の財務報告と整合性を保ちながら統合し開示ギャップを埋める研究・開発が国際的に推進されている。本節では，このような環境財務会計の基本的概念と国際的動向を明確にする。

3.1 CICAおよび国際機関による報告書

カナダでは環境問題に関連する事象の財務会計制度での扱いを検討し，1993年に職業会計士団体かつ基準設定団体である**カナダ勅許会計士協会（CICA）**が「環境コスト及び負債——会計及び財務報告の問題」を公表した。これにより財務会計上の環境コストや環境負債の会計処理方法が規定されたが，その後CICAは独自で研究を行う方法から，**GRI**等の国際機関に協力する方向へと転換した。その背後には，環境報告や環境会計をめぐる国際的な進展があった。

また国連の動きを見ると，**国連貿易開発会議（UNCTAD）**の多国籍企業委員会では，1989年に会計・報告分野におけるグローバルな発展問題の一つとして，環境財務情報開示に取り組むことを表明した。環境支出と環境負債の規模が増大しているにも関わらず，年次報告書において環境問題が適切に取り上げ

られず，企業に広範な自由裁量を許したのは会計基準の欠如にあるとの問題意識に基づき，年次報告書の中に環境財務情報を開示するための施策を行い，1997年に「年次報告書のための環境報告フレームワーク」を規定し，1999年に「環境コストと負債のための会計及び財務報告」を規定した。

3.2 EU域内における環境情報開示規定

　国連の動きは国際的に広まり，特にEU域内では環境情報開示規定が強化されていった。ヨーロッパ会計士連盟（FEE）が1999年に「環境問題に対する国際会計基準のレビュー」を公表すると，欧州委員会（EC）は2001年に「年次決算と年次報告書における環境問題の認識・測定・開示」と題する勧告を公表した。勧告の付属文書では，環境負債と環境費用の認識・測定・開示に関するガイドラインを示し加盟国企業に適用するよう勧告，2002年にEC指令案を公表した。さらに2005年1月からすべてのEU域内の上場企業に国際財務報告基準（IFRS）の適用を義務付けることに関連して，2003年にEUの会計諸規定を整備するための指令の改正「**会計法現代化指令**（2003/51/EC）」を採択した。これにより，年次報告書における社会・環境情報開示を規定すると同時に環境報告書の作成義務が廃止され，報告の統合化が推進された。ここでは企業の発展・業績等の理解に必要な環境及び社会的側面に関する分析を求め，重要な非財務情報は主要業績評価指標（KPI）として開示することを求めている。これにより財務会計上オンバランスされない重要性の高い環境会計情報を，KPIによって開示することが可能となった。この指令では2005年1月からEU各国で国内法化することを要求し，EU域内全体で年次報告書における社会・環境情報開示の法制化が進んでいる。

　特にイギリスでは「会計法現代化指令」を国内法化するにあたり，2006年の会社法で広範なCSR情報開示を要求し，環境報告における重要性の高い非財務情報開示を財務会計制度において規制する方向性を示した。これは環境報告書と比較して要求度が高い。また2006年にチャールズ皇太子の提唱により，統合報告の推進をミッションとしたA4S（The Prince's Accounting for Sustainability）を発足し，財務情報に関連させて報告する CRF（Connected Reporting Framework）を提唱した（詳細は第9章第3節において解説）。

特に気候変動情報は経済的価値評価に重要であるという認識に基づき，前述の通り CDSB が国際的なフレームワークの開発と提言を行った（2010年 CCRF）。これは気候変動情報に特化したものであるが，環境情報開示に関する統合報告を促進するイニシアティブとして注目される。

さらにＡ４Ｓは GRI などと共同で，2010年に**国際統合報告委員会**（**IIRC**）[4]を設立し，2011年に環境・社会・ガバナンスといったサステナビリティ側面と財務的側面を結び付けた『統合報告に向けて—21世紀における価値の伝達（Towards Integrated Reporting —Communicating Value in the 21st Century）』（**IR**）のフレームワークを発表，企業のサステナビリティ報告の方向性に大きな影響を及ぼしている（詳細は第9章第5節において解説）。

3.3　アメリカにおける環境関連の GAAP

アメリカでは，諸種の環境法遵守のための環境コスト・環境負債等の会計数値は財務会計にも重要な影響を及ぼすとの認識の下，環境上のインパクトと首尾一貫した会計基準の整備・制定が進められ，1980年代後半から1990年代に環境関連の財務会計基準が相次いで公表された（表8-2参照）。

また土壌汚染問題に関する通称スーパーファンド法に代表されるように，アメリカでは EU 諸国に比べ，環境法規制に対する高額なペナルティや厳格な環境負債認識要求が設定され，環境情報が投資家の意思決定に重大な影響を与える。そこでアメリカ**証券取引委員会**（**SEC**）では，1933年証券法及び1934年証券取引法に基づき，Form 10-K の Regulation S-K において環境関連情報に関する開示要求を設定し，証券市場や企業経営に影響を与えてきた。さらに2010年には気候変動問題の重要性と開示要求の高さに対して，既存の Regula-

---

（4）　IIRC は当初 International Integrated Reporting Committee であったが，2012年の機構改革により国際統合報告協議会（International Integrated Reporting Council）となった。

表 8-2 アメリカにおける主な環境財務会計基準

年	会計基準	概　要
1989	FASB EITF 89-13「アスベスト除去コストの会計」	1980年代後半，アスベスト汚染に対する社会的関心が高まり，企業所有の建物からのアスベスト除去が求められた。それに伴う処理コストに関して会計基準が制定された。
1990	FASB EITF 90-8「環境汚染コストの資本化」	環境保全コストを資本的支出（capital expenditure）とするか，収益的支出（revenue expenditure）とするかが議論され，従来の資本化要件 a. 資産の生産性・効率性の向上，または b. 資産の耐用年数の延長に加えて，1. 資産の安全性の向上，2. 環境汚染の削減または予防，3. 売却準備により発生，を追加する基準設定がなされた。
1993	FASB EITF 93-5「環境負債の会計」→ AICPA SOP 96-1 に吸収	環境コストに対して環境負債を認識する際の会計上の問題点に関して規定。
1996	AICPA SOP 96-1「環境修復負債」	環境修復負債の会計処理及び開示に関する包括的な指針。
2001	FASB SFAS 143「資産除去債務の会計」	SOP 96-1 が過去の活動に起因する環境汚染の改善・修復・浄化等により発生する環境コストに対する負債を規定したのに対して，将来発生する環境コストに対する負債の会計処理について規定した。資産除去債務は発生時点で全額負債として計上し，同額を当該資産の帳簿価額に含めて資産計上する。
2002	FASB SFAS 146「撤退または処分活動に関連するコストの会計」	撤退または処分活動に関連する費用は発生時に公正価値で認識する。
2005	FASB 解釈指針 47「条件付資産除去債務の会計―FASB SFAS 143 の解釈指針」	SFAS 143 のうち，債務決済の時期・方法が将来事象を条件とする債務は，公正価値の合理的な見積りが可能な限り負債を認識する。

（出所）筆者作成

tion S-K に則した形での記述情報開示として「気候変動情報開示ガイダンス」が公表された（第9章第2節参照）。一方，年次報告書での環境情報開示に関しては，今後のさらなる進展が望まれる。

3.4 国際財務報告基準 (IFRS)

財務会計の分野では IASB による会計基準の国際化・調和化が進んでいるが，環境財務会計分野においても IASB は「財務的側面に影響を及ぼす環境会計情報は，既存の財務会計制度の中で検討する」というスタンスを取っており，環境問題に関連する財務会計基準を相次いで公表している（表8-3参照）。

これらの基準から，財務会計分野における外部コストの内部化への対応の傾向をみることができる。特に資源有効利用促進法，家電リサイクル法，自動車リサイクル法など種々のリサイクル法が制定され，製品の回収とリサイクルに関する事業者の責任が拡大している。なお前節で述べたように，2005年1月から EU-ETS が始まり，この会計処理に関して 2004年12月に IFRIC 解釈指針第3号「排出権」が公表されたが，排出量取引の実態をより適切に会計処理するため 2005年6月に廃止された。また IASB では 2010年に実務文書「マネジメント・コメンタリー」を発行し，財務報告書の非財務情報開示についての見解を公表している。

3.5 環境情報開示をめぐる動向

財務会計領域における環境会計情報については，近年財務諸表及び注記では認識できない重要性の高い非財務情報の比率が高まり，これらを財務報告において開示するためのフレームワークの開発が国際的に推進されている。これに対して日本では，財務諸表及び注記の枠を超えた年次報告書における開示規制の制度的対応は未だなされていない。日本における統合報告は，従来の財務報告の中に必要なサステナビリティ情報を取り込んで報告するという形で一部の日本企業で試みが始まっているが，発行主体の自由裁量に委ねられており，実務上雑多な事例が存在する。日本公認会計士協会では，財務報告における非財

表 8-3　IASB による主な環境財務会計基準

年	会計基準	概　要
2004 (2005 改訂)	IASB IFRS 6 「鉱物資源の探査及び評価」	探査・評価支出の会計方針の開示，鉱物資源の探査・評価から生じる資産・負債・収益・費用・キャッシュフローの金額等の開示，探査・評価に係る資産の減損テスト等についての規定。
2004	IASB IFRIC 解釈指針 1 「廃棄，原状回復及びそれらに類似した既存の負債の会計」	有形固定資産の廃棄等に係る見積費用が変動した場合，その変動は IAS 16 により取得原価の一部として処理するとともに IAS 37 に従って負債を計上する。
2004	IASB IFRIC 解釈指針 3 「排出権」 → 2005 年に廃止	排出量取引枠を無形資産として公正価値で認識し (IAS 38)，取得価額と公正価値の差額は政府補助金に準じて処理する (IAS 20)。排出に応じて，排出枠を供出する義務を負債として認識する (IAS 37)。
2004	IASB IFRIC 解釈指針 5 「廃棄，原状回復及び環境復旧基金から生じる持分に対する権利」	ファンドへの拠出企業は修復・廃棄コストの支払義務を負債として認識し，ファンドに対する持分も別に認識する。補填を受ける権利は①廃棄義務の認識金額，②ファンドの純資産（公正価値）に対する拠出企業の持分，の低い方で測定。権利の帳簿価額の変動は，損益計算書で認識する。
2005	IASB IFRIC 解釈指針 6 「特定の市場への参加から生じる負債―電気・電子機器廃棄物―」	一般家庭に販売された電気・電子機器の廃棄物処理費用について，費用負担が決定される期間（測定期間）に市場参入していた生産者には負債が生じる。

（出所）筆者作成

務情報―気候変動情報，サステナビリティ情報，生物多様性情報等の重要性の高まりを背景に，日本における制度的対応の必要性や課題を検討し，各テーマごとに継続的に「経営研究調査会研究報告」を公表している(第 9 章第 4 節参照)。

　環境問題という外部不経済を内部化して財務会計において認識する際，財務諸表計上においては財務会計基準適用のメカニズムから外れることはできないが，財務報告では物量情報や定性情報等のミックスにより自由なアプローチが可能である。非財務情報の比率は今後さらに高まることが予想され，財務報告

において，財務会計基準の制約から解放された広範な情報開示が発展する可能性が高い。財務報告におけるサステナビリティ情報の統合可能性については，第9章で各国・各組織の具体的な取組みに基づき，その実態と動向を解説していく。

(植田　敦紀)

COLUMN 7

排出量取引制度に関する東京都と埼玉県の連携と差異

　日本では，国としての排出量取引の制度化が未だ検討レベルである中，東京都は2010年4月から日本で初めての「温室効果ガス排出総量削減義務と排出量取引制度」（以下，東京都制度という）を実施し，埼玉県は2011年4月から「目標設定型排出量取引制度」（以下，埼玉県制度という）を開始した。このような中，東京都と埼玉県は2010年9月17日に「キャップ＆トレード制度の首都圏への波及に向けた東京都と埼玉県の連携に関する協定」を締結した。両都県は，以下の1～3の内容について連携し取り組みを行っている。

1　東京都と埼玉県は，それぞれの制度に関し相互に情報を提供し，両都県における相互クレジット取引を可能にするなど，制度設計及び運営において連携・協力する。
2　東京都と埼玉県は，制度連携により得られた成果を首都圏の他の自治体に積極的に発信し，キャップ＆トレード制度の首都圏への波及に向けた取組の拡大を図る。
3　東京都と埼玉県は，国における実行性あるキャップ＆トレード制度の早期実現を目指した取組を進める。

　特に1の取り組みについては，都県の垣根を越えて排出量取引におけるクレジットの相互利用を可能にしている。このため，概ね同様の制度内容（制度の対象，目標削減率など）となっているが，次に示す事柄については異なる内容である。

a. 罰則：東京都制度では罰則を設けているのに対し，埼玉県制度は罰則を設けない「目標設定型」制度である。
b. 第一計画期間：東京都制度は2010年度～2014年度の5ヵ年であるのに対し，埼玉県制度は2011年度～2014年度の4ヵ年である。
c. 検証の実施期間：東京都制度は基準排出量検証を2010年度に実施した後，各年度ごとに年排出量検証を実施・報告するのに対し，埼玉県制度は基準排出量と2011年以降の排出実績について一括で検証を行い，その結果を実施状況報告書として提出することを可能としている。

d. 利用可能なクレジット：利用可能な排出量取引として，埼玉県制度では「森林吸収量：植林・間伐等により増加した CO_2 吸収量のうち県が認証した量」を導入しているが，東京都制度では森林吸収量は対象としていない。

　排出量取引制度は，事業者の活動により排出された「温室効果ガス量」を売買の対象とするため，両制度には，事業者が行う排出量の算定に関する詳細なルール（対象とする事業所の範囲，対象とする排出源，排出量のモニタリング方法等）が定められている。また，事業者が算定ルールに従い正しく算定したことについて，登録検証機関の検証を受けることが定められている。

（一般財団法人　日本品質保証機構　総務部 CSR 推進課　**岸野　令**）

演習問題

1　企業の環境対策活動の誘因として環境法の影響は大きいが，企業会計が影響を受ける環境法にはどのようなものがあるか。
2　企業の土壌汚染を負債認識する際，金額の合理的な見積りが可能かどうかが問題となる。土壌汚染の負債認識要件及び金額の測定方法について検討せよ。
3　企業の土壌汚染に減損を適用する際，どのようなことに注意すべきか。
4　温室効果ガスの排出量削減手段として市場メカニズムを利用した手法が認められているが，具体的にどのような手法があるか。
5　排出量取引において，C&T 方式を前提とした会計処理方法は未だ国際的にも規定されていないが，実態を適切に表す会計処理方法を検討せよ。

第9章

財務会計とサステナビリティ報告

1 財務報告におけるサステナビリティ情報開示

　第7章，第8章では，重要な環境会計情報を財務諸表に計上する可能性について，財務会計基準に基づいて考察してきたが（図9-1, E），それらは限定的であり，より広範なサステナビリティ情報はサステナビリティ報告書等に独立して公表されている。しかし財務諸表に計上されている環境会計情報と，サステナビリティ報告書に開示されている関連性の高い非財務情報とを，財務報告とサステナビリティ報告という別々の報告書で首尾一貫して読み解くことは困難である。財務会計のステークホルダーも，サステナビリティ報告書で公表されている環境リスク等の財務的影響について，年次報告書というメインストリームで統合された情報開示を要求するようになっている。したがって財務会計において，重要性の高い環境財務情報を財務会計基準に基づいて認識するのと同時に，重要性の高いサステナビリティ情報を**非財務情報**として統合し，首尾一貫した形で開示する制度的な規定が望まれる（図9-1, F）。財務諸表と注記，ならびにそれらと統合すべき非財務情報が一体となることにより，財務諸表を中心に体系化された**統合報告**が確立し，財務報告の目的が一層達成される（図9-1, G）。そこで財務報告と，サステナビリティ報告，マネジメント・コメンタリー，ガバナンス・報酬等を基盤とし，財務情報と環境・社会・ガバナンスといったサステナビリティ情報とを幅広く統合する報告の開発が国際的に推進され，2011年9月に**国際統合報告委員会（IIRC）**より**統合報告（IR）**が公表さ

160　第9章　財務会計とサステナビリティ報告

れた。

すべての組織は，多様な資源と関係に依存している。IR では，これらを多様な形態の「資本」と捉え，次のように分類している——**財務的資本**〔債務・エクイティ・寄附等による資金調達，あるいは事業経営・投資により生成される資金のプール〕，**製造資本**〔建物，設備，インフラ（道路，港，橋，廃棄物・水処理設備等）の製造物（天然物は除外）〕，**人的資本**〔人々の技能と経験，及び革新を行う動機〕，**知的資本**〔特許権，著作権，ソフトウェア，組織的システム，手続・手順の知的所有権等の無形資産〕，**自然資本**〔大気，水，土壌，森林，生物多様性，生態系の健全性〕，**社会資本**〔各ステークホルダー内及び間で確立された価値観と行動様式，信頼と忠誠等〕。これらの資本は，企業が収益獲得活動に利用する経済的資源となり得るが，このうち**財務情報**（財務諸表及びその注記）として認識される資本は限定的である。財務情報として認識可能な資本は会計的取引により増減変化し，かつ測定可能なものである。財務的資本，製造資本の大部分，ならびに人的資本，知的資本等無形資産の一部測定可能なものは財務情報として認識されるが，大半の無形資産は測定が困難であり財務情報としては認識され得ない。また自然資本ならびに社会資本

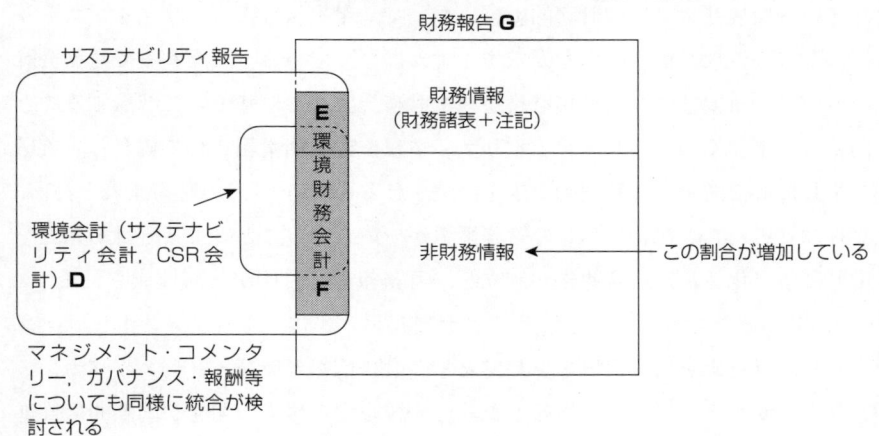

図9-1　財務報告とサステナビリティ報告の統合

（出所）筆者作成。

は，企業の収益獲得活動に寄与する資本ではあるが，自然資源の使用・廃棄，社会との関係の強化・衰退は，企業外の事象—環境問題，社会問題という外生的要因に関わる事象であり，その多くは従来会計的取引の下に増減変化する資本ではなく財務会計の認識対象外であった。しかし今日，これら**非財務情報**の割合が極めて高くなっている。

また東日本大震災という外生的要因を契機として，自然災害を事業リスクと捉え有価証券報告書に開示する企業が増加している。実際，東日本大震災では固定資産や棚卸資産の減失・損失，損壊した資産の点検・撤去費用など多額の特別損失が計上された。これらを第7章第2節2.3項で論じた環境負債計上のメカニズムに適合させることは難しいが，環境債務の開示可能性が追究される。

企業を取り巻く環境問題，社会問題，災害リスク，経済状況の変化・複雑化とともに，財務会計において重要性の高い情報も，無形価値や環境，CSR，自然災害に関する非財務情報の台頭が顕著であり，その認識範囲は拡大している。さらに情報の有効性を高めるためには視野を広げ，バリューチェーン全体における資源の利用や関係を捉えて企業のリスクと機会を考慮する必要がある。財務報告は格段に範囲を広げると同時に複雑さを増し，財務情報とサステナビリティ情報等の非財務情報の相互関係を首尾一貫して示すことは困難を期すが，従来の財務報告と整合性を保ちながら両者を統合し開示ギャップを埋める研究・開発が世界各国で推進されている。次節以降，各国・各組織の具体的な取組の展開を追いながら，統合報告の実態及び今後の発展可能性について考察していく。

2　アメリカにおけるサステナビリティ情報開示

スーパーファンド法等の厳しい環境法規制で知られるアメリカでは，証券取引委員会（SEC）が，**Regulation S-K**において，年次報告書における**非財務情報**の開示を規定しており，そのいくつかの規定において環境情報に関わる内容が含まれている。具体的には下記4項目で環境情報開示が要求されている。

(1) Item 101　事業の記述

環境諸法令の遵守が，資本的支出，利益および競争上の地位に及ぼす重要な影響に関する適切な開示など。

(2) Item 103　訴訟

環境諸法令の下で生じた係争中の訴訟についての開示。

(3) Item 303　財政状態および経営成績に関する経営者の討議と分析（**MD&A**；Management's Discussion and Analysis）

環境に関する要因が，企業の流動性，資本源泉，営業成績に及ぼす影響のMD&Aにおける開示。

(4) Item 503(c)　リスク要因

環境に関するリスク要因の開示。

2010年1月27日，SECは「**気候変動関連情報開示に関する委員会解釈指針**」（以下「解釈指針」）を採択した。これは企業に新たな情報開示を求めるものではなく，（Regulation S-Kの）既存の開示要求が気候変動問題に適用される場合のSECの見解を述べたものである（SEC［2010］§Ⅰ.A）。

解釈指針は，気候変動関連問題が企業に及ぼす潜在的影響として，法規制等による温室効果ガス（以下，GHG）排出削減費用などの直接的影響，価格転嫁を通じた間接的影響，気候変動の物理的影響，および気候変動と関連する消費者の需要の変化などを挙げ，それは企業の経営上および財務上の意思決定に重大な影響を及ぼしうるものであるとした。また多様なリスクの存在による財務的影響を受ける企業がある一方，新たな投資機会などのビジネスチャンスを活かして利益を得る企業も現れる可能性を指摘している（同§Ⅰ.B.2）。

また，気候変動問題の開示が要求される場合をRegulation S-Kの4つの開示項目に沿って概説し（同§Ⅲ），開示すべき情報を次のA〜Dの4分野に分類している（同§Ⅳ）。以下，それぞれについて説明する。

A　法規制の影響

気候変動法規制に関して，「事業の記述」は，企業が重要とみなすすべての環境設備投資の見積額の開示を要求している。また「リスク要因」は，既存ま

たは未定の法規制に関して企業のリスク要因の開示を要求する可能性がある。「MD&A」は，法規制が企業の財政状態または経営成績に重要な影響を及ぼす合理的な可能性があるかどうかを判断することを要求する。検討中の法規制のような不確実性については，MD&Aでの開示が必要かどうかを2つのステップで判断する。①経営者は未定の法規制が制定される合理的可能性を評価し，合理的可能性がないと決定しない限り，それが制定されるという仮定を続けなければならない。②法規制が制定されたら，経営者はそれが自社の財政状態または経営成績に及ぼす影響を評価し，重要な影響を及ぼす合理的可能性がないと決定しない限り，MD&A開示が必要となる。以上の場合に企業は，法規制についての評価を否定的なものに限定しない方がよいとされる。なぜならば，法律の変更またはそれに反応して起きる商慣習の変化は，企業に新しい機会を与える可能性があるからである。

B　国　際　協　定

　解釈指針は，企業が気候変動に関する条約や国際協定が事業に及ぼす影響を考慮し，それが重要な場合には開示することが望ましいとしている。このため，事業が影響を受ける合理的可能性がある企業に対しては，どのような潜在的協定の進捗もモニターして，MD&Aにおいて，可能性のある影響を考慮することを推奨している。

C　規制またはビジネス・トレンドの間接的影響

　気候変動に関する法的，技術的，政治的，そして科学的な進展は，企業の新しい機会またはリスクを生み出し，新製品またはサービスの需要を創造し，あるいは既存の製品またはサービスの需要を減少させる可能性がある[1]。これらのビジネス・トレンドまたはリスクは，リスク要因あるいはMD&Aにおいて開示を要求される可能性があり，また「事業の記述」の開示が必要とされる程度に重要な影響を及ぼす可能性がある[2]。

（1）　温室効果ガスを排出する商品に対する需要の減少や排出の少ない商品に対する需要の増加，新製品開発競争の激化など。
（2）　潜在的機会を利用するために重要な施設や設備の取得を通じた事業の再配置を計画

さらに解釈指針は，リスク要因開示のために考慮すべき気候変動からの潜在的間接リスクの例として，企業の評判への影響も挙げている。なぜならば企業は，事業の特質と世論への感度に応じて，自社のGHG排出に関する公開データが社会の評価を損なう結果となり，その事業運営を潜在的悪影響にさらすことになっていないかどうかを考慮しなければならないためである。

D 気候変動の物理的影響

気候変動の著しい物理的な影響は，企業の営業と経営成績に影響を及ぼす潜在的な可能性がある[3]。解釈指針は，（例えば営業活動が海岸線に集中するためにハリケーンや洪水の影響を受けやすいなど）その事業が気候変動関連の事象に弱い可能性のある企業に対し，重要なリスクを開示することを推奨している。

3 欧州におけるサステナビリティ情報開示

3.1 欧州におけるサステナビリティ情報開示の制度化

本節では，まず，欧州におけるサステナビリティ報告の制度化の軌跡を説明し，第5節で取り上げる統合報告（IR）につながる重要な取り組みとしてイギリスにおける**アカウンティング・フォー・サステナビリティ**（以下，**A4S**）プロジェクトを説明する。

欧州では，欧州連合（EU）のサステナビリティ戦略（またはCSR戦略）と会計法現代化政策という2つの流れが合流したところに，サステナビリティ報告の制度化がもたらされた[4]。まずEUにおける**サステナビリティ報告**は，EUの環境戦略とCSR戦略[5]の2つが源流となっている。**環境戦略**については，1993年に策定されたEU全体の環境行動計画の中で，企業の環境方針や活動

中の企業が，事業計画におけるこの変動を開示する場合。
(3) 洪水から生じる財務上および営業上の間接的な影響，保険金請求の増加及び保険会社と再保険会社の負債の増加，企業の保険料の増加や補償範囲の縮小など。
(4) 上妻［2006］における考え方に基づく。
(5) EUにおいてサステナビリティは長らくCSRと呼ばれてきたため，ここではCSR戦略と表記する。

の詳細の年次報告書における開示，環境にかかわる活動に伴う費用の財務諸表における開示，および将来の環境支出やリスクに対する引当金の設定に努めるよう要請された（EC [1993] sec.7.3）。この要請は，1999 年に公表された政策提言書（EC [1999]）に反映された結果，2001 年に欧州委員会（EC）により環境会計や環境情報開示に関する「勧告書」（EC [2001 a]）が公表された。

他方，EU の **CSR 戦略**については，2000 年 3 月に欧州理事会によって策定された「リスボン戦略」に基づき，CSR の政策提言（EC [2002]）が公表された。そこでは CSR の推進が示されるとともに，サステナビリティ報告に関しては，GRI の「持続可能性報告ガイドライン」を望ましい指針の 1 つとしている。

次に**会計法現代化政策**は，EU の会計規定である第 4 号指令や第 7 号指令の改正を求める EU 指令を採択し，加盟各国が国内の会社法等を改正するという形で行われた。この EU 指令では，一定規模以上の企業の年次報告書において，情報利用者の企業業績等の理解に資するために環境や従業員にかかわる非財務的な**主要業績指標**（**KPI**；Key Performance Indicator）を含めた**非財務情報**を開示するよう義務づけている（EU [2003]）。これにより，サステナビリティ情報は，単にリスク情報としてではなく，企業の業績を理解するのに不可欠な情報と位置づけられた（國部 [2011]）。

3.2 イギリスの A 4 S

EU 加盟国であるイギリスにおいても，会計法現代化指令に基づき，サステナビリティ情報の開示が制度化されている。具体的には，会社法改正により行われ，強制開示か否かを巡って紆余曲折があった。本項では，この過程の詳細には言及しないが，現在，イギリスでは「2006 年会社法」において，年次報告書の「取締役報告」（Directors' Report）の「ビジネス・レビュー」の中で，「（企業活動による環境への影響を含めた）環境問題関連事象」，「従業員」および「社会およびコミュニティ関連事象」にかかわる情報を含めることが義務づけられている（同法第 14 部第 5 章セクション 417）。また会計基準審議会[6]（ASB；

Accounting Standards Board）は，「営業・財務レビュー」（**OFR**；Operating and Financial Review）の意見書を2006年に公表し，財務諸表やその注記を補足または補完する自主的な情報であるOFRに関する指針を提供している[7]。

以上みてきたように，イギリスでは，株主等の従来の利害関係者が企業の業績等の実態を把握するために，財務諸表だけでなく，それを補完するサステナビリティ情報を含めることを制度化した。このことは，財務諸表に掲載される会計情報の先行指標ともなり得るサステナビリティ情報または非財務情報を「提供する公式の場が，財務報告の枠組みにおいて与えられた」（古庄［2012］p. 91）と解釈できる。

さて，上記のようなサステナビリティ情報の開示動向を踏まえ，A4Sプロジェクトが，チャールズ皇太子の発議により2006年から正式に開始された。その目的は，サステナビリティを組織の経営意思決定と報告プロセスに組み入れるための一般的指針やツールの開発にあり，企業，投資家，公的部門，会計士団体，研究者およびNGOから成る共同プロジェクトとなっている。

A4S発足時のチャールズ皇太子の演説では，サステナビリティを「組織の『DNA』に組み込む」ことが重要であると述べ，会計の役割に大きな期待が寄せられている。A4Sの2本柱は，①組織の戦略と日常的な意思決定へのサステナビリティの組み込みと，②組織のサステナビリティの側面にかかわる業績の報告である。①については，組織のサステナビリティにかかわる内部管理に資する会計が志向され，組織の戦略と日常的な意思決定へのサステナビリティの組み込みを目指す意思決定支援ツールの構築が目指されている。こうして行われた企業活動の，経済，環境および社会の側面にかかわる業績を報告するた

（6）　1985年会社法の下，会計基準の設定は，設定権限を有する財務報告協議会（FRC；Financial Reporting Council）からASBに委譲されていたが，2012年7月2日以降，FRCが会計基準設定の役割を担うように改組された。以上，FRCのウェブサイト参照。

（7）　会社法と同様に，OFRについても紆余曲折を伴った。具体的には，1993年に最初のOFRに関する意見書が公表された後，2005年に報告基準第1号として設定されたが，2006年会社法の制定をもって同年に再び意見書として公表された。

めに**結合報告**（Connected Reporting）の枠組みが提示されている。

結合報告は，組織の戦略的方向性，財務業績およびサステナビリティの影響の根本的な結合関係が明らかにされるよう，財務報告に環境と社会の要因を結合した報告（A4S [2009]）であり，その作成は，図9-2に示したような3つの段階を経る。同図に示した通り，A4Sでは，経営層が策定する事業戦略の中にサステナビリティを位置づけ，その業績を外部に報告するという構成になっている。また，結合報告は，これまでにイギリスの主要企業や公的部門組織を中心に100件ほどのケースが蓄積されており，イギリスにおけるサステナビリティ報告の1つのモデルを形成してきたといえる。

例えば，イギリスの大手保険会社Avivaの年次報告書における「企業責任」の章では，「信頼と透明性」，「気候変動と環境」，「（従業員からの）魅力と人材の保持」，「サプライヤー」および「コミュニティ開発」の5領域ごとにKPIを設定している。各KPIの過去3年間の推移とともに，当期の実績値と目標値および目標達成度が併記され，これらと次期（2012年度）の目標が対応づけられるとともに詳細が「備考欄」に示される（Aviva [2012]）。さらに詳細な情報は"Accounting for Sustainability"という項を設け説明している。その項では，特に「GHGの排出」，「廃棄物」，「資源使用」，「顧客保護」および「コミ

図9-2　統合報告の作成ステップ

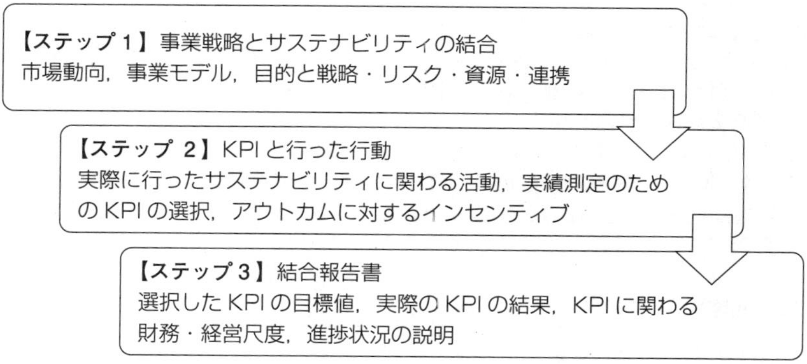

【ステップ1】事業戦略とサステナビリティの結合
市場動向，事業モデル，目的と戦略・リスク・資源・連携

【ステップ2】KPIと行った行動
実際に行ったサステナビリティに関わる活動，実績測定のためのKPIの選択，アウトカムに対するインセンティブ

【ステップ3】結合報告書
選択したKPIの目標値，実際のKPIの結果，KPIに関わる財務・経営尺度，進捗状況の説明

（出所）A4S [2009] に基づくFries et al. [2010] p.43より筆者作成。

表9-1　Avivaの資源利用関連情報

資源利用
直接的影響
水
　水にかかわる営業コストは£110億（2010年：£160億）であり，それには503tのCO_2換算排出量を伴った。水の合計消費量の5%は生活での使用から生じ，また，建物周辺の土壌の灌漑に利用されている。

（中略）

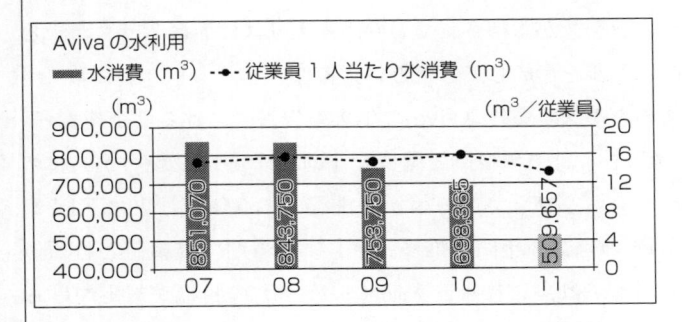

Avivaの水利用
　水消費（m³）　　従業員1人当たり水消費（m³）

年	水消費（m³）
07	851,070
08	843,750
09	753,750
10	698,365
11	509,657

業績，戦略および目標
　2011年に水使用量を26%削減する。この一部は，Aviva Canadaの水冷式のデータセンターをアウトソースした結果である。

間接的影響
製品／サプライヤー／投資家
　2011年は，Aviva UKが，ダイレクトメールに対してRoyal MailのResponsible Mailingプログラムを完全に適用した最初の年度である。約800万アイテムのダイレクトメールがこのプログラムを通じて配達され，使用した紙類に対してFSC（Forest Stewardship Council）認証を確実に取得している。Aviva USは同社の業務においてFSC認証済みの紙だけを使用している。
　2011年末までに，すべてのイギリスの一般家庭保険，自動車保険および取引仲介に関する約款，年次報告書および更新契約は電子化された。これにより，印刷費と郵送費は，1年当たり約£200万が節約された。Aviva UKの公式文書の41%は，2012年に電子化を予定しており，これにより，£860万の節約が見込まれている。

（以下，省略）

（出所）Aviva [2012] pp. 84-85.

ュニティ開発」を選別し，物量情報のみならず金額情報も含めて主として記述形式による説明がなされている。表9-1は，「資源利用」の箇所を抜き出したものである。同表では物量情報と金額情報が記述情報を媒介として関連づけられて表現されており，後述するIRが目指す1つの方向性を示している。

4 日本におけるサステナビリティ情報開示

　日本企業は，環境情報に加え，従業員や製品安全性等の社会的な情報を環境報告書やサステナビリティ報告書において自主的に開示してきている。一方，サステナビリティ情報の開示制度については，欧米等の動向を踏まえ，日本でも新たな段階を迎えている。そこで本節では有価証券報告書におけるサステナビリティ情報の開示と，当該開示を巡る日本公認会計士協会（JICPA）による提言を取り上げる。

4.1　有価証券報告書におけるサステナビリティ情報開示

　有価証券報告書は，上場企業などに対して，金融商品取引法第24条において，その毎年度の作成・公表が義務づけられている財務報告書である。同法では，会計情報を含む企業情報を投資家一般に提供することにより，投資家保護に資することが意図されている。有価証券報告書には，表9-2に示した項目が明らかにされる。会計情報は，「第5　経理の状況」において開示されるが，サステナビリティ情報が開示されるのは，主として「対処すべき課題」および「事業等のリスク」である。前者は，「事業上及び財務上の対処すべき課題について，その内容，対処方針等」が，また，後者は，「投資者の判断に重要な影響を及ぼす可能性がある事項」が記載される。元来，金融商品取引法等の証券規制において，サステナビリティ情報の開示は義務づけられておらず，また，内閣府令でもその具体的な開示内容に言及されているわけではないため，その開示は経営者の判断に依存するのが現状である。

　日本企業によるサステナビリティ情報の開示事例として，JXホールディン

170　第9章　財務会計とサステナビリティ報告

表9-2　有価証券報告書の記載項目（第3号様式「第一部 企業情報」を抜粋）

第一部　企業情報	第3　設備の状況
第1　企業の概況	1　設備投資等の概要
1　主要な経営指標等の推移	2　主要な設備の状況
2　沿革	3　設備の新設，除却等の計画
3　事業の内容	第4　提出会社の状況
4　関係会社の状況	1　株式等の状況
5　従業員の状況	2　自己株式の取得等の状況
第2　事業の状況	3　配当政策
1　業績等の概要	4　株価の推移
2　生産，受注及び販売の状況	5　役員の状況
3　対処すべき課題	6　コーポレート・ガバナンスの状況等
4　事業等のリスク	第5　経営の状況
5　経営上の重要な契約等	1　連結財務諸表等
6　研究開発活動	2　財務諸表
7　財政状態，経営成績及び	第6　提出会社の株式事務の概要
キャッシュ・フローの状況の分析	第7　提出会社の参考情報

（出所）企業内容等の開示に関する内閣府令「第三号様式」参照。

グス㈱の「事業等のリスク」項目の一部を表9-3に示した。そこでは，サステナビリティ領域のうち特に環境問題が同社に及ぼすリスクとして記述されている。表9-3に示した情報は，概略的な内容を把握することはできるが，GHG排出量などのパフォーマンス情報が掲載されることは少ない。このような限界はあるものの，JICPAでは，気候変動情報などのサステナビリティ情報開示において，有価証券報告書の活用をベースに検討している。よって，次項ではJICPAによる提言を取り上げる。

4.2　JICPAによるサステナビリティ情報開示に関する提言

JICPAの経営研究調査会では，1990年代後半以降，環境会計，環境報告，CSR，そしてサステナビリティに関して次々と研究報告を発表し，2009年には，『投資家向け制度開示書類における気候変動情報の開示に関する提言』（日本公認会計士協会［2009a］，以下「提言」）を公表している。「提言」はサステナビリティ情報のうちの気候変動情報に特化してはいるが，有価証券報告書などの

表 9-3　JX ホールディングスの有価証券報告書におけるサステナビリティ情報の開示例

4【事業等のリスク】
～中略～
（グループ全体に関するリスク）
～中略～
⑥環境規制に関するリスク
　当社グループの事業は，広範な環境規制の適用を受けており，これらの規制により，環境浄化のための費用を賦課され，環境汚染を生じた場合には，罰金・賠償金の支払いを求められ，又は操業の継続が困難となる可能性があります。当社グループの事業においては，相当量の排水，排ガス及び廃棄物が発生し，不測の事態により排出量が基準値を超える可能性があります。また，今後，規制が強化される可能性があります。これらの環境規制及び基準に関する義務や負担は，当社グループの財政状態及び経営成績に影響を及ぼす可能性があります。
～中略～
（セグメント別のリスク）
　石油精製販売事業
～中略～
②国内の石油製品の需要動向及び競合に関するリスク
　先進国を中心として，地球温暖化ガスの削減，省エネルギー・省資源の推進等，地球環境問題への取り組みが一段と本格化し，「低炭素社会」の実現に向けた動きが加速するものと考えられます。このような状況下，国内石油製品需要については，低燃費車の普及，ガス・電気等へのエネルギー転換の進展に影響され，今後も減少を続けることが予想されます。このような国内需要の減少傾向が続くか，あるいは更に加速する場合，当社グループの財政状態及び経営成績に影響を及ぼす可能性があります。また，国内石油精製販売事業においては，現在，企業間で激しい競争が行われていますが，国内需要の減少傾向が，この状況を更に加速する可能性があります。このような競争環境の激化が，当社グループの財政状態及び経営成績に影響を及ぼす可能性があります。
～以下，略～

（出所）JX ホールディングス（株）[2012] pp. 16-18 を一部抜粋。

制度化された開示書類における取り扱いを対象としている。

　「提言」では，気候変動問題に関わる企業情報を「気候変動情報」と呼び，気候変動について投資家が対象企業を正しく評価できるような情報を提供する開示制度を検討している。そのため開示される情報は，主として投資家の意思決定に有用であることが求められる。その背景としては，気候変動問題が企業経営に及ぼす財務的影響の大きさや，不確実性の存在などがある。

「提言」は，気候変動情報を開示する目的を示した後，当該情報の質的特性，開示項目と内容，報告企業の範囲，報告内容の範囲および表示方法について検討している。そして，投資家の意思決定にとって重要な気候変動情報として，「気候変動リスク情報」，「GHG 排出の状況」および「気候変動対策の状況」という3つの項目の開示を求めている。

「気候変動リスク」は，規制等リスク，物的リスク，および市場・評判リスクから成る[8]。「GHG 排出の状況」には，GHG 実際排出量，事業別と地域別のセグメント情報，排出目標などの排出規制値，および，GHG の変動要因の分析等が含まれる。そして「気候変動対策の状況」としては，その対策の方針，組織的対策の状況（ガバナンス），事業特性を踏まえた重要課題への対応，および GHG 削減に向けた R&D 投資や設備投資等の状況が記述される（日本公認会計士協会［2009 a］pp. 18-19）。

さらに「提言」では，現行開示制度における気候変動情報の開示方法も検討している。たとえば「気候変動リスク情報」は，有価証券報告書（表9-2参照）の「4 事業等のリスク」で，また，「気候変動対策の状況」については「3 対処すべき課題」においてそれぞれ開示することが考えられている[9]。気候変動情報の重要性の増大という事実を鑑みれば，現行の有価証券報告書においても制度的に開示を促すことが可能と考えられるが，パフォーマンス情報である「温室効果ガス排出の状況」については新たに開示の方法を検討する必要性が指摘されている。

---

(8) 規制等リスクは，GHG 排出抑制のための法規制等に起因する影響であり，物的リスクは，（温暖化を含む）気候変動に起因する物理的影響を表す。また市場・評判リスクは，気候変動に関する社会の変化に起因して市場における企業の競争上の地位に及ぼす影響である。以上，日本公認会計士協会［2009 a］pp. 18-19 参照。

(9) 「気候変動対策の状況」のうち投資に関する詳細は，有価証券報告書の「6 研究開発活動」に，またガバナンスについては「6 コーポレート・ガバナンスの状況」において開示可能である。また，「GHG 排出の状況」については目下，有価証券報告書の「7 財政状態及び経営成績の分析」において，特に経営上重要なものの開示の可能性が指摘されているものの，適切な開示項目がないとし，今後適切な開示方法の検討の必要性を指摘している（日本公認会計士協会［2009 a］pp. 29-30）。

この提言を経て，JICPA は，環境や社会といったサステナビリティ情報の開示に向けて継続的な研究を推進してきている。特に日本公認会計士協会[2010]，[2011] はサステナビリティ情報開示の制度化に関して検討しており，早晩，気候変動のみならずより広範なサステナビリティ情報開示に関しても提言が行われると期待される。なお，JICPA によるこれらの取り組みは随時公表されるので，読者には同協会による研究を継続的に把握されることを勧めたい[10]。

5　サステナビリティ情報開示の国際的展開

　本節では，これまでの各国・各地域におけるサステナビリティ報告への取り組みを経て，現在，グローバルな規模で展開されているサステナビリティ報告の制度化に向けた取り組みを説明する。具体的には，**気候変動開示基準委員会（CDSB）** による「**気候変動報告フレームワーク（CCRF）**」と国際統合報告委員会（IIRC）による統合報告（IR）の討議資料を取り上げる。

5.1　CDSB による「気候変動報告フレームワーク（CCRF）」

　非財務情報と財務情報との連携が推奨される中，昨今の地球温暖化に代表される気候変動は，特に重要な問題として国際的に認識されつつある。非財務情報の開示が重要になった背景には，気候変動問題に代表される環境問題の深刻化が，企業にとってのリスクまたは機会になりうるという考え方の国際社会への浸透がある。特に機関投資家はこうした状況に反応し，**カーボン・ディスクロージャー・プロジェクト（CDP**; Carbon Disclosure Project）を組織して，主として世界各国の大企業からの気候変動情報の収集に着手した（CDP のウェブサイト）。CDP の活動に署名する機関投資家は年々増加し，2012 年には 655 以上の機関投資家に及んでいる。

---

(10)　JICPA のウェブサイトを参照されたい。

こうした認識の下，環境や経済にかかわる国際的な8つの組織[11]のパートナーシップとしてCDSBが，2007年の世界経済フォーラムの年次総会（通称，ダボス会議）において発足した。CDSBの任務は，気候変動にかかわる企業報告の国際的なフレームワークの開発を通じて，年次報告書のような主たる企業報告に気候変動関連情報を組み入れることにある。そのためにCDSBでは，気候変動がどのように企業の戦略，業績および将来展望に影響を及ぼすかということを測定し，投資家に有意義な情報を明らかにすることを目的としている。

CCRFは自主的な情報開示の指針であるが，上記目的を果たすために，気候変動情報開示が首尾一貫した基準で行われ，投資家の価値を最大化するのに必須の情報を含むこと，また，当該情報が投資家にとって有用になるように表示・伝達されることを求めている。さらに，気候変動情報が，顧客，経営管理者および規制当局にとっても有用になるような規定も記述されている。こうした要求事項に加え，気候変動情報開示の質的特性への充足が求められている。具体的には，いわゆる財務報告のフレームワークに記述されるような質的特性を勘案しており，目的適合性と表現の忠実性が基本的特性として2つの柱に据えられ，それらを補完する特性として比較可能性，適時性，理解可能性および検証可能性が規定されている。そして重要性についての考慮もなされている。

最終的にCCRFでは，①戦略的分析，リスクおよびガバナンスと②温室効果ガスの2つの領域に関わる情報の開示を求めている。これら①と②に関する具体的な情報は，表9-5に掲げた通りである。CCRFは次項で取り上げるIRの動向を踏まえ，気候変動報告に特化したものと捉えられる。

---

(11) 8つの組織とは，CERES，カーボンディスクロージャ・プロジェクト（CDP），The Climate Group, The Climate Registry（TCR），国際排出量取引協会（IETA；The International Emission Trading Association），持続可能な開発のための世界経済人会議（WCBSD；World Council for Business and Sustainable Development），世界経済フォーラム（WEF；The World Economic Forum）および世界資源研究所（WRI；World Resource Institute）である。

5 サステナビリティ情報開示の国際的展開　175

表9-5　CCRFにおける気候変動関連情報の開示要求

①戦略的分析，リスクおよびガバナンス
・　戦略的分析
気候変動が組織の戦略目的に及ぼす長期・短期の影響に関する説明。
・　リスク
気候変動にかかわる重大なリスクの説明と定性的評価。
・　機会
気候変動にかかわる重大な機会の説明と定性的評価。
・　経営層による行動
気候変動に関連するリスク，機会および影響に対する組織の長期・短期の戦略または計画についての記述（温室効果ガス排出削減目標やこれらの目標に対する業績など）。
・　将来展望
組織の戦略や目標達成のための時間軸に影響を及ぼすような気候変動にかかわる傾向と要員を含めた長期および短期の将来展望に関する情報。
・　ガバナンス
気候変動にかかわるガバナンスプロセスと組織の資源についての記述。
②温室効果ガス
・　温室効果ガス排出総量および排出原単位。
・　温室効果ガス排出にかかわる動向とその原因に関する記述。
（※ CCRFでは排出原単位は，排出総量を物量または金額によるアウトプットで除したものと規定している。）

（出所）CDSB [2010] pp. 19-26 より筆者作成。

5.2　統合報告に向けて

　本章第3.2節で取り上げたA4Sは，サステナビリティ報告の国際的なガイドラインを策定・発行しているGRIとともに，2009年9月に会議を共同開催した。そこには各国の投資家，会計基準設定機関，企業，会計士団体および国際機関が参加し，2008年に発生した世界規模の金融危機を背景として，企業報告のあり方が議論された。とくに既存の会計基準や情報開示ルールが，企業の現在と将来の業績を評価する基礎となる非財務的要素を反映していないことに批判が集まり，非財務情報の重要性を認識する国際的な合意が形成された。
　この合意の中で，A4Sが提唱していた結合報告をさらに進化させたIRの望ましいモデルの構築を目指すこと，および，そのためのガバナンスの仕組みとしてIIRCを創設することが決定された。IIRCは2010年8月に正式に発足

し，2011年9月には討議資料（IIRC［2011］）を公表した。討議資料においてIRは，「組織が事業活動を行うビジネス上，社会上および環境上の脈絡を反映するような方法で，組織の戦略，ガバナンス，業績および見通しに関する重要な情報を結び付けたもの」（IIRC［2011］p. 6）と定義される。つまり，IRは，従来の財務諸表を中心とする財務情報中心の企業報告から，財務諸表を補足または補完する記述情報であるマネジメント・コメンタリー，ガバナンスと報酬報告およびサステナビリティ報告における非財務情報を結び付けた企業報告と捉えることができる。

討議資料は，GRIガイドラインなどの種々の企業報告指針を踏まえて作成されており，IRのフレームワーク（以下，IIRF）を提示している。**IIRF**は，IRを作成する組織にとっての指針になることが目的とされ，広範囲な利害関係者（マルチ・ステークホルダー）を視野に入れつつも，現時点では，持分所有者を中心とする投資家への情報開示に資すると述べられている。そして，IIRFを構成するビルディング・ブロックとして，5つの指導原理と6つの内訳要素が提示されている（表9-6参照）。

討議資料さらにはIIRFの根底にある考え方は，伝統的会計学において支配的であった「財務的資源を中心とした財務資本から価値が創出される」という見解から一歩踏み出し，財務以外の諸資本からも価値がもたらされるという点にある。討議資料が想定する「資本」（capitals）は，財務的資本に加え，製造資本，人的資本，知的資本，自然資本および社会資本に及ぶ（本章第1節参照）。

表9-6　IIRFを構成するビルディング・ブロック

指　導　原　理	内　訳　要　素
① 戦略的焦点 ② 情報の結合性 ③ 将来志向 ④ 反応性と利害関係者の取り込み ⑤ 簡潔性，信頼性および重要性	① 組織の概況とビジネスモデル ② リスクと機会を含む事業上のコンテクスト ③ 戦略目的とそれらの目的を達成するための戦略 ④ ガバナンスと報酬 ⑤ 業績 ⑥ 将来展望

（出所）IIRC［2011］pp. 12-15より筆者作成。

組織の擁する諸資本は，当該組織が有するビジネスモデルの活用を通じて，新たな諸資本の創出をもたらすという循環をもたらし，そのことを説明することが，IR に課せられた任務と捉えられているようである。

最後に，IIRF の構築に向けた動向として，IIRC では討議資料に対して寄せられた 200 超のコメントを踏まえ，2012 年 12 月には IIRF の概略草案（IIRC [2012]）を公表しており，2013 年中に公開草案となる予定である。現在，IIRF に基づく試行プロジェクトには，83 社の企業と 29 の機関投資家が参加して，IR を実践している。なお，IR にかかわる動向は変化が激しいので，適宜 IIRC のウェブサイトを参照されたい。

（第 1 節：**植田敦紀**，第 2 節：**松尾敏行**，第 3・4・5 節：**大森　明**）

COLUMN 8

紛争鉱物に係る開示規制

　2012 年 8 月 22 日，SEC は金融改革法（通称「ドッド・フランク法」）第 1502 条に係る開示規則を採択した。開示規則は証券取引法下で SEC に報告書を提出している企業を対象とし，これらのうち規制対象鉱物（タンタル，錫，タングステン，金）を使用している企業は，2013 年 1 月 1 日以降新しく定められた様式（Form SD）上で，毎年の紛争鉱物（コンフリクト・ミネラルズ）使用状況に関する情報を SEC に対し開示することが義務付けられた。

　また対象企業は，鉱物の原産地を判断するために「妥当な原産国調査」を行い，以下の①，②のいずれかであることが判明した場合には，そのいずれかの結論，実施した調査内容の簡潔な説明およびその結果を Form SD 上で開示するとともに，あわせて自社ウェブサイト上でも開示しなければならない。
① 鉱物が「コンゴ民主共和国（DRC）または隣接国産ではない，もしくはリサイクル素材またはスクラップ素材である」と判明した。
② 鉱物が「DRC または隣接国産であるか，もしくはリサイクル素材またはスクラップ素材でない」と信じるべき理由が無い。

　原産国調査の結果，規制対象鉱物が「DRC 又は隣接国産であり，かつ，リサイクル素材またはスクラップ素材ではない」と判明したか信じる理由がある場合には，企業は，これらの鉱物の供給源と入手過程に関するデュー・ディリジェンスを行い，Form SD の添付書類として紛争鉱物報告書を提出するとともに，あわせてその内容を自社ウェブサイト上でも開示しなければならない。デュー・デ

ィリジェンスの方法は，OECD 指針のような国内・国際的に認められたデュー・ディリジェンスのフレームワークに適合しなければならない。また，デュー・ディリジェンスの結果が'DCR コンフリクトフリー'でない場合，その他一定の場合には，独立民間セクターによる紛争鉱物報告書の監査を受け，監査報告書を紛争鉱物報告書に含めるものとされた。

　紛争鉱物開示規則の目的は，1996 年以来国内紛争が絶えないコンゴ民主共和国の武装集団の資金源を断つことにあり，環境問題とは直接関係はないものの，サプライチェーンを対象としたデュー・ディリジェンスの実施と独立民間セクターによる監査の要求等は，対象となる企業への影響が大きく，今後環境関連情報開示への適用も可能であることから，企業は十分に注意を払う必要がある。

（松尾　敏行）

演習問題

1　近年，重要性の高い非財務情報の割合が増加しているが，それらを財務情報と首尾一貫した形で開示するため，財務報告書と統合が検討される報告書にはどのようなものがあるか。

2　企業の環境リスク要因として，実際にどのような項目が開示されているか，企業の財務報告書を調べてみなさい。

3　EU においてサステナビリティ情報の開示が制度化された理由を述べなさい。

4　日本企業の有価証券報告書を入手し，そこで開示されているサステナビリティ情報を読み，有価証券報告書におけるサステナビリティ情報開示の必要性と問題点を論じなさい。

5　統合報告（または結合報告）の開示事例を入手し，その必要性と問題点を論じなさい。なお日本企業による統合報告の事例としては，武田薬品工業㈱ (http://www.takeda.co.jp/csr/report/) やソニー㈱ (http://www.sony.co.jp/SonyInfo/csr_report/report/) などがある。

第10章

環境管理会計 I

　生態会計は，企業の経営戦略で設定されたサステナビリティ戦略に基づいて行われる経済面，環境面，社会面の取り組みやその関係を明確にし，マネジメントしていくツールとして機能する。そのために，本章では，**環境管理会計**（EMA ; Environmental Management Accounting）を，企業の内部利用者であるトップ，ミドル，ロワーの各マネジメント層や，一般従業員であるワーカー層が行う環境経営の戦略策定やその戦略に基づく経営管理および業績評価を支援する**内部管理のための環境会計**と定義し，その概要や各種手法を説明する。

1　環境管理会計の概要

1.1　環境会計情報の利用状況と環境管理会計の役割

　日本では，現在，各企業で収集された環境会計情報は，内部管理だけではなく，**環境報告書**あるいは **CSR 報告書**を通じた外部報告のためにも利用されている。環境省が毎年公表している『環境にやさしい企業行動調査』では，その中で環境会計情報の内部管理および外部報告への情報利用に関する調査が行われている。そこで，平成 16 年度から平成 21 年度までの調査結果は，図 10 - 1 のとおりである。

　図 10 - 1 に示された調査項目の中で，内部管理への情報利用は，①から⑥の項目が該当し，外部報告への情報利用は，⑦や⑧の項目が該当する。本調査の結果をみると，各年度でばらつきはあるが，⑦の「一般への情報開示」が調査対象企業全体の約 70 ％と最も多い。この結果から，環境省が現在公表してい

180　第10章　環境管理会計 I

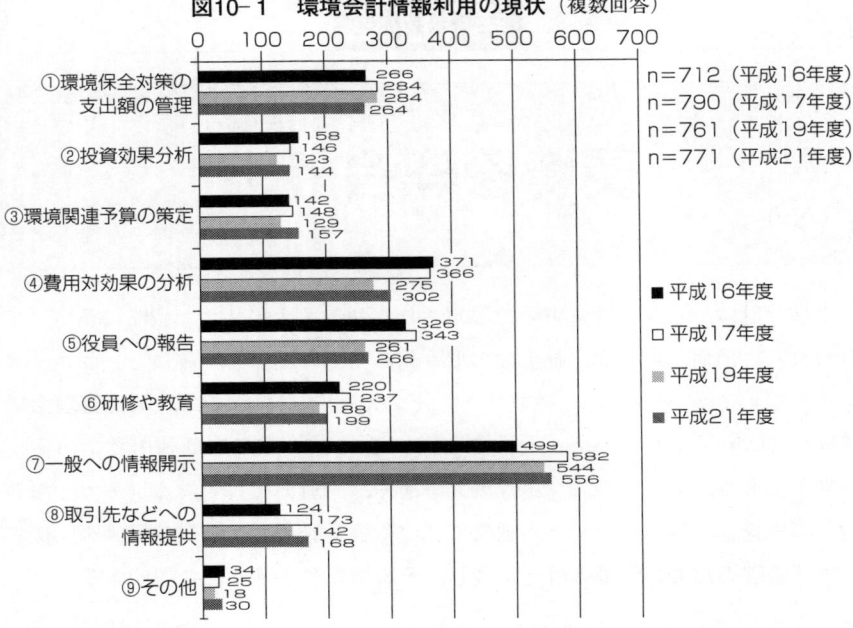

図10-1　環境会計情報利用の現状（複数回答）

項目	平成16年度	平成17年度	平成19年度	平成21年度
①環境保全対策の支出額の管理	266	284	284	264
②投資効果分析	158	146	123	144
③環境関連予算の策定	142	148	129	157
④費用対効果の分析	371	366	275	302
⑤役員への報告	326	343	281	266
⑥研修や教育	220	237	188	199
⑦一般への情報開示	499	582	544	556
⑧取引先などへの情報提供	124	173	142	168
⑨その他	34	25	18	30

n=712（平成16年度）
n=790（平成17年度）
n=761（平成19年度）
n=771（平成21年度）

（出所）環境省［2006］p. 80,［2008］p. 70,［2010］p. 68 の調査結果に基づいて筆者作成。

る環境会計あるいは環境報告のガイドラインの影響によって，外部報告に取り組んでいる企業が多いことが理解できる。

　それに対し，内部管理への情報利用については，④の「環境保全コストと環境負荷低減効果との費用対効果の分析」が調査対象企業全体の約40％～50％と最も多く，次いで⑤の「環境担当役員への報告」が約35％～45％，①の「環境保全対策の支出額の管理」が約35％～40％となっている。この結果から，日本企業における環境会計情報の内部管理目的は，主として，環境経営に関わるコストや効果の管理を始め，その取組結果をトップに情報提供し，当該企業における環境保全のための経営戦略の策定や経営管理の有効的な実施などに利用されていることが推測される。しかし，内部利用者が今後さらに有効的かつ効率的に意思決定を行っていくためには，いまだ20％前後と低い利用率である②の「環境保全投資の決定に際しての投資効果分析」や③の「環境に関

1 環境管理会計の概要　　181

する予算の策定」への利用も重要になってくると考えられる。

1.2　環境管理会計手法の分類

　図 10-1 の調査結果から，日本企業では外部報告のための環境会計が先行していることから，現在でも環境報告書や CSR 報告書の中で，環境会計あるいは環境報告に関するガイドラインに基づいた環境会計情報を公表している企業が多数存在しているといえる。しかし，内部管理に環境会計情報を利用している企業も少なくない。経済産業省は，こうした現状や欧米の研究・調査動向を考慮に入れ，2002 年に**『環境管理会計ワークブック』**を公表した。このワークブックの目的は，表 10-1 に示された適用対象に基づく EMA に関する各種手法を開発し，その利用方法を提案していくことである。

　また，表 10-1 に示された各手法がカバーする管理対象範囲に基づいて整理すれば，図 10-2 のように示すことができる。

　図 10-2 では，環境配慮型業績評価は，企業全体あるいは部門活動全体を評価対象とする手法であるために，図中には記載されていない。その他には，たとえば，環境配慮型原価企画やマテリアルフローコスト会計（MFCA；Material Flow Cost Accounting）がライフサイクルまでを対象とすれば，それに応じて管理対象範囲が拡張される，というように，当該企業の内部利用者の意思決定に

表 10-1　適用対象に基づいた環境管理会計手法

適用対象	管理領域	手法の詳細	
企業・サイトを対象	設備投資	環境配慮型設備投資決定手法	環境予算マトリクス
	生産・物流等のプロセス	マテリアルフローコスト会計（MFCA）	
製品を対象	製品開発・設計	環境配慮型原価企画 ライフサイクル・アセスメント（LCA） ライフサイクル・コスティング（LCCing）	環境配慮型業績評価

（出所）経済産業省［2002］p.8 の図表 1-1 に基づいて筆者作成。

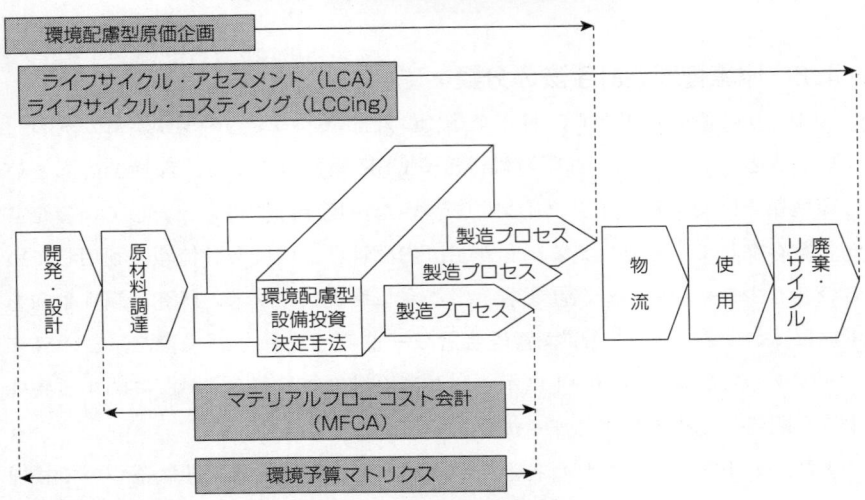

図10-2　環境管理会計の管理対象範囲

(出所) 経済産業省 [2002] p.9 の図表1-2に基づいて筆者作成。

応じて，環境管理会計手法自体の対象範囲が変化する，という点を付け加えておく。

次節では，表10-1や図10-2に基づいて，各手法に関して説明していく。

2　環境管理会計の手法

2.1　企業・サイトを対象とした手法

(1)　環境配慮型設備投資

環境配慮型設備投資 (Environmentally Conscious Investment) は，従来の設備投資手法に環境コストやその効果といった環境保全要素を考慮に入れて設備投資を策定していく手法である。この環境保全要素が考慮されていない従来の設備投資手法は，経済面である効率性だけが評価されるために，環境配慮を目的とした設備投資は，収益を生まない投資として却下されることになりかねない。

したがって，環境配慮型設備投資は，こうした効率性だけではなく，環境保全への有効性も加味し，これらの両方を実現できる設備への投資意思決定ツールである。なお，このツールは，アメリカ環境保護庁（USEPA）で研究され，**トータルコストアセスメント**（TCA；Total Cost Assessment）と称され，その成果が公表されている。

そこで，この設備投資の実施にあたっては，表10-2に示された環境設備投資案ごとに，財務効果（経済性）と環境負荷物質削減効果（効果性）を考慮に入れ，両効果の比較分析が可能となる環境設備投資プロジェクト比較表が有効的である。

表10-2に示された環境設備投資プロジェクト比較表を有効的に利用していくためには，環境目標の優先順位を事前に決定するとともに，環境負荷物質の測定で用いられているさまざまな測定単位を統一化していくことが必要とされる。このように，環境配慮型設備投資およびTCAは，この比較表を用いて，環境保全設備への投資案に関する経済性評価指標と環境負荷削減効果指標を比較し，評価できる。そのために，内部利用者が行う環境保全設備の投資意思決定に対して有用なツールとして機能する。

(2) マテリアルフローコスト会計

MFCAは，**エコバランス**（Eco-balance）に基づいて，マテリアルコスト（資材・原材料費など），システムコスト（減価償却費・労務費など），配送／廃棄物処理コストという3種類のフローコストデータを把握し，分析し，管理していくための手法である。MFCAの研究は，90年代半ばに，ドイツのアウグスブルグにある民間の環境経営研究所で行われた（Strobel et al. [2000]）。また，このMFCAは，2001年に国連持続可能開発部（UNDSD；United Nations Division for Sustainable Development）のEMAプロジェクトでも取り上げられている（UNDSD [2001]）。さらに，日本でもいくつかの企業に試験的に導入され，その有効性が報告されている（國部 [2008] pp. 103-244）。

MFCAの特徴は，図10-3に示されているように，企業内における1つの製造工程である**物量センター**（Quantity Center）に投入されるマテリアルフローに

表10-2　環境設備投資プロジェクト比較表

□年度　事業所名　○○○事業所

投資案コード	環境設備投資案	環境投資優先度ランク	経済性					経済性評価					効果性評価													
													再生不能エネルギー使用削減量		清水取水削減量		温室効果ガス排出削減量		オゾン層破壊物質排出削減量		廃棄物等排出削減量		有害化学物質使用削減量	
			初期投資額（百万円）	各期業務のキャッシュフロー（百万円/年）	投資終了時のキャッシュフロー（百万円/年）	キャッシュフロー合計（百万円）	投資コスト（%）	設備耐用年数（年）	回収期間	投資利益率 ROI	正味現在価値 NPV	内部利益率 IRR	投資効率指数 PI	1年当たりの環境負荷削減量	環境投資効率	1年当たりの環境負荷削減量	環境投資効率	1年当たりの環境負荷削減量	環境投資効率	1年当たりの環境負荷削減量	環境投資効率	1年当たりの環境負荷削減量	環境投資効率	1年当たりの環境負荷削減量	環境投資効率
										順位	順位	順位	順位		順位		順位		順位		順位		順位		順位
11	○○○設備	A																							
12	○○○設備	A																							
13	○○○設備	A																							
14	○○○設備	B																							
15	○○○設備	B																							
16	○○○設備	B																							
17	○○○設備	C																							
18	○○○設備	C																							
19	○○○設備	C																							
	合計																								

(出所) 社団法人　産業環境管理協会［2003］p.192より抜粋。

2 環境管理会計の手法　185

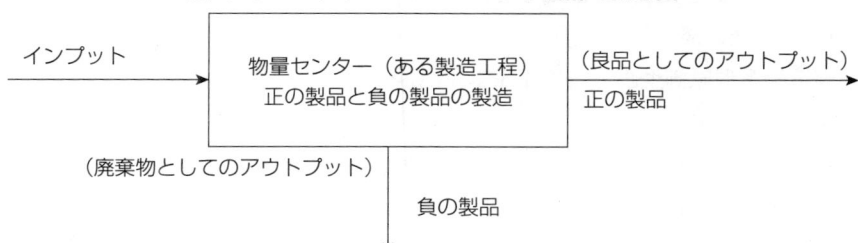

図10-3　マテリアルフローコスト会計の概念図

```
インプット ─────→ ┌─────────────────────┐ ─────→ （良品としてのアウトプット）
                  │ 物量センター（ある製造工程）│        正の製品
                  │ 正の製品と負の製品の製造  │
                  └──────────┬──────────┘
        （廃棄物としてのアウトプット）│
                              ↓
                           負の製品
```

（出所）社団法人　産業環境管理協会［2004］p.6の図1.1を一部修正の上抜粋。

伴って発生するコストを，アウトプットとされる良品としての**正の製品**と廃棄物としての**負の製品**（マテリアルロス）に分けて，そのロス部分を徹底的に管理することにより，発生する環境負荷物質とコストの削減が実現できるところにある。

なお，図10-3に示されたマテリアルロスである廃棄物を算定する方法には，次の2種類がある。すなわち，製造工程から排出されるロス部分を実測していく方法と，第11章の図11-2に示されたマテリアルの期首在庫量と投入量の合計から良品のマテリアル量とマテリアルの期末在庫量の合計を差し引いた差異を算定していく方法である。

このように，MFCAは，企業内の原材料やエネルギーのフローに着目し，このフローがどのプロセスでどれだけ消費され，また廃棄されているかを物量データとコストデータの双方から把握し，廃棄された原材料やエネルギーを管理していく。その結果，マテリアルロスとなる廃棄物の削減だけではなく，これに結びつく投入資源およびコストの削減も検討することが可能となる。MFCAに関する詳細な計算プロセスやその事例については，第11章で取り上げる。

2.2 製品を対象とした手法
(1) 環境配慮型原価企画

環境配慮型原価企画(Environmentally Conscious Target Costing)は，環境配慮型製品の開発・設計段階を中心に，技術，生産，販売，購買，経理など企業の関係部署の総意を結集して，環境保全を考慮に入れながら総合的な原価低減と利益管理を行うための手法である。この手法は，従来の原価企画(Target Costing)の思考を環境性能のアップにまで拡張させたものである(國部・伊坪・水口[2007] p. 43)。

この手法の成功のポイントは，適切な目標原価の設定にあり，その設定方法には，一般的に，**控除法，加算法**(積上げ法)，**統合法**(折衷法)の3種類がある(日本会計研究学会[1996] pp. 62-69, 田中[1995] pp. 53-61, 櫻井[2009] pp. 346-348)。企業は，これら3つの方法のどれか1つを用いて目標原価を製品開発・設計段階で設定し，その達成をめざすことによって，大きな効果獲得が可能となる。

まず，控除法とは，予定販売価格から目標利益を控除して目標原価を設定する方法である。次いで，加算法(積上げ法)とは，技術者が従来の製品原価を出発点として，新規に追加される機能の実現に必要な原価を追加または削除し，新製品の原価を積み上げた成行原価を**バリュー・エンジニアリング**(VE: Value Engineering)によって目標原価にする方法である。なお，ここでいうVEとは，製品やサービスの価値を，機能とコストとの関係で把握し，価値の向上をはかる手法である。環境配慮型原価企画では，このVEに，次の式のように環境満足価値を考慮に入れた新たなアプローチが利用される。

$$\text{総合価値 (Vt)} = \text{顧客満足価値 (Fcs)} + \text{環境満足価値 (Vks)}$$

$$= \frac{\text{顧客満足機能 (Fcs)}}{\text{使用コスト (Ccs)}} + \frac{\text{環境満足機能 (Fks)}}{\text{環境対策コスト (Cks)}}$$

上記式のVEアプローチでは，**顧客満足価値**と**環境満足価値**を考慮に入れながら総合価値を向上させていく，という考え方が基礎になっている。企業は，この環境保全を加味したVEを用いて，製品における従来のコストに対する顧

客満足機能だけではなく，目標値または一定値内の追加的なコスト，あるいは同コスト制約のもとで環境満足機能（環境性能）を増大もしくは最大化するためにはどうすればよいのかを検討する。

最後に，統合法（折衷法）とは，予定販売価格から目標利益を控除した原価をトップマネジメントの希望原価である許容原価として設定し，その原価と技術者によって積み上げられた成行原価を擦り合わせ，先述のVEの利用によって原価低減活動を行い，目標原価を設定する方法である。

このように，環境配慮型原価企画は，環境配慮型製品の開発・設計段階において，これら3種類の方法のどれか1つを用いて設定された目標原価の達成をめざすことによって，環境負荷物質およびコストを最小化したり，利益を獲得していくための手法として機能する。

(2) ライフサイクル・アセスメント

ライフサイクル・アセスメント（LCA：Life Cycle Assessment）は，製品におけるライフサイクル（資源の採掘から製品の処分まで）に関わる環境影響を定量的かつ総合的に評価していくための手法である。この手法は，国際標準化機構（ISO）によりISO14040シリーズという形で国際規格化されている。現在では，欧米や日本の製造業を始め，多くの業種業態においてLCAが導入され，利用されている。

この規格には，LCAの利用にあたっての基本手順が規定されている。その手順は，図10‐4に示された①から④の4つのステップで構成されている。

①目的と調査範囲の設定（goal and scope definition）

目的の設定では，調査研究を行う理由（LCAの実施背景），報告を受ける対象（LCAの結果の報告対象者），結果の用途（LCAの結果の利用方法），という3点を明確にし，LCA実施にあたっての目的や方向性を固定化していく作業である。**調査範囲の設定**では，調査対象（評価対象）の特定化と使用する評価手法が明確化される。調査対象（評価対象）の特定化では，評価対象となる製品が持っている機能の基準である**機能単位**（function unit）やその対象となるプロセス群である**システム境界**（system boundary）の設定が必要とされる[1]。また，使用

図10-4　LCAの基本手順とその内容

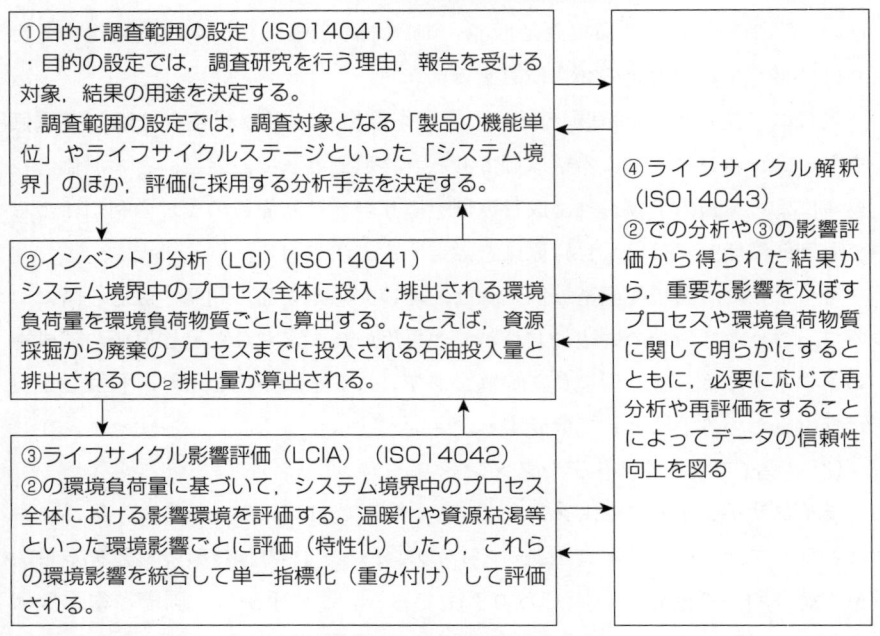

①目的と調査範囲の設定（ISO14041）
・目的の設定では，調査研究を行う理由，報告を受ける対象，結果の用途を決定する。
・調査範囲の設定では，調査対象となる「製品の機能単位」やライフサイクルステージといった「システム境界」のほか，評価に採用する分析手法を決定する。

②インベントリ分析（LCI）（ISO14041）
システム境界中のプロセス全体に投入・排出される環境負荷量を環境負荷物質ごとに算出する。たとえば，資源採掘から廃棄のプロセスまでに投入される石油投入量と排出されるCO_2排出量が算出される。

③ライフサイクル影響評価（LCIA）（ISO14042）
②の環境負荷量に基づいて，システム境界中のプロセス全体における影響環境を評価する。温暖化や資源枯渇等といった環境影響ごとに評価（特性化）したり，これらの環境影響を統合して単一指標化（重み付け）して評価される。

④ライフサイクル解釈（ISO14043）
②での分析や③の影響評価から得られた結果から，重要な影響を及ぼすプロセスや環境負荷物質に関して明らかにするとともに，必要に応じて再分析や再評価をすることによってデータの信頼性向上を図る

(出所) 國部・伊坪・水口［2007］pp. 84-101に基づいて筆者作成。

する評価手法では，先述の「目的の設定」に関する内容に基づいて，いかなる影響を評価すべきか，また，そのためにはいかなる環境負荷物質を取り上げて調査すべきか，という検討が必要とされる。

②インベントリ分析（life cycle inventory analysis）

　この段階では，①で設定されたシステム境界内の各プロセスの資源消費量や排出物量に関するデータである**インベントリデータ**が作成・収集され，また，その結果をもとにそのデータが計算される。この段階で利用されるデータには，**フォアグランドデータ**と**バックグランドデータ**の2種類が存在する[2]。

（1）　たとえば，1リットルの飲料のペットボトルが機能単位，その製品における資源・原材料調達から廃棄・リサイクルまでのプロセスがシステム境界に相当する。
（2）　フォアグランドデータとは，LCAの実施者が，アンケート調査やヒアリング調査

これらの2種類のデータを収集し、合算することによって、インベントリ分析の結果が計算される[3]。

③ライフサイクル影響評価（life cycle impact assessment）

ライフサイクル影響評価では、インベントリ分析によって得られた資源消費量や排出物量に関する各データを用いて、環境への影響を評価していく段階である。この評価の手順については、図10-5に基づいて説明する。

影響領域の設定では、いかなる環境影響の領域に対して、いかなる定量化モデルを用いて評価していくかが決定される。**分類化**では、インベントリ分析で収集された各種データを、1つあるいは複数の環境影響の領域に振り分けてい

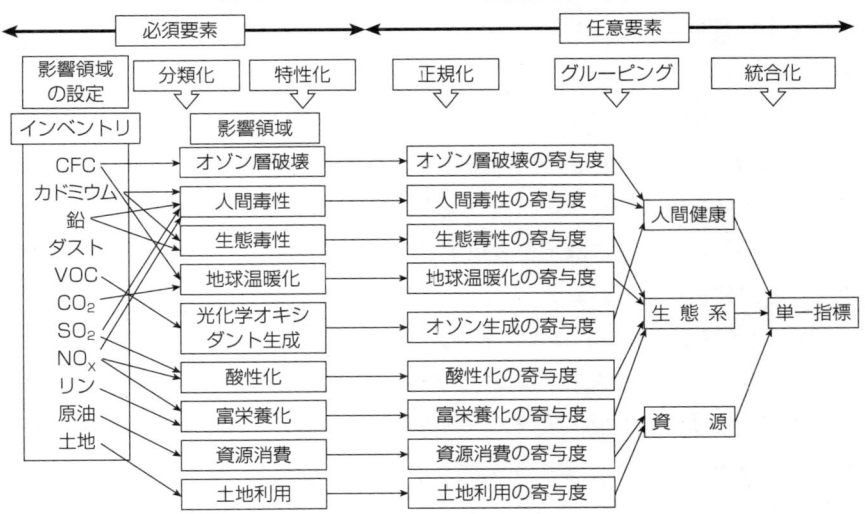

図10-5　ライフサイクル影響評価の手順

必須要素			任意要素		
影響領域の設定	分類化	特性化	正規化	グルーピング	統合化

インベントリ：CFC、カドミウム、鉛、ダスト、VOC、CO_2、SO_2、NO_X、リン、原油、土地

影響領域：オゾン層破壊、人間毒性、生態毒性、地球温暖化、光化学オキシダント生成、酸性化、富栄養化、資源消費、土地利用

寄与度：オゾン層破壊の寄与度、人間毒性の寄与度、生態毒性の寄与度、地球温暖化の寄与度、オゾン生成の寄与度、酸性化の寄与度、富栄養化の寄与度、資源消費の寄与度、土地利用の寄与度

グルーピング：人間健康、生態系、資源 → 単一指標

（出所）伊坪・田原・成田 [2007] p.111の図4.2.0-1を一部修正の上抜粋。

などを行い、それを通じて収集される。バックグランドデータとは、両調査によるデータが困難とされる場合、関連諸文献（著書、論文、研究・調査報告書）やLCAデータベースなどを参考に収集される。

(3) たとえば、いくつかの事業シナリオで設定される各プロセスからのCO_2排出量に関するデータを合算することにより、どのシナリオのCO_2排出量が多いのか、それとも少ないかを分析することができる。

く作業である。**特性化**では、「影響領域の設定」の段階で環境影響領域ごとに決定された定量化モデルによって設定される評価のための係数（特性化係数）を用いて、影響評価が行われる[4]。以上までの手順が環境影響を評価するために行うべき必須要素（mandatory）とされる。

それに対し、次の3つの手順は、LCAの実施者の目的に応じて決定できる任意要素（optional）とされる。**正規化**では、特性化の段階で計算された各環境影響領域の影響が、いかなる範囲で、どの程度及ぼしているか、という寄与度を明らかにしていく作業である[5]。**グルーピング**では、たとえば、環境影響を及ぼす地理的範囲などといった一定の条件において、特性化や正規化の結果を類型化したり、優先順位付けしていく作業である（伊坪・田原・成田［2007］p. 111）。**統合化**では、このグルーピングされた結果を経済的指標あるいは独自の指標を用いて単一指標化し、各環境影響領域の影響を総合的に評価していく作業である。

④ライフサイクル解釈（**interpretation**）

この段階では、①から③の段階で得られた評価結果が完全であり、また信頼できるものになっているかが検討される。もし①の通りに評価結果が十分に得られていなければ、①の設定を変更するか、それともインベントリ分析をやり直すなどの作業が行われる。

(3) ライフサイクル・コスティング

ライフサイクル・コスティング（LCCing；Life Cycle Costing）は従来、利用者による製品の効率的な取得管理のために、製造業者がその製品に関する研究開発から廃棄処分にいたるまでの全プロセスで発生するコストを測定し、管理

---

(4) 特性化係数については、主として、温室効果ガスの地球温暖化への潜在的な影響力を示す係数であるGWP（Global Warning Potential）が利用されている。GWPでは、CO_2を基準とし、温室効果ガス1kg当たりの地球温暖化への影響を示した係数であるために、GWPに示された値に環境負荷物質排出量を乗じることによって、CO_2排出量に相当する影響が環境影響領域ごとに計算されることになる。

(5) 寄与度は、たとえば、各環境影響領域の特性化結果を日本全体の年間影響量で除することによって求められる（伊坪・田原・成田［2007］p. 110、玄地・稲葉・井村［2010］p. 33）。

し，伝達するための手法である。

　この手法で管理対象とされる**ライフサイクル・コスト**（LCC; Life Cycle Cost）は，企業側（製品生産側）と消費者側（購入側）の2つの視点から捉えていくことが必要となる。企業の視点から捉えたコストは，消費者にわたるまでのコストである研究開発費，企画・設計費，製造原価，販売費及び一般管理費である。消費者の視点から捉えたコストは，製品を購入し，使用・処分までのコストである製品の購入価格，使用コスト（運用・保守にかかるコスト），そして，廃棄処分コストである。

　これら2つの視点から捉えた全コストであるLCCを発生段階別に見積もり，その段階ごとの発生状況を表わしたものが図10-6である。この図から，LCCのうち，製造（建設）段階で発生するコストが高くなっていることが理解できる。

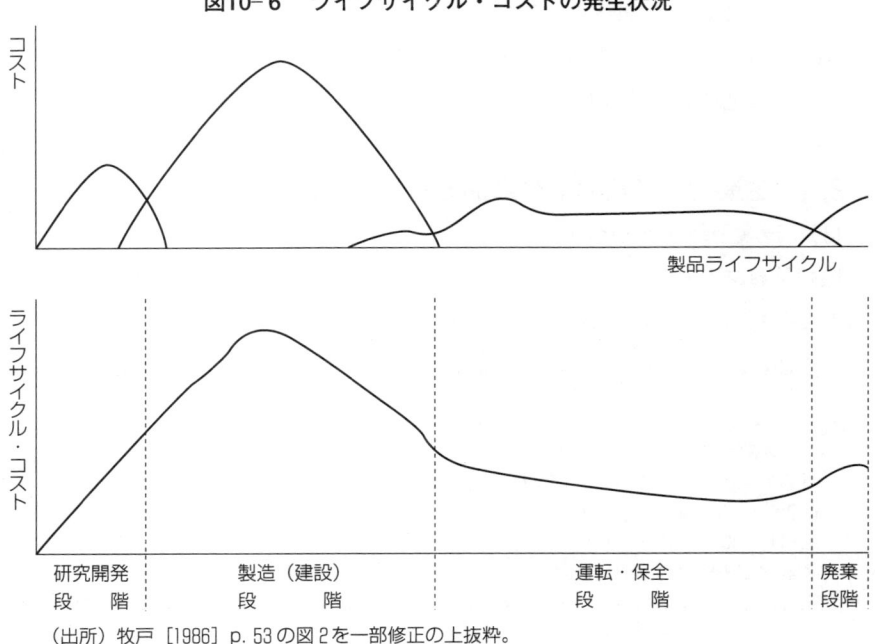

図10-6　ライフサイクル・コストの発生状況

（出所）牧戸［1986］p.53の図2を一部修正の上抜粋。

また，企業が，LCCingを用いてLCCを総合的に管理する場合は，企業側で発生するコストと，購入コストを除く消費者側で発生するコストが，常にトレードオフ関係であることを加味していくことが必要とされる。消費者が支払う購入製品の使用・廃棄段階でのコストを削減するためには，企業がその製品の研究開発や製造の段階において消費者側にコスト負担がかからないようにすればよいが，その負担分だけ販売価格は高くなってしまう。しかし，企業がその製品の販売価格を低く抑えれば，消費者が支払う使用コストや廃棄処分コストが高くなってしまう。したがって，企業側は，こうしたトレード・オフの関係を十分に加味しながら，LCCが最小となる点を検討し，それに基づいて製品の最適な信頼性・耐久性を決定すべきである。

　LCCingに環境保全を考慮に入れると，評価対象となるプロセスには，廃棄処分の後にリサイクルのプロセスが加わる。また，評価データには，先述のLCAを用いて把握された環境負荷物質を削減・抑制していくための環境コストも含まれる。したがって，環境保全を考慮に入れたLCCingとは，先述のLCAも加味しながら，製品の仕様やデザインに，環境保全要素を関連付けた全コストを把握し，管理していくための手法であるといえる。

2.3　企業・サイトおよび製品を対象とした手法

(1)　環境予算マトリクス

　環境予算マトリクス（Environmental Budget Matrix）は，**品質原価計算におけるPAF法**（Prevention-Appraisal-Failure approach）を応用した手法である[6]。この手法は，表10-3に示された環境保全コストおよび環境評価コストと実質

（6）品質原価計算におけるPAF法とは，品質上の欠陥の発生を早い段階から防止する目的で支出される予防コスト（Prevention Cost），製品の品質を評価することによって品質レベルを維持する評価コスト（Appraisal Cost），会社の品質仕様に合致しない欠陥材料・製品によって引き起こされるもので，製品出荷前に欠陥が発見された場合に生じる内部失敗コスト（Internal Failure Costs）そして製品出荷後に欠陥が発見された場合に生じる外部失敗コスト（External Failure Cost），という4種類に品質コストを分類していく方法である。

2 環境管理会計の手法　193

表10-3　環境予算マトリクスにおける環境コスト

分　類	定義および事例
環境保全コスト	環境問題の発生を予防し，将来の支出を減少させる目的で，事前に支出される費用。(環境マネジメントシステム運営費，公害対策費，環境関連投資プロジェクト，グリーン調達やDfE関連の差額原価，リサイクル対策費，環境関連保険など。)
環境評価コスト	企業活動が環境に及ぼす影響をモニターしたり，環境に重大な影響を及ぼす製品が設計・開発・出荷されることのないよう点検，検査するための費用。(LCA／EIA関連費用，毒性試験，その他点検，検査費など。)
内部負担環境ロス	環境保全対策や検査等が不十分であるために，企業が被る損失。(廃棄部材費もしくはその評価額，廃棄物処理費，汚染処理費，製品の回収・再資源化費用，賠償コスト，光熱水道・包装等のコストについて科学的・合理的に見積もられた目標金額からの乖離額など。)
外部負担環境ロス	環境保全対策や検査等の不備により，地域社会や住民が被る損失。(CO_2，NO_x，フロン等の環境有害物質の放出などによる大気汚染，土壌汚染，水質汚濁など現時点で負担者が特定できない環境負荷を含む。)

(出所) 社団法人産業環境管理協会 [2004] p.131の表4.1より抜粋。

的に損失にあたる内部負担環境ロスおよび外部負担環境ロスとの因果関係を，マトリクス形式で俯瞰できるように工夫されたワークシートであるとともに，環境配慮経営での計画 (環境目標・目的) の立案とそれに関連するコストの予算案を論理的に検討するためのツールとされる (伊藤 [2005] pp.116-132)。すなわち，内部負担環境および外部負担環境の両ロス額を明確に区別し，有効的な環境対策の計画立案と予算化を容易にすることができる。

　企業は，表10-3に示された内部負担環境ロスと外部負担環境ロスを削減するために，環境保全コストと環境評価コストに予算を割り当てるための編成を行う。その予算編成に役立つ環境予算マトリクスの作成手順 (①から⑦) については，表10-4を用いて説明する。

　① 環境保全コストと環境評価コストを列にとり，内部負担環境ロスと外部負担環境ロスを行に展開し，それぞれのロスの細目における現状の発生

194　第10章　環境管理会計 I

表10-4　環境予算マトリクスの基本構造

	ロスの現状値	環境保全コスト（＋環境評価コスト）			重要度	ロスの次期の目標値	難易度	絶対ウェイト	環境ロスウェイト
内部負担環境ロス	×××例	○ 2/6	◎ 3/6	△ 1/6	3	×××	4	12	6
・	・	・	・	・	・	・	・	・	・
・	・	・	・	・	・	・	・	・	・
・	・	・	・	・	・	・	・	・	・
外部負担環境ロス									
・	・	・	・	・	・	・	・	・	・
・	・	・	・	・	・	・	・	・	・
・	・	・	・	・	・	・	・	・	・
環境予算ウェイト								200	100%
環境予算額									

（矢印内：対応関係の評価）

（出所）社団法人　産業環境管理協会［2004］p.132の図4.1を一部修正の上抜粋。

額または発生量を記入する。
② ロスの細目ごとに現在の発生額もしくは発生量を基準として重要度を5段階で評価する。この重要度とは，発生額もしくは発生量の深刻度や，優先的にその削減に取り組むべき度合いである。表10-4では重要度は「3」である。
③ ロスの各細目別に今期の目標値を設定し，これを達成する難易度を5段階で評価する。表10-4では難易度は「4」である。
④ 重要度と難易度をかけあわせて絶対ウェイトを計算する。表10-4では，「12（＝3×4）」である。
⑤ 全ロスの細目の絶対ウェイトを合計し，絶対ウェイト合計を分母にとりロスの各細目の絶対ウェイトを分子にとって百分率に換算し，環境ロスウェイトを算出する。表10-4では「6（＝12÷200×100）」である。
⑥ 環境保全コストおよび環境評価コストの細目をマトリクスの列に展開し，行と列が交わる各セルに対して，環境保全コストおよび環境評価コストの各細目と環境ロスの細目との対応関係を把握し，その関係を◎強

い対応，○対応あり，△弱い対応と評価して，セルに記入する。そして，たとえば，◎3点，○2点，△1点などのように点数化し，この比率で環境ロスウェイトの値を各セルに配分する。表10-4では左のセルから「○2/6，◎3/6，△1/6」としている。
⑦ 環境保全コストおよび環境評価コストの細目，つまり列ごとにセルの値をすべて合計し，環境予算ウェイトを決定し，環境予算総額を環境予算ウェイトの割合で環境保全コストおよび環境評価コストの各細目に割り当てる。

このように，環境予算マトリクスは，環境保全活動や環境評価活動を実施する際の理想的な予算配分割合が可能となる。また，予算と実績を比較し，差異分析を行うことにより，環境保全活動の改善措置や次期の環境予算編成などにも役立てることが可能となる。

(2) 環境配慮型業績評価

環境配慮型業績評価（Environmentally Conscious Performance Evaluation）は，事業部門などの業績評価システムに，環境パフォーマンス指標を取り入れ，経済面および環境面を評価していくための手法である。この手法は，手法自体が導入企業に対して環境保全活動を促進させるのではなく，環境保全活動を全社的かつ継続的に行っていくための重要な活動であることを認識させる評価システムとして機能する[7]。

しかし，この手法は，企業に導入されている業績評価システムやそのシステムに組み込まれている環境パフォーマンス指標も多様であるために（國部[2004] p. 140），これまでに取り上げた環境管理会計の各手法のような一般化されたモデルは存在していない。たとえば，リコーは，1999年から，図10-7のAに示されているように，グループの環境経営システムにおける「Check」と「Act」の段階に，同図のBに示された戦略的目標管理制度であ

---

(7) 日本では，1990年代末から，環境配慮型業績評価手法を導入する企業が増え（國部・品部[2004] p. 139），その中でもリコー，キヤノン，ソニーなどは早くから実践している。

図10-7 リコーにおける環境経営システムと戦略的目標管理制度

A：環境経営システム

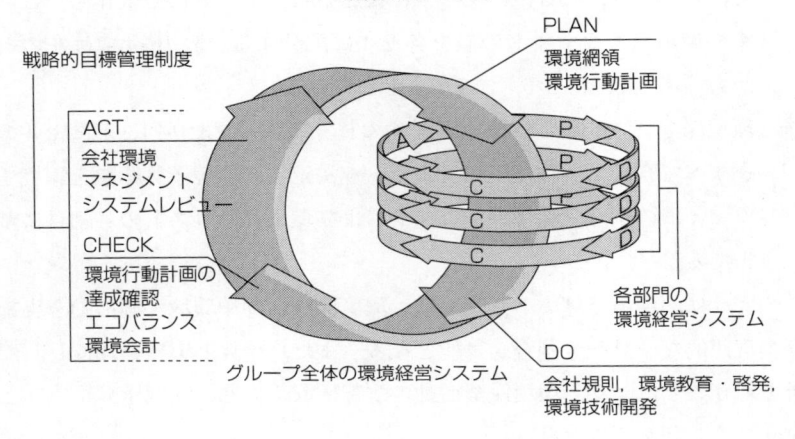

戦略的目標管理制度

ACT
会社環境
マネジメント
システムレビュー

CHECK
環境行動計画の
達成確認
エコバランス
環境会計

グループ全体の環境経営システム

PLAN
環境網領
環境行動計画

各部門の
環境経営システム

DO
会社規則，環境教育・啓発，
環境技術開発

B：戦略的目標管理制度

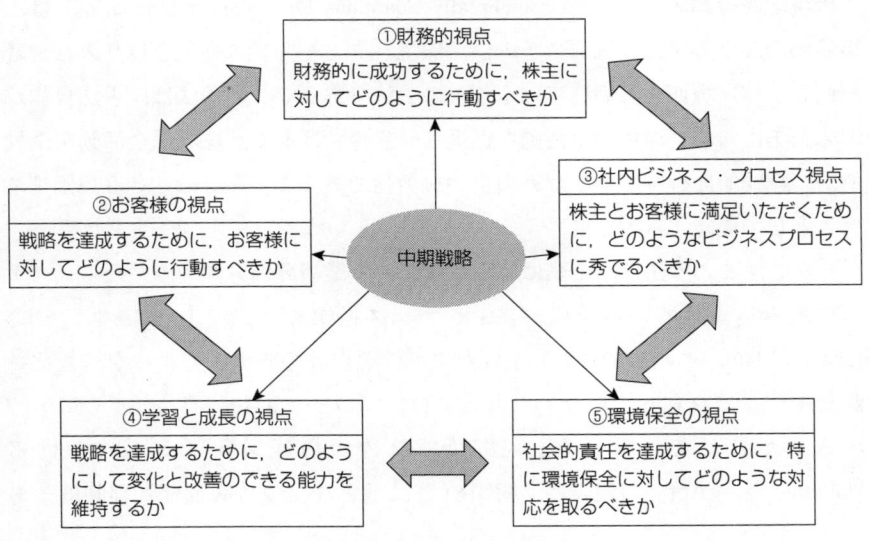

①財務的視点
財務的に成功するために，株主に対してどのように行動すべきか

②お客様の視点
戦略を達成するために，お客様に対してどのように行動すべきか

③社内ビジネス・プロセス視点
株主とお客様に満足いただくために，どのようなビジネスプロセスに秀でるべきか

中期戦略

④学習と成長の視点
戦略を達成するために，どのようにして変化と改善のできる能力を維持するか

⑤環境保全の視点
社会的責任を達成するために，特に環境保全に対してどのような対応を取るべきか

(出所) リコーグループ [2009] p.53 および [2010] p.56 より抜粋。

2 環境管理会計の手法　197

るバランス・スコアカード（BSC；Balanced Scorecard）の仕組みを導入している。同社は，このBSCを，財務，お客様（顧客），社内ビジネス・プロセス，学習と成長という視点に，環境保全の視点を加えた5つの視点から，ビジョンと戦略とされる中期戦略を実現させることを促すとともに，その戦略に基づく目標の達成度を評価するために利用している。

このBSCにおける5つの視点には，図10-8に示されているように，それぞれに戦略目標や評価指標が設定されている。また，これらは個々に関連付けられ，最終的には財務的視点に繋がっていく。

図10-8　リコーのバランス・スコアカードにおける戦略目標と評価指標の関連図

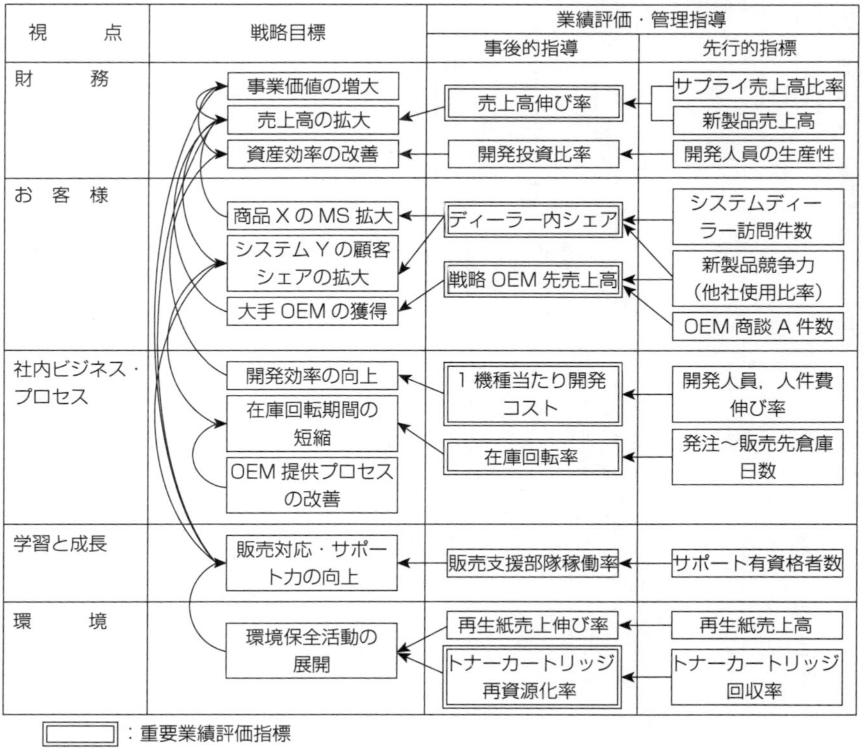

視点	戦略目標	業績評価・管理指導	
		事後的指導	先行的指標
財務	事業価値の増大	売上高伸び率	サプライ売上高比率
	売上高の拡大		新製品売上高
	資産効率の改善	開発投資比率	開発人員の生産性
お客様	商品XのMS拡大	ディーラー内シェア	システムディーラー訪問件数
	システムYの顧客シェアの拡大	戦略OEM先売上高	新製品競争力（他社使用比率）
	大手OEMの獲得		OEM商談A件数
社内ビジネス・プロセス	開発効率の向上	1機種当たり開発コスト	開発人員，人件費伸び率
	在庫回転期間の短縮	在庫回転率	発注～販売先倉庫日数
	OEM提供プロセスの改善		
学習と成長	販売対応・サポート力の向上	販売支援部隊稼働率	サポート有資格者数
環境	環境保全活動の展開	再生紙売上伸び率	再生紙売上高
		トナーカートリッジ再資源化率	トナーカートリッジ回収率

□：重要業績評価指標

（出所）経済産業省［2002］p.199の図6-4を一部修正の上抜粋。

198

表10-5 部門業績 目標／評価書

(出所) 経済産業省 [2002] p.200 の図6-5 より抜粋。

表10-6 リコーにおけるバランス・スコアカードにおける評価点の計算例

事例：○○本部

		①ウェイト	評価指標		②得点（基準点）				ウェイト	得点	評価点
					~100%	~95%以上	~90%以上	90%未満			
I	財務	10%~70%	会社指定	連結FC/F 達成率	100点	90点	50点	0点	30%	100点	30点
				連結ROA 達成率	100点	90点	50点	0点	20%	100点	20点
				売上高 達成率	100点	90点	50点	0点	10%	90点	9点
			独自指定	原則目標 達成率	100点	90点	50点	0点			
					100点	90点	50点	0点			
					100点	90点	50点	0点			
II	非財務 (4視点)	90%~30%	独自指定	1) 顧客 原則目標 達成率	100点	90点	50点	0点	15%	100点	15点
				2) 社内P					15%	50点	7.5点
				3) 学習成長					5%	90点	4.5点
				4) 環境保全					5%	0点	0点
	5視点計	100%			100点	90点	50点	0点	100%		86点
III	トップ加減点		別途基準あり		+10点~-10点					+5点	+5点
	総評価点										91点

(出所) 経済産業省 [2002] p. 201の表6-1より抜粋。

戦略目標と評価指標は各事業部門や本社部門ごとに定められる。各戦略目標に関する配分については，各部門のミッションに基づいて財務的視点に10～70％があらかじめ定められ，非財務的視点には各部門の戦略に基づいて30～90％の間，そして，環境に関する視点には10％弱が配分される（経済産業省［2002］p. 199）。

このBSCを作成するにあたっては，各部門長は5つの視点に関する戦略目標やそれに基づく目標値だけではなく，その目標値を設定したことの背景・根拠やその解説・補足を，表10-5に示された業績評価シートに記載することが必要となる。すなわち，戦略や重点施策に基づいて戦略目標や評価指標が検討されているか，また，目標値や評価指標が妥当であるかなどが検討され，評価される（経済産業省［2002］pp.199-200）。

業績評価（評価点の計算）の方法については，表10-6に示されているように，各視点の項目に関する目標をすべて達成（あるいは目標以上に達成）すれば100点，95％以上であれば90点，90％以上であれば50点などのように点数化され，この点数に各視点の項目のウェイトを乗じることによって評価点が計算される。なお，中期経営計画の基本方針に基づいて目標以上に成果を上げたとトップが認めた場合や，逸脱した行動をした結果，ステイクホルダーに対して悪影響を与えた場合など，通常の評価ではカバーしきれないケースが生じた場合には「トップ加減点」で評価され，この点が最終の評価点に加味されることになる（経済産業省［2002］pp. 200-201）。

このように，リコーは新しい業績評価システムに環境の項目を導入していく方法がとられている。その他には，キヤノンのように，既存の業績評価システムに環境の項目を加えていく方法も存在する[8]。

（金藤　正直）

---

(8)　キヤノン以外にも，ソニー，シャープ，大阪ガス，コクヨなどでも環境配慮型業績評価を実践しているが，その事例の詳細については，経済産業省［2002］pp. 202-213，國部・品部［2004］p. 142-147，國部［2004］p. 264-274 を参照されたい。

COLUMN 9

日本における環境会計情報システムの取り組み

　環境管理会計は，国内外においてさまざまな個別手法が存在し，企業内部の情報利用者の意思決定に応じて利用される。また，情報利用者は，企業外部にも存在するために，当該企業は，一定期間の環境経営の成果を，環境省環境会計ガイドライン（以下，ガイドライン）に基づいた外部報告用フォーマットを利用して，こうした外部利用者に対して情報開示していくことも必要となる。そこで，企業内外の情報利用者が，環境経営の現状や成果をリアルタイムに把握したり，マネジメントや投資に必要なデータを，必要な時に必要なだけ用いて分析・評価していくためには，各企業は，効率的に情報提供できる情報基盤，つまり環境会計情報システム（EAIS ; Environmental Accounting Information System）を構築していくことが重要となる。

　日本企業は，EAIS を，ERP（Enterprise Resource Planning）やドイツ SAP 社の SAP R/3 を用いた統合情報システムの1モジュールや，表計算ソフトウェアを用いた個別システムとして導入している。しかし現在では，開発・導入コストやメンテナンスコストなどを考慮に入れた後者の EAIS が前者と比べて多い。また，こうした企業は，環境会計データベースをガイドラインに基づいて構築しているために，外部報告用のデータを収集するためのツールとして利用しているケースが多い。すなわち，環境経営の実施主体（たとえば，連結・グループ実体）によるマネジメントの結果（製品製造プロセスやその支援プロセスにかかわる環境保全活動の結果）を環境会計データとして効率的かつリアルタイムに収集し，管理し，情報提供できるシステムである。したがって，現時点では，内部管理目的には利用しにくいシステムとなっている。

　そこで，内部管理や外部報告の両目的に適した EAIS にしていくためには，日本のような外部報告目的も含めた包括的な環境会計手法，特に，サプライチェーンや製品ライフサイクルのマネジメントを対象とした物量単位および貨幣単位による定量データを収集し，管理し，情報提供できるデータベースを構築していくことが必要である。もちろん，既存の情報システム（会計情報システムや生産管理システムなど）とはネットワーク化して連携し，環境会計データベースにおいて必要であると考えられるデータの収集を効率化していくべきである。

　企業内外への情報利用者のニーズを満たし，かつサプライチェーンあるいは製品ライフサイクルを対象とした EAIS は，現時点においていまだ発展途上の段階ではあるが，その有用性が高いことから，今後その研究の展開が期待される。

（金藤　正直）

演習問題

1. 日本における環境管理会計の現状について説明しなさい。
2. 適用範囲に基づいて環境管理会計手法を答えなさい。
3. 2で答えた環境管理会計の各手法について具体的に説明しなさい。

第11章

環境管理会計 II

1 マテリアルフローコスト会計の目的と計算構造

1.1 マテリアルフローコスト会計の目的

　マテリアルフローコスト会計（MFCA ; Material Flow Cost Accounting）は，ドイツの環境経営研究所が開発した環境管理会計手法である。MFCAは，投入された原材料をマテリアルとして物量で把握し，マテリアルが企業内や製造プロセスをどのように移動するかを追跡する手法である。

　そして，MFCAは，**マスバランス**と原価計算を統合したシステムである。マスバランスとは，企業外部から企業に入ってくる物質（インプット）と企業外部へ企業から出ていく物質（アウトプット）を物質の種類ごとに物量で測定・表示する方法である。基本的な枠組みは，企業へのインプットを始点として「生産過程」を経て，企業からのアウトプットを終点とする企業内プロセス間を，物質（エネルギーを含む）がどのように流れ（フロー），滞留（ストック）するかを一定期間モニターすることである。マスバランスでは，投入された物質は質量的には消滅することはなく，ストックされるか排出されるかのいずれかとなることから，物質収支は一致する。

　こうしたMFCAの基本目的は次の5つである（中嶌・國部 [2008] p. 65)。

① マテリアルフロー構造を可視化すること
② マテリアルフローとストックを物量とコスト情報で把握すること
③ 伝統的原価計算を精緻化すること

④ あらゆる経営階層に有用で適時的な意思決定情報を提供すること
⑤ 環境負荷低減とコスト削減を同時に達成するような基準を導入すること

1.2 マテリアルフローコスト会計の計算構造
(1) 計算単位

　MFCAでは，プロセス間にいくつかのマスバランスをとる**物量センター**（Quantity Center）と呼ばれる測定点（域）を設定し，その測定箇所のインプットとアウトプットを物質ごとに測定・記録する。物量センターでは，製品になる良品に属する物質と廃棄物に属する物質とに区別して把握されなければならない。よって「生産過程」とは，いわゆる製品（良品・正の製品）の生産過程だけでなく，図11-1で示しているように**負の製品**である廃棄物・排出物の生産過程をも含んだ意味である。

　負の製品である**マテリアルロス**を算定する方法には，具体的な製造工程などから排出されるマテリアルロスを実測する方法と，物質のフローとストックを把握・記録し，その差異をマテリアルロスとする方法がある。後者は，図11-2のように，マテリアルの期首在庫量と投入量の合計から良品のマテリアル量とマテリアルの期末在庫量の合計を差し引いて算出された差異をマテリアルロスとする方法である。

(2) コスト分類

　MFCAにおけるコストは，マテリアルコスト，システムコスト，廃棄物配送・処理コストの3つに分類される。

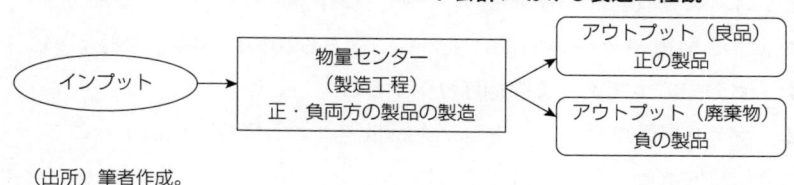

図11-1　マテリアルフローコスト会計における製造工程観

インプット → 物量センター（製造工程）正・負両方の製品の製造 → アウトプット（良品）正の製品／アウトプット（廃棄物）負の製品

（出所）筆者作成。

図11-2　差異によるマテリアルロスの算定方法

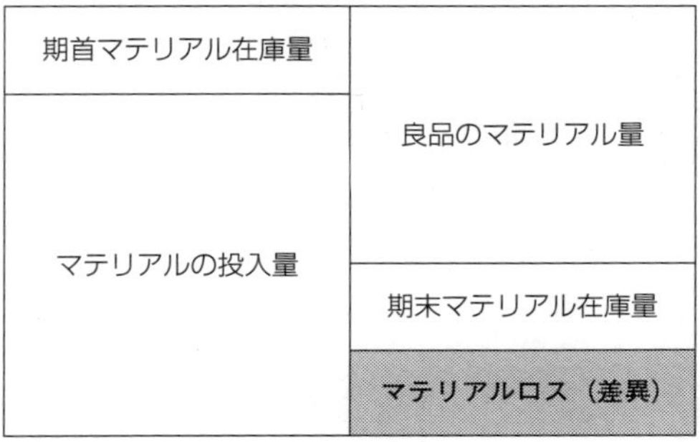

期首マテリアル在庫量	良品のマテリアル量
マテリアルの投入量	期末マテリアル在庫量
	マテリアルロス（差異）

（出所）筆者作成。

①マテリアルコスト

　原材料として投入されるすべての物質をマテリアルとし，このマテリアルにかかわるコストを**マテリアルコスト**と呼ぶ。マテリアルコストでは投入された物質のすべてが物質単位（重量）で把握される。これによって買い入れた原材料・部品などが投入されてから完成品ができるまでどのように流れていき，どの工程で留まるのかを把握することによって，正の製品と負の製品がそれぞれどれだけ産出されたのかを把握することができる。

②システムコスト

　システムコストは減価償却費や労務費などの加工費であり，正の製品と負の製品にマテリアルの重量比でシステムコストを配分する。システムコストは直接労務費，材料費を除く機械の減価償却費などの製造間接費，そして補助部門費などがある。

③廃棄物配送・処理コスト

　廃棄物配送・処理コストは製品や廃棄物が企業から出ることにかかる配送費や廃棄物を処理することにかかるコストである。

(3) 計算方法

　伝統的原価計算とMFCAの計算方法の相違について，例を用いて解説する。

図11-3 マテリアルフローコスト会計の基本パターン

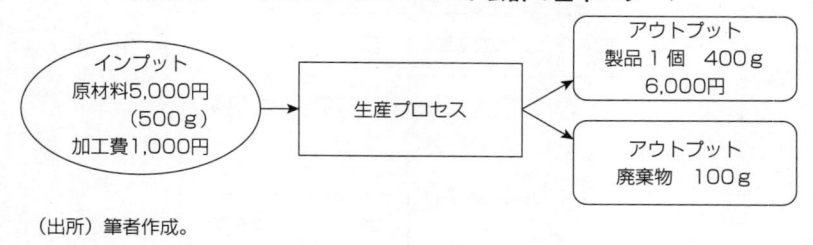

```
インプット                            アウトプット
原材料5,000円        生産プロセス      製品1個 400g
  (500g)                              6,000円
加工費1,000円
                                     アウトプット
                                     廃棄物 100g
```

(出所) 筆者作成。

　1種類の原材料を投入し，1つの加工プロセスを経て，1種類の製品が生産される製造プロセスがあり，期首・期末の在庫は存在しないとする。100gあたり1,000円の原材料を500g投入し，製品1個あたりの加工費が1,000円かかり，400gの製品1個（100gは廃棄物となる）が生産されるとする。

　伝統的原価計算における製品原価（図11-3）は，原材料費5,000円（＝500g÷100g×1,000円）と加工費1,000円の合計6,000円である。ここで，物量の観点からみると，投入した原材料は500gであるが，完成した製品は400gであり，廃棄物となった原材料100gの原価が明確に示されていないことがわかる。

　廃棄物となった原材料100gの費用は原材料費に含まれており，原材料費として製品原価に含め，製品を販売して回収するという伝統的原価計算の方法は合理的であるが，廃棄物を削減するという目標を掲げた場合，廃棄物を削減する活動がどれだけの経済効果があるのかが不明である。

　MFCAの場合には，投入原材料が500gであっても製品が400gであれば，製品の原材料費は500gに対する5,000円ではなく，400gに対する4,000円であると考える。そして，廃棄物100gの価値（原価）を1,000円と考えるのである。MFCAでは，製品は販売されるものだけではなく，廃棄物も生産工程から算出されるので，負の製品とみなしている。

　そして，原材料費だけではなく加工費についても負の製品に配分される。この場合には，製品と廃棄物の重量で配分される方法が合理的であると考えられるので，製品400g（80％）に対し廃棄物100g（20％）であるから，加工費

図11-4　マテリアルフローコスト会計の基本パターン

インプット
原材料5,000円
（500g）
加工費1,000円
→ 生産プロセス →
アウトプット
製品1個　400g
4,800円

アウトプット
廃棄物　100g
1,200円

（出所）筆者作成。

1,000円は，製品へ800円（＝1,000円×80％），廃棄物へ200円（＝1,000円×20％）が配分される。よって，MFCAにおける製品の製品原価は4,800円（＝4,000円＋800円）となり，廃棄物の原価は1,200円（＝1,000円＋200円）となる。この関係を示したものが図11-4である。

さらに，廃棄物の処理コストが製品1個当たり100円かかった場合，伝統的原価計算における製品原価は6,100円（＝6,000円＋100円）となるのに対し，MFCAでは製品原価は4,800円のままで，廃棄物の価値が1,300円（＝1,200円＋100円）となる。伝統的原価計算では廃棄物処理費も製品原価に含まれるので目立たなくなるが，MFCAでは少なければ少ないほど望ましい負の製品（廃棄物）の価値として明示されるので，経営者にいっそうの注目を促すことになる。

2　マテリアルフローコスト会計の特徴

　伝統的原価計算は製品原価を計算するものであり廃棄物などの物量情報は必要ないが，環境負荷物質を抑制・削減する場合には，MFCAの例にあげたように廃棄物などの環境負荷物質に関する情報が必要である。MFCAは，物量情報と金額情報の2つの種類の情報を体系的に追跡するシステムである。先のMFCAの例では，製品原価は4,800円，廃棄物の価値は1,200円であり，これらを合計すると伝統的原価計算で算出された製品原価6,000円となる。つまり，MFCAは，伝統的原価計算のデータ範囲を包含しているのである。

MFCAでは，従来，廃棄物としてしかとらえられていなかったマテリアルロスを負の製品として正の製品と同様に金額で評価し，廃棄されるマテリアルロスを作るために加工費をどれほど費やしているのかということを可視化することが重要な観点である。MFCAは，マテリアルロスを削減することが目的であり，マテリアルロスの削減と同時にシステムコストの有効利用もしくは削減が図られるのである。そして，MFCAでは，製造工程等の全体のマテリアルロスを算出することが目的ではなく，マテリアルロスの発生場所，原材料別構成，そして構成原材料ごとのコストを提供することが目的である。つまり，マテリアルコスト，システムコスト，廃棄物配送・処理コストの総額を示すことではなく，これらのコストをマテリアルロスごとに集計した結果から，相対的にどのマテリアルロスの大きいかという情報を提供し，それぞれのコストの内訳からマテリアルロスの原因をつきとめマテリアルロスを削減することに利用されるのである。

また，先の例で算出された伝統的原価計算の6,000円は，市場で回収されるべき最低限度の価値を示しているのに対し，MFCAの4,200円は，資源生産性が100％，すなわち廃棄物がゼロである場合の経営面でも環境面でも理想的な生産環境のもとでの原価を仮想的に示しているにすぎない。したがって，MFCAで重視すべき数字は製品原価ではなく廃棄物原価である。廃棄物原価は，企業の廃棄物対策の実施において，企業にとって価値のある潜在的金額を示しており，廃棄物がゼロになれば，この金額が企業にとっての経済効果となるのである。ただし，廃棄物原価に配分されている加工費は，材料の投入量にかかわらず固定的な部分もあるので，廃棄物がゼロになった場合に廃棄物原価全額がそのまま利益に転化するわけではない（中嶌・國部［2008］pp. 73-74）。

伝統的原価計算は市場での利益獲得に焦点を合わせており，MFCAは資源生産性の向上に注目していることから，2つのコスト計算方法はどちらかがどちらかにとって代わるものではなく，資源生産性の向上や廃棄物管理の重要性が増加している今日の生産環境では両者を相補的に活用することが望まれる（中嶌・國部［2008］p. 74）。

3 マテリアルフローコスト会計の計算例

前節では，MFCA の基本的な計算方法を示したが，本節では，複数の物量センターおよび物量センターにおける在庫をも含む計算例を示し，物量データ・マテリアルコスト・システムコスト・廃棄物関連という4つのフローチャートおよびフローコストマトリックスについて述べる。

3.1 物量データ・フローチャート

主原料と補助材料が工程 A に投入され，工程 A および B を経て製品が完成するとする。図11-5は物量データのフローチャートであり，本例ではマテリアルは主原料（1,000 kg）および補助材料（50 kg）の2種類とする。

工程 A の期首在庫は主原料 50 kg，補助材料 2 kg であり，期末在庫は主原料 42 kg，補助材料 1 kg である。そして，工程 A から排出された廃棄物は主原料 10 kg，補助材料が 2 kg とすると，工程 B に正の製品として主原料 998 kg（=1,000 kg+50 kg-42 kg-10 kg），補助材料 49 kg（=50 kg+2 kg-1 kg-2 kg）が投入される。

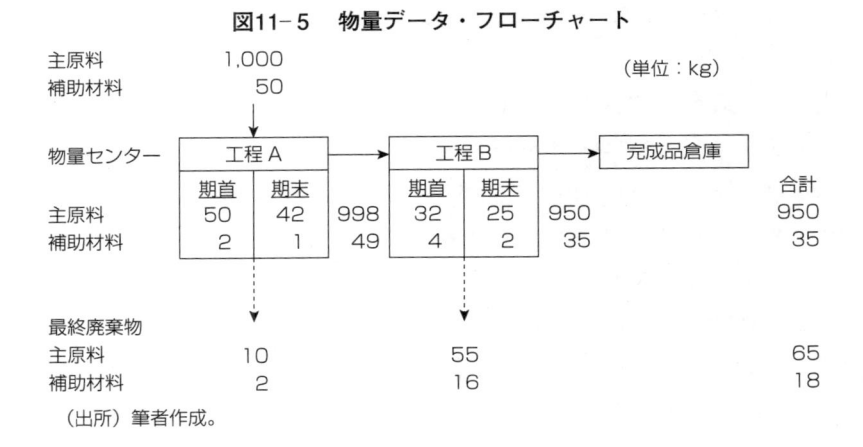

図11-5　物量データ・フローチャート

（単位：kg）

物量センター	工程 A			工程 B			完成品倉庫	合計
	期首	期末		期首	期末			
主原料	50	42	998	32	25	950		950
補助材料	2	1	49	4	2	35		35

最終廃棄物			
主原料	10	55	65
補助材料	2	16	18

（出所）筆者作成。

さらに工程Bの期首在庫は主原料32 kg，補助材料4 kgであり，期末在庫はそれぞれ25 kg，2 kgである。そして，工程Bからの廃棄物が主原料55 kg，補助材料が16 kg排出されるとすると，主原料950 kg（＝998 kg＋32 kg－25 kg－55 kg），補助材料35 kg（＝49 kg＋4 kg－2 kg－16 kg）の完成品が完成品倉庫に移動される。さらに，最終廃棄物をみると主原料は65 kg（＝10 kg＋55 kg），補助材料は18 kg（＝2 kg＋16 kg）が廃棄されている。

3.2　マテリアルコスト・フローチャート

主原料は1 kgあたり2万円，補助材料は1 kgあたり1万円とすると最初に投入された主原料は2,000万円，補助材料は50万円となる。工程Aの主原料における正の製品原価は1,996万円（＝998 kg×2万円），負の製品原価は20万円（＝10 kg×2万円）となり，補助材料における正の製品原価および負の製品原価はそれぞれ49万円（＝49 kg×1万円），2万円（＝2 kg×1万円）となる。工程Bの主原料における正の製品原価は1,900万円（＝950 kg×2万円），負の製品原価は110万円（＝55×2万円）となり，補助材料における正の製品原価は35万円（＝35 kg×1万円），負の製品原価は16万円（＝16 kg×1万円）となる。よって，工程A・Bから排出されたトータルの廃棄物原価は主原料で130万円，補助原料で18万円となり，これらのマテリアルコストの流れを示すと図11-6のようになる。

3.3　システムコスト・フローチャート

システムコストのフローチャートを示すと図11-7のようになる。システムコストは工程Aで700万円，工程Bで500万円が投入されている。このシステムコストの正の製品および負の製品への配分方法は，単純に各工程におけるアウトプット（正の製品および負の製品）の総重量を算出し，正の製品と負の製品の重量比で配分する方法とする。

工程Aにおける正の製品のシステムコストは692万円（≒700万円÷(998 kg＋49 kg＋10 kg＋2 kg)×(998 kg＋49 kg)）となり，負の製品システムコス

図11-6　マテリアルコスト・フローチャート

（単位：万円）

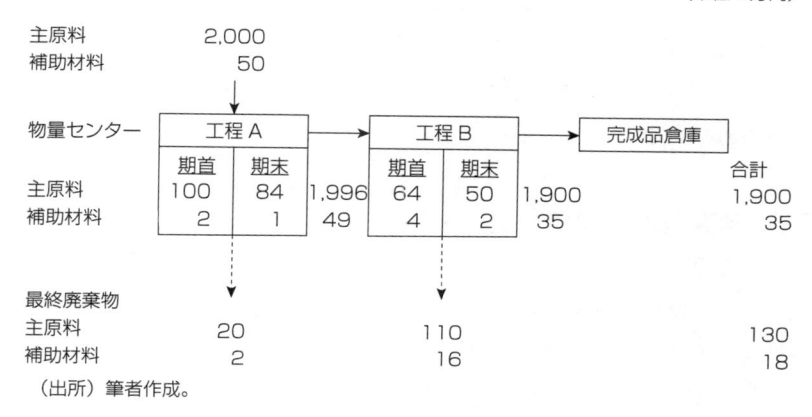

```
主原料        2,000
補助材料         50
               ↓
物量センター  ┌─工程A─┐   ┌─工程B─┐   ┌完成品倉庫┐
             │期首│期末│   │期首│期末│
主原料        │100 │ 84 │1,996│ 64 │ 50 │1,900           合計
補助材料      │  2 │  1 │  49 │  4 │  2 │  35           1,900
                                                          35
              ↓         ↓
最終廃棄物
主原料         20         110                              130
補助材料        2          16                               18
```
（出所）筆者作成。

図11-7　システムコスト・フローチャート

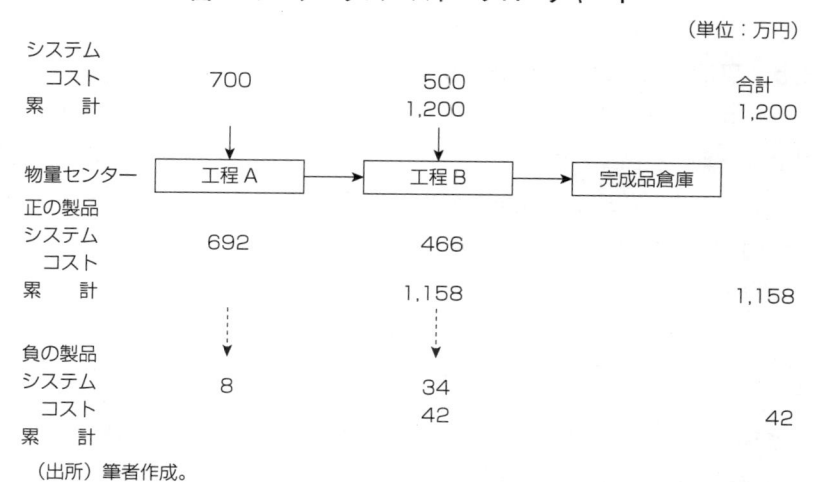

（単位：万円）

```
システム
 コスト        700          500                          合計
 累  計                    1,200                         1,200
                ↓
物量センター  ┌工程A┐  →  ┌工程B┐  →  ┌完成品倉庫┐
正の製品
システム
 コスト        692          466
 累  計                    1,158                         1,158

負の製品       ↓            ↓
システム        8           34
 コスト                     42                            42
 累  計
```
（出所）筆者作成。

トは8万円（≒700万円÷(998 kg＋49 kg＋10 kg＋2 kg)×(10 kg＋2 kg)）となる。一方，工程Bにおける正の製品のシステムコストは466万円（≒500万円÷(950 kg＋35 kg＋55 kg＋16 kg)×(950 kg＋35 kg)）となり，負の製品システムコストは34万円（≒500万円÷(950 kg＋35 kg＋55 kg＋16 kg)×(55 kg＋16 kg)）となる。

3.4 廃棄物関連フローチャート

廃棄物処理コストについては主原料および補助材料ごとの重量当たり単価を設定した。主原料の廃棄物処理コストは1 kgあたり5,000円，補助材料の廃棄物処理コストは1 kgあたり6,000円とし，これを示している図が図11-8である。工程Aにおける廃棄物処理コストは主原料が5万円（＝10 kg×0.5万円），補助材料が1万円（＝2 kg×0.5万円）となり，工程Bにおける廃棄物処理コストは主原料が33万円（＝55 kg×0.6万円），補助材料が10万円（≒16 kg×0.6万円）となる。

3.5 フローコストマトリックス

フローコストマトリックスはMFCAの結果を示すマトリックであり，正の製品および負の製品ごとにマテリアルコスト，システムコスト，配送／廃棄物処理コストが集計される。本例のMFCAの結果をフローコストマトリックで示すと図11-9のようになる。

図11-8　廃棄物関連フローチャート

（単位：万円）

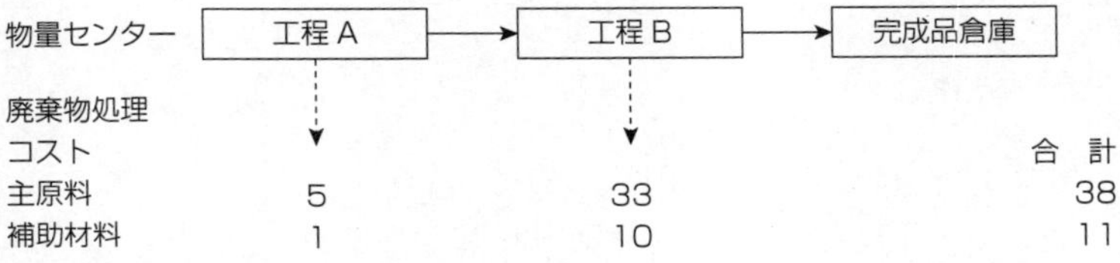

物量センター	工程A	工程B	完成品倉庫	合計
廃棄物処理コスト				
主原料	5	33		38
補助材料	1	10		11

（出所）筆者作成。

3 マテリアルフローコスト会計の計算例　213

　図11-9のフローコストマトリックスをみると，まず，投入ではマテリアルコストは主原料と補助材料の合計金額である2,050万円（＝2,000万円＋50万円），システムコストは1,200万円（＝700万円＋500万円）である。

　そして負の製品では，マテリアルコストは工程Aが22万円（＝20万円＋2万円），工程Bが126万円（＝110万円＋16万円）であり，合計148万円となる。システムコストは工程Aの8万円および工程Bの34万円を合計すると42万円となる。廃棄物処理コストは工程Aが6万円（＝5万円＋1万円），工程Bが43万円（＝33万円＋10万円）であり，合計49万円となる。よって，負の製品原価は239万円（＝148万円＋42万円＋49万円）である。

図11-9　フローコストマトリックス

（単位：万円）

物量センター　　　工程A　→　工程B　→　完成品倉庫

【投　入】
	工程A	工程B	完成品倉庫	計
マテリアルコスト	2,050	0	0	2,050
システムコスト	700	500	0	1,200
小計	2,750	500	0	3,250

【負の製品】
	工程A	工程B	完成品倉庫	計
マテリアルコスト	22	126	0	148
システムコスト	8	34	0	42
廃棄物処理コスト	6	43	0	49
小計	36	203	0	239

	マテリアルコスト	システムコスト	廃棄物処理コスト	小計
正の製品	1,902	1,158	0	3,060
負の製品	148	42	49	239
小計	2,050	1,200	49	3,299

◇負の製品コスト率　　　7.24%　（＝239万円÷3,299万円×100）
◇工程Bのロスコスト率　6.15%　（＝203万円÷3,299万円×100）
◇工程Bのロス率　　　　84.94%　（＝203万円÷239万円×100）

（出所）筆者作成。

一方，正の製品では，マテリアルコストは1,902万円（＝2,050万円－148万円）であり，システムコストは1,158万円（＝1,200万円－42万円）であり，廃棄物処理コストは負担されないことから，合計3,060万円となる。

さらに，「負の製品コスト率」は総コストに占めるロス総額の比率であり，総コストのうち7.24％が負の製品コストとなっている。また，「工程Bのロスコスト率」は総コストに占める工程Bのロス総額の比率であり，総コストのうち6.15％が工程Bにおけるロスであることが分かる。そして，「工程Bのロス率」はロス総額における工程Bのロス総額の比率であり，工程Bのロスが84.94％を占めている。

このフローコストマトリックスからわかるように工程Bの廃棄物発生量が多くなっており，このことから工程Bの改善が図られることとなるであろう。かりに100万円の設備投資をすることによって廃棄物の発生量が減少し，その処理コスト等が合計で35万円節約できることが判明した場合は3年でこの設備投資は回収されることになる。

このようにMFCAは企業がこれまで見えていなかった資源におけるロスが可視化されることによってコスト削減の機会が経営者等に提供されることになるのである。

(小川　哲彦)

COLUMN 10

マテリアルフローコスト会計（MFCA）の国際標準化の流れ

　経済産業省は2007年6月にISO 14000ファミリーのひとつとして，環境調和型の企業経営を推進するためのツールである環境管理会計について，日本から国際標準化機構（ISO）に提案するために作業を開始すると発表した。これは，廃棄物削減とコスト削減を同時に達成するMFCAなどの環境管理会計の国内外への普及の一環として位置付けられている。

　このために，環境管理会計国際標準化準備委員会（以下，委員会）を設置し，2007年6月に北京で開催されたISO/TC 207総会において各国に説明する提案内容や主要関係国との調整方針等が検討され，北京総会において参加国に対し個別に提案内容の説明を行った。そして2007年11月にMFCAの国際標準化につ

いて ISO/TC 207 に対し正式に新業務項目提案を行い，2008 年 3 月の加盟国による投票の結果，MFCA の規格化作業の開始が採択された。こうして，ISO/TC 207 に日本主導の MFCA のワーキンググループが設立され，2011 年 9 月に ISO 14051 として発行された。

委員会では，環境と経済の関連分野まで環境マネジメントの考え方を拡張する時期に来たとし，環境管理会計の国際標準化に関するメリットを次のように示している（環境管理会計国際標準化準備委員会 [2007] p. 6）。①事業プロセスが環境と経済に与える影響が明確になる。②環境管理会計情報を利用して廃棄物削減・資源保護を推進する。③環境管理会計情報を利用してエネルギー削減を通じて温暖化防止に貢献する。④中小企業に対して経済メリットの高い環境保全手法として推奨できる。⑤実務において環境管理会計の原則を企業が独自に解釈し導入し始めていることを踏まえて，環境管理会計情報に対する解釈上の混乱をなくし，利用者の便宜を図る。

日本主導でマネジメントの国際規格を作成することは初めてのことであり，日本企業の事例から得られた MFCA の効果を世界中に発信されることによって，今後の環境管理会計の発展につながることが期待されている。

（小川　哲彦）

演習問題

1　マテリアルフローコスト会計の意義を述べなさい。
2　マテリアルフローコスト会計の計算構造を説明しなさい。
3　マテリアルフローコスト会計の導入事例を調べ，その概要と導入効果をまとめなさい。

第12章

自治体の環境会計

1　自治体と環境問題

1.1　自治体環境行政の現状
(1)　環境基本条例と環境基本計画

　自治体は,「住民の福祉」を向上させるための行政を担うと地方自治法第一条の二において規定されている。ここで「住民の福祉」とは,「生存の最低条件である生活環境の確保, さらに, 人間らしく生活するために必要なより快適で良好な環境の保全と創造は, そのコアの部分を構成している」(北村［2003］p. 8)と指摘されるように, 自治体の**環境行政**は,「住民の福祉」の増進に向けて自治体が果たすべき重要な責務の1つとして理解できる。

　国の環境行政が環境基本法と環境基本計画の2つ[1]を基底として展開されているのと同様に, 自治体の環境行政は, **環境基本条例**(以下,「条例」)と**環境基本計画**(以下,「計画」)が根幹となっている。「条例」は, 環境行政の理念, 基本方針や基本施策等を明らかにするものであり,「計画」はそれらを実行に結びつける具体的な中期計画と位置づけられる[2]。

---

(1)　日本の環境基本法は1994年制定された。環境基本計画は, 1994年12月に初めて閣議決定されたが, その後, 2000年12月, 2006年4月および2012年4月に改訂されている。なお, 最新版の第四次環境基本計画は, 環境省「第四次環境基本計画」ウェブサイト参照。

(2)　環境省総合環境政策局環境計画課［2011］では, 自治体の環境保全に関する取り組みを把握するためのアンケート調査を行っている。調査実施時期は2011年1月末〜3

218　第12章　自治体の環境会計

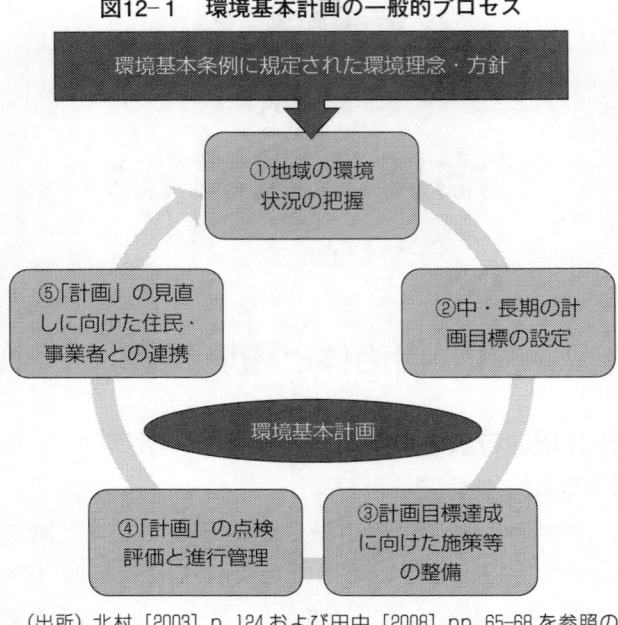

図12-1　環境基本計画の一般的プロセス

環境基本条例に規定された環境理念・方針
↓
①地域の環境状況の把握
②中・長期の計画目標の設定
③計画目標達成に向けた施策等の整備
④「計画」の点検評価と進行管理
⑤「計画」の見直しに向けた住民・事業者との連携

環境基本計画

(出所) 北村 [2003] p. 124 および田中 [2008] pp. 65-68 を参照の上，筆者作成。

　「計画」の一般的プロセスを示した図12-1から分かるように，「計画」はPDCA経営管理サイクルを有する仕組みを志向している。しかし実際には，これらの仕組みがすべて整備されているか，また，仮りに整備されていたとしても実効性を伴っているかという点が課題となる[3]。この課題に対処する方策として，環境マネジメントシステム（EMS；Environmental Management Systems）や環境会計等が注目される。

　月にかけてであり，その間に全1,797団体に調査票を郵送し，1,358団体（75.6％）から有効回答を得た。有効回答の内訳は，都道府県（78.7％），政令指定都市（100％）および市区町村（75.2％）であった。都道府県と政令指定都市に関しては，有効回答のすべてにおいて「条例」と「計画」の双方が策定済みである。また，市区町村については，「条例」（53.3％），「計画」（50.4％）であった。
(3)　環境省総合環境政策局環境計画課［2011］のアンケート調査結果を参照されたい。

(2) 自治体における環境マネジメントシステムの普及と展開

「計画」とともに自治体において ISO 14001 等に代表される EMS を構築する動向が定着してきている[4]。自治体が EMS を構築する目的は，職員の意識改革，行政運営の仕組みの改革，事業者における EMS 導入の促進および情報公開の促進等，多岐にわたる。すでに多くの自治体ではこれらの目的は達成された感があり，自治体における EMS は次のステップへと移行しつつある。

「次のステップ」とは，EMS の特徴である PDCA サイクルを活用することをベースとし，中身のある環境施策を実施することである。そのために，「計画」自体に PDCA の考え方を取り入れるとともに，自治体が行う環境保全施策の質が重要になってきている。

1.2 自治体における環境会計・報告の意義
(1) 自治体のアウカンタビリティと公会計改革

政府・自治体では，住民に対する**アカウンタビリティ（会計責任）**を履行するという見地から予算と決算が行われ，その結果が住民に開示されている。図 12-2 によれば，まず，住民は強制的に納税を通じて政府・自治体に資金を提供するとともに，当該資金を活用して行政を営む権限を与えている（図中①）。この段階で政府・自治体は，提供された資金を適正に使用する**受託責任**を負い，それが予算書として議会で採択され，住民に開示される（図中②）。受託責任の発生によって自治体は，当該受託資金の利用の顛末を明らかにするアカウンタビリティを負い，決算書によってそれが履行される（図中③）。そして決算書の議会での承認を経て当該アカウンタビリティが解除される。なお，政府・自治体の受託責任の確定とアカウンタビリティの履行の重要性から，政府の会計に関しては憲法（第7章）と財政法等が，自治体の会計に関しては地方自治

---

[4] EMS については第3章第2.4節を参照されたい。なお ISO 14001 の他に ISO 14004（自己宣言），環境省の「エコアクション21」，環境自治体会議の「LAS-E（環境自治体スタンダード）」および各自治体独自の EMS（たとえば横須賀市は YES と称する独自のシステムを構築）等がある。

図12-2 政府・自治体におけるアカウンタビリティ

- 財政状況の悪化
- 住民ニーズと行政サービスとの乖離
- 住民による監視強化

住民 →①納税を通じた資金の提供／資金の使用に係る権限の付与→ 政府・自治体（行政）

住民 ←②予算書（受託責任の確定）← 政府・自治体

住民 ←③決算書（アカウンタビリティの履行）← 政府・自治体

住民 ←④新たな公会計情報← 政府・自治体

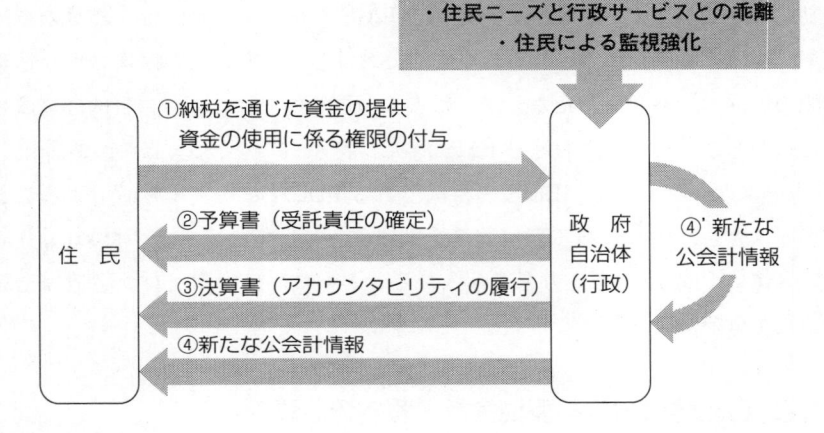

④' 新たな公会計情報

法等が規定している。

しかし，昨今の政府・自治体における財政状況の悪化や，行政が提供する公的サービスと住民ニーズとの乖離等が顕在化すると，アカウンタビリティの履行手段である従来の決算書だけでは不十分であるとの認識が高まってきた。つまり，アカウンタビリティの範囲は，これまで，**歳入歳出決算書**のような現金収支に近い情報を提供するだけで足りていたものが，**貸借対照表**等のストック情報の追加や，発生主義に基づく**行政コスト計算書**の導入など，新たな公会計情報の作成にまで広がりつつある。その際に提供された資金（インプット）に対してどのような行政サービスを提供したか（アウトプット）との関係を明らかにする**効率性**の視点，および，行政サービスの結果（アウトカム）がその目的を達成しているかという**有効性**の視点を読み取れる公会計情報が模索されている。同時にこれらの新たな公会計情報は，組織内部での活用も視野に入れられている点で管理会計的な機能を果たすことも期待されている（図中④'）。こうした政府・自治体の会計を巡る一連の状況は，**公会計改革**と呼ばれる。

(2) 自治体の環境に係るアカウンタビリティ

ここでは，政府・自治体が環境に関連する情報を提供する**アカウンタビリテ**

ィを，前項で説明した財政面のアカウンタビリティの延長線上に位置づけて考える（以下，図表12-3参照）。昨今の環境問題の深刻化は，住民に対して環境問題への一層の関心を惹起させる。また，政府・自治体にとって，環境状況の改善は住民の福祉増進と直結する問題である。よって，住民は，管轄行政区域における環境状況の改善を政府・自治体に期待し，そのための施策等の実施に係るすべての権限を与えていると解釈できる（図中①）。このことから政府・自治体は，管轄行政区域の環境状況の改善に関する権限の付与に伴う受託責任を負い，「計画」により当該責任が確定される（図中②）。なぜなら，「計画」には，政府・自治体の環境状況の改善目標とその目標達成に向けて実施する活動が示されているからである。

しかし，環境に係る受託責任から生ずるアカウンタビリティを履行する手段に乏しい現状にある。この点で政府・自治体において環境会計が担う役割が期待されるところである（図中③）。上述した新たな公会計情報において重視されている効率性と有効性についても，環境会計情報の中で表現できる方策がいろいろと検討されている。

図12-3　政府・自治体の環境に係るアカウンタビリティ

```
                                          ・環境状況の悪化
                                                ↓
         ①納税を通じた資金の提供
         環境状況改善に資金を使用する
         権限の付与
                  ──────────────→
         ②環境基本計画（受託責任の確定）      政 府       ③'環境
住 民    ←──────────────              自治体       （会計）情報
                                          （行政）        ↻
         ③環境（会計）情報（アカウンタビリティの履行）
         ←──────────────
```

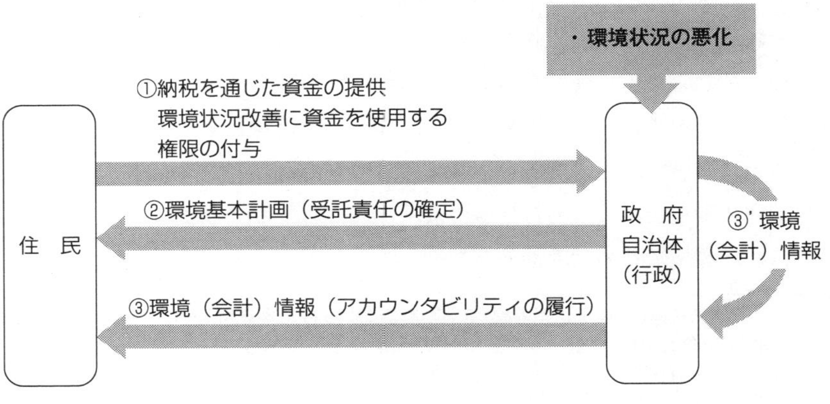

2004年に制定された「**環境配慮促進法**」[5]は，この文脈で特筆すべきものである。同法は，国，自治体および企業等による環境負荷低減に向けた努力等を明らかにする環境情報が広く流布することを目的とし，国の省庁に対しては「**環境配慮等の状況**」[6]，また政令で定める独立行政法人や国立大学法人等の特定事業者に対しては**環境報告書**の作成・公表を義務づけている。自治体や企業においても，これらの情報の開示を求める努力規定をおいている。これにより，国の機関や特定事業者による環境に係るアカウンタビリティの履行が一部制度化されるとともに，自治体においても，同規定を踏まえて環境白書や環境報告書を作成・公表するところが多くみられるようになった。

(3) 環境政策意思決定への活用

自治体の負う環境面でのアカウンタビリティを履行する手段としての役割が環境会計に求められる一方，環境行政を担う自治体においては，環境政策・施策・事務事業の立案，執行および評価に資する情報が必要とされる（図12-3の③'）。もし環境会計が住民へのアカウンタビリティの履行だけを目的に行われるのであれば，政策等の透明性は高まるものの，情報を作成する自治体にとっては「義務的」な作業のみが増え，環境会計から得られるメリットを感じられない可能性がある。すでに自治体においては，「計画」の策定とその進行管理を通じてある程度のアカウンタビリティは果たし続けていると考えられるが，それに環境会計の仕組みを重ねることは，コストに見合うベネフィットが乏しいと感じられる危険性もある。そのため，環境会計は，自治体内部における政策立案とその進行管理プロセス，すなわち**政策意思決定**プロセスに統合されることによって，その機能をより発揮すべきであると指摘できる。

自治体の環境会計に求められるのは，住民に対するアカウンタビリティの履行のほか，環境政策の**効率性**と**有効性**を明らかにし，その政策を立案するため

---

(5) 正式名称は，「環境情報の提供の促進等による特定事業者等の環境に配慮した事業活動の促進に関する法律」（平成16年法律第77号）である。

(6) 環境配慮促進法第二条では，「環境への負荷を低減することその他の環境の保全に関する活動及び環境への負荷を生じさせ，又は生じさせる原因となる活動の状況」をいう。

に必要となる情報を提供することであり，さらには，環境負荷の発生と直接関連する（地域）経済政策等とも連携させることが重要となる。

2　自治体環境会計の展開と課題

2.1　公営企業における環境会計

　東京都水道局（以下，水道局）は，1999年に日本の自治体として初めて環境会計情報を開示して以降，毎年，ウェブサイトと環境報告書の中で当該情報を開示している。水道局の「環境計画2010-2012」では，環境施策の費用対効果を明らかにすること，およびその施策による効果の判断に環境会計情報を活用することが明らかにされている。

　水道局の環境会計情報を表12-1に示した。基本的な枠組みは環境省「環境会計ガイドライン」を踏襲し，**環境保全コスト**と**環境保全対策に伴う経済効果**が金額表示される一方，**環境保全効果**が物量で表示される。表12-1「(1) コスト及び効果一覧」では，事業活動別に環境保全にかかわる費用[7]を，収益と費用節減効果から成る経済効果と対比して**費用対効果**を算出している。環境保全コストの大半が事業エリア内で発生しているとともに，経済効果の大半も事業エリア内からもたらされていることが分かる。そして，全体としても約15億5千万円の費用対効果が得られている。上記の経済効果は，「環境会計ガイドライン」における**「確実な根拠にもとづく経済効果」**である収益と節約額のみが計上されている。

　水道局等の地方公営企業の環境会計では，ほとんど費用節減効果から構成される経済効果が環境保全コストを超過するケースが多いが，これは私企業の環境会計と異なる特徴であるとともに，公営企業において環境会計情報が作成・開示され続けている要因となっていると考えられる。しかし，公営企業の場

（7）　環境省の「環境会計ガイドライン」では「環境保全コスト」は投資額と費用額から成るが，東京都水道局の例では，この費用額のことを「環境保全コスト」と称している。

表 12-1 東京都水道局の環境会計（平成22年度決算版）

(1) コスト及び効果一覧

(千円)

分類	主な取組内容	投資	環境保全コスト	環境保全対策に伴う経済効果 収益	環境保全対策に伴う経済効果 費用節減効果	費用対効果
事業エリア内コスト		163,631	5,388,273	987	7,052,573	1,665,287
地球環境保全コスト	常用発電、太陽光発電、小水力発電、風力発電、低公害車	163,631	3,680,210	0	3,295,279	-384,922
資源循環コスト	浄水場発生土の有効利用、建設副産物の有効利用、同庁舎の水の有効利用	0	1,708,073	987	3,757,294	2,050,209
管理活動コスト	屋上緑化、ISO認証維持、環境会計、環境計画、環境報告書、広報、職員研修	28,338	74,971		0	-74,971
研究開発コスト	調査研究	0	8,200	0	0	-8,200
社会活動コスト	多摩川水源森林隊	0	32,022	0	0	-32,022
合計		192,969	5,503,466	987	7,052,573	1,550,094
					7,053,560	

(2) 環境保全対策に伴う環境保全効果

効果の内容	指標の分類	指標
(1)事業内エリアコストに対応する効果	事業活動に投入する資源に関する効果	自然エネルギー等の投入によるエネルギー消費量の減少	11,949,330 kWh／年
	事業活動から排出する環境負荷及び廃棄物に関する効果	環境負荷物質の排出量の減少	CO_2削減量 18,893.6 t-CO_2／年
		浄水場発生土の有効利用の促進	有効利用量 70,641 t／年
			有効利用率 98.0 %
		低公害車の導入促進	導入台数 500台
			導入率 71.2 %
(2)管理活動コストに対応する効果	その他の効果	屋上緑化の導入促進	ヒートアイランド現象の抑制
(3)社会活動コストに対応する効果		多摩川水源森林隊	水源林の保全

(3) 環境保全対策に伴う経済効果

(千円)

	効果の内容	金額
収益	浄水場発生土の有効利用による収入	987
費用節減	エネルギー費の節減	2,329,654
	設備投資費の節減	768,492
	維持管理費の節減	204,361
	廃棄物等処分費の節減	519,065
	運搬費の節減	1,252,051
	材料購入費の節減	1,978,951
	費用節減 計	7,052,573
	収益＋費用節減 合計	7,053,560

(注) 出典データから表題番号表記を変更した。
(出所) 東京都水道局 [2011] p.74 より抜粋。

合，環境保全対策向けの予算確保という誘因から，費用対効果が大きくなるように経済効果を測定するのではないかという懸念も指摘される（國部［2006］p. 311）。

水道局では，上記の費用対効果の分析の他に，環境対策率（環境保全コスト／料金収入）および環境保全効率（CO_2排出削減量／事業エリア内コスト）という２種類の**環境経営指標**を設定し，環境経営の１つの判断材料としている。環境会計情報が公営企業において活用されていることが，他の公営企業への環境会計の普及をもたらしている一因と考えられる。

2.2 一般行政部局における環境会計

(1) 自治体による環境保全活動の二面性

環境会計を導入している**公営企業**の多くは，**地方公営企業法法適用企業**[8]である。法適用企業は独立採算制の下で，私企業と同様に複式簿記に基づく発生主義による会計制度を採用している。公営企業ゆえ，「住民の福祉増進」に寄与する運営が求められる点で私企業と異なるが，環境会計上は，費用対効果が強調され，環境保全活動の効率性が強調されたモデルといえる。

上記の性格を有する公営企業では，料金収入を収益源としている点で私企業と類似するのに対し，行政サービスを提供する一般行政部局は，「住民の福祉増進」を目的とした多様な活動を行っており，会計制度も公営企業と異なり，現金収支を基本とした歳入・歳出予算と決算を基本としている。

こうした一般行政部局における環境に係る活動は，自己の経済活動に起因する環境負荷の低減等を図るという企業とほぼ同様の活動と，自治体の管轄行政区域全体の環境負荷低減等を図るという自治体固有の活動とに大別される。前者を対象とした管理は「庁舎管理」，後者を対象とした管理は「地域管理」と称され，以下のように規定される（河野［2001］p. 119）。

●庁舎管理：「自治体の庁舎（支所，主張所などを含む）で行政サービスを提供

---

(8) 地方公営企業については，瓦田，陳［2002］pp. 116-128 参照。

するさいに発生する環境負荷物質の排出の抑制，削減を図る活動の管理」
●**地域管理**：「自治体が管轄する行政区域内の市民や企業など（事業者）が実施する環境負荷物質の排出の抑制，削減などの活動を推進，支援する活動の管理」

このように，自治体が行う環境負荷の低減活動は，庁舎管理と地域管理という二面性を有している点で私企業にはない特徴を有し，環境会計もまた，上記の二面性に即して，「庁舎管理型」と「地域管理型」の環境会計の2方向の情報が作成されうる。さらに自治体では，環境にかかわる業務として廃棄物処理事業が大きな割合を占めていることから，廃棄物に特化した情報を示す取組みもみられる。以下，それぞれの環境会計について検討する。

(2) 庁舎管理型環境会計

庁舎管理型環境会計は事業者としての自治体の環境会計である。この例として横須賀市のものを表12-2に掲げた。横須賀市では，2000年に詳細な環境会計情報を開示して以降，毎年公表している。横須賀市の環境会計の目的は，**内部管理目的**と**外部公表目的**の2つである。前者としては，**費用対効果**の測定を通じて有効な環境活動を行うこと，また後者としては，同市の環境活動の透明性向上と住民に対するアカウンタビリティを履行することである。内容も詳細であり，環境会計情報は環境報告書のうち14ページを割いている。

表12-2から，環境保全コスト分類は「環境会計ガイドライン」に準拠しており，各事業活動別の対策が具体的に示され，それに伴う費用が表示されている。当該コストのうち投資は除外され，費用のみが集計されている。費用は環境保全活動に関わる支出とされるが，公会計システムとの整合性の点から減価償却費は含まれず，また，本業とされる廃棄物処理事業費も除外されている。

同市の環境会計は，効果の測定と表示に工夫がみられる。まず**経済効果**（表では「貨幣換算効果」）は，節約等を通じて自治体自身が享受したもの（**内部効果**）と，管轄行政区域全体または社会全体が享受したもの（**外部効果**）に分けられる。他方，物量による環境保全効果は，「主な外部効果」としてその具体的内容が測定，表示されている。そのほか，貨幣換算できない効果が記述情報とし

て示されている。

内部効果は,「環境会計ガイドライン」と同様に,環境保全活動に伴う収益と節約額であるが,外部効果の貨幣的測定を取り入れている点で異なる。たとえば,表12-2「地球環境保全対策」の1つである「ごみ焼却廃熱による発電」による内部効果として「ごみ焼却発電による売電収入」と同「電力費節減」等が記録される。そして外部効果としてはごみ焼却による発電量を CO_2 換算した後,換算係数を乗じて**貨幣換算**している。すなわち以下の式で求められる。

・CO_2 低減量＝発電量×CO_2 排出係数

・環境負荷削減による外部効果の貨幣換算＝CO_2 低減量×CO_2 貨幣換算係数

ここで上記2係数の根拠が問題となるが,横須賀市では,それぞれ最近の研究成果を用いている。この点は議論のあるところだが,同市の環境報告書においてすべての項目の効果算出根拠が明らかにされている点で評価できる。

(3) 地域管理型環境会計

地域管理型環境会計は,私企業にはない自治体独自の環境会計モデルである。ここでは枚方市の例を取り上げる。同市は,2003年当時の市長が導入を表明して以降,現在まで環境会計情報を作成・開示し続けている。そして,庁舎管理型環境会計のほかに表12-3に示した地域管理型環境会計の情報も開示している。同表では,枚方市の環境保全施策とそれに要した**環境保全コスト**および,当該施策から得られた市域における**環境保全効果**が示されている。表12-3「環境保全コスト」表では,主な6施策に要した2年度分の費用がそれぞれ識別されている。この分類は,枚方市環境基本計画[9]に規定する6つの基本方針に概ね即している。

また,当該施策に要した費用により,市域に発現した物量の効果が環境保全効果として示されている。表12-3に示したように,代表的な「環境指標」を

---

(9) 枚方市では,平成13年2月に最初の環境基本計画を策定したが,平成23年3月に第二次環境基本計画を策定している。同計画については同市のウェブサイトを参照（アクセス日：2012年8月10日）。なお,表12-3に掲げた環境会計情報は,第一次環境基本計画に対応している。

表12-2 庁舎管理型環境会計の例（横須賀市の例）（平成22年度決算）

主な取組 (平成22年度)		費用(百万円) 平成21年度	費用(百万円) 平成22年度	主な内部効果	主な外部効果	内部効果1)(百万円) 平成21年度	内部効果1)(百万円) 平成22年度	外部効果2)(百万円) 平成21年度	外部効果2)(百万円) 平成22年度	貨幣換算のできない（左記以外の）主な効果
公害防止対策	天然ガスごみ収集車の導入、低公害車の導入、大気汚染物質の排出濃度管理、ダイオキシン類の排出濃度の低減、放流水質の管理、排出ガス対策型機械の使用	662	653		低公害車利用等によるNOx排出量の低減、コージェネレーションによるNOx排出量の低減、コージェネレーションによるSOx排出量の低減、ごみ焼却発電によるNOx排出量の低減(1.06 t)、ごみ焼却発電によるSOx排出量の低減(0.71 t)	0	0	3	2	大気汚染物質の除去（ダイオキシン類、塩化水素、ばいじん、カドミウム等）、水質汚濁物質の除去、大気汚染物質の排出量の低減
地球環境保全対策	太陽光発電システム導入、コージェネレーション設備の稼働、低公害車の導入、ごみ焼却排熱利用による発電、ごみ焼却排熱利用による蒸気の供給	297	347	公用車燃料費節減、ごみ焼却発電売電収入、コージェネレーションによる電力費節減、熱利用による燃料費節減	太陽光発電によるCO2排出量の低減(5.1 t-CO2)、コージェネレーションによるCO2排出量の低減(89 t-CO2)、低公害車利用等によるCO2排出量の低減(5.5 t-CO2)、ごみ焼却排熱利用によるCO2排出量の低減(4,415 t-CO2)、廃熱利用によるCO2排出量の低減(237 t-CO2)	200	251	3	4	市が地球温暖化対策活動を実施することで市民・事業者への意識啓発（環境教育の効果を含む）
資源有効利用及び廃棄物対策	雨水利用、公共工事における再生材料の使用、アスファルト塊の再資源化、コンクリート塊の再資源化	3	5	水道費の節減、廃棄物処分委託費の節減	水使用量削減によるCO2排出量の低減(13.5 t-CO2) ※、廃棄用紙の回収によるCO2排出量の低減(29.5 t-CO2) ※	21	9	0	0	森林資源の保全による生態系の維持、資源の有効利用による資源枯渇の遅延
グリーン購入	再生コピー用紙の使用、再生トイレットペーパーの使用、外注印刷物への再生紙の使用、熱帯木材型枠の使用削減	7	6	再生紙の利用によるトイレットペーパー購入費の節減	再使用紙の保全による森林のCO2固定機能の保全(5.6 t-CO2) ※、熱帯木材型枠使用削減による森林のCO2固定機能の保全(0.04 t-CO2) ※	3	2	0	0	熱帯林資源の保全による生態系の維持
環境マネジメント	環境マネジメントシステムの維持管理	12	9	電気料、燃料費、水道費の節減		76	69	0	0	職員の環境意識向上による諸商慣における環境負荷低減の実現
社会活動	見学案内	6	7			0	0	0	0	地域の環境意識の向上
環境対策合計		987	1,027			300	831	6	6	（効果合計：337百万円）

※は金額として百万円に満たないため効果額に表れない。
1) 内部効果は、環境対策によって結果的に節減された費用や結果的に得られた収益。
2) 外部効果は、環境対策によって実現した環境負荷の低減や良好な環境の創造。

（注）出典データから取り組み種別（本庁舎、ごみ焼却場、公共工事）表記を省略した。
（出所）横須賀市 [2012] pp.162-163 より抜粋。

表12-3 地域管理型環境会計の例（枚方市の例）（平成22年度決算）

環境会計の集計結果（市が実施する環境保全にかかる施策～地域環境施策～）
環境保全コスト

分類	主な取り組み	平成21年度費用	平成22年度費用
人の健康の保護及び生活環境の保全	公共下水道の整備 大気・水質の監視 し尿の収集・処理　等	2,803,935	2,366,860
人と自然との共生	里山の保全・啓発 緑化の推進・啓発 王仁公園ビオトープ整備　等	80,937	202,177
安全で良好な都市環境の形成	東部清掃工場の整備 都市公園等の維持管理 道路の維持補修 エコ農産物の普及・拡大　等	1,454,237	1,175,119
快適な環境の創造	環境美化の普及・啓発 枚方宿地区での歴史的景観の保全 百済寺跡の再整備　等	1,237,641	1,516,024
循環を基調とする社会システムの実現	ごみの収集・処理 プラスチック製容器包装類の資源化 事業系ごみ減量指導　等	2,944,764	2,954,650
地球環境の保全	住宅用太陽光発電設備設置等の補助 環境家計簿の普及・啓発 暑気対策　等	35,773	63,663
市民，事業者による自主的積極的な行動の促進	環境教育の推進 ISO 14001等認証取得の助成 ごみ減量化の啓発　等	361,713	335,726
合計		8,919,000 (市民一人当たり 21,694円)	8,614,219 (市民一人当たり 20,963円)

※平成22年3月末人口411,133人　※平成23年3月末人口410,926人

環境保全効果

主な環境保全効果

環境指標	12年度	21年度	22年度	増減量（12年度比較）	増減量（21年度比較）	評価
公共下水道整備普及率（％）	76.2	92.3	92.9	16.7増	0.6増	↗
市民一人当たりの市内の公園面積（㎡）	4.11	4.98	5.04	0.93増	0.06増	↗
年間ごみ処理量（t）	128,252	110,818	109,025	19,227減	1,793減	↗
ごみの資源化率（％）	17.7	23.3	23.2	5.5増	0.1減	↘
環境活動団体数	—	41	38	—	3減	↘
市内ISO 14001等認証事業所数	7	66	76	69増	10増	↗

（出所）枚方市［2011］p.18より抜粋。

あげ，環境基本計画が策定された平成12年度を基準年として，平成21および22年度の実績が比較され，環境基本計画の進捗状況を測ろうとしている。

同市の環境会計は，環境保全活動（施策）に対するコストと効果を明らかにすることにより，今後の環境保全活動（施策）の改善，および市民に対するアカウンタビリティの履行や環境保全活動（施策）の透明性向上を目的として行われている。同市の環境会計情報は，毎年発行される環境報告書に携載されるとともに，環境白書においてもその要約が記載され，環境基本計画の進行管理に生かそうとしている姿勢がうかがえる。

このように，地域管理型環境会計は，施策展開に伴って自治体が負担する費用が計上される一方，効果に関しては，管轄行政区域内の家計や企業といった他の経済主体の行動に影響を及ぼしたことによりもたらされる同区域の環境状況の変化が明らかにされる点に特徴がある。

「計画」と関連づける特徴を有する地域管理型環境会計では，環境施策に投下したコストと効果の関係が直接的ではない。たとえば，経済状況の悪化に起因して，管轄行政区域における生産活動が停滞すると環境負荷も低減する傾向にあるが，これは，自治体の環境施策の効果とはいえない。よって，こうした外部要因との関係も考慮する必要があり，現在では，マクロ環境会計（第14章参照）と関連づける研究が行われている。

2.3 自治体の廃棄物処理事業と環境会計

自治体が行う事業に占める廃棄物処理事業の割合は比較的高い。たとえば，総務省［2012］によれば，自治体廃棄物処理事業（し尿処理事業を含む）の平成22年度の経費は2兆660億円に及び，普通会計の歳出純計決算額の約2.18％を占めている[10]。しかし，同事業は公衆衛生面から地域環境の維持・向上に貢献するが，自治体の本業であるため環境会計の範囲から除外される例が多い。

---

(10) 自治体の目的別歳出における衛生費のうち，清掃費の割合を集計。なお，清掃費は「一般廃棄物等の収集処理等に要する経費」とされる（総務省［2012］pp. 13, 55-56参照）。

廃棄物処理事業の環境会計としては，「**廃棄物会計**」[11]と呼ばれる手法が2002年に市民団体により提案されている。同手法は，1995年に制定された容器包装リサイクル法を契機として，同法に内在する「**拡大生産者責任**」[12]の考え方に基づいて考案された。そして，リサイクル費用の事業者，自治体および市民の間の負担割合の問題解決に役立てられることが意図されている。廃棄物会計では，廃棄物の発生から処理までの物的フローを明らかにした上で，廃棄物の属性（可燃，不燃，粗大等）と資源物（ガラス瓶，アルミ缶，PETボトル等）ごとに原価計算が行われる。この調査結果によれば，容器包装リサイクル法導入以降，自治体の廃棄物処理コストの負担割合が事業者に比べて高まっている傾向にあるという（びん再使用ネットワーク［2005］）。

廃棄物会計は2006年の報告書をもって調査を終了しているが，その考え方は2008年に公表された環境省の「**一般廃棄物会計基準**」（以下，廃棄物基準）（環境省大臣官房廃棄物・リサイクル対策部廃棄物対策課［2007］）に引き継がれている。廃棄物基準は，政府の「廃棄物処理に関する基本方針」[13]（平成17年5月改正）における，一般廃棄物のコスト構造の正確な計算，ごみ有料化の推進，および，廃棄物処理方法の変更や新手法導入等に際し，環境負荷面と経済面の双方に関する情報を住民等に説明する，という方針を受けて策定されたものである。同基準では，一般廃棄物処理事業の①原価計算書，②行政コスト計算書および③資産・負債一覧，という3種類の財務書類が作成される。

原価計算書は，一般廃棄物処理費用を4作業部門（収集運搬，中間処理，最終処

---

(11) 廃棄物会計については，びん再使用ネットワーク［2005］，八木［2006］，倉阪［2004］に詳しい。
(12) 拡大生産者責任（EPR）は2000年に公布された循環型社会形成基本法において日本に初めて導入された。EPRとは，消費後の廃製品にまで生産者の物理的責任（廃製品の収集，分別，処理を行う責任）と経済的責任（廃製品の収集，分別，処理の費用を負担する責任）を拡大して自治体や消費者から生産者に責任を移転させることを通じ，生産者に環境に配慮した製品生産を行う誘因を与える環境政策上の手法である（吉野［2002］p. 47参照）。
(13) 正式名称は，「廃棄物の減量その他その適正な処理に関する施策の総合的かつ計画的な推進を図るための基本的な方針」（平成13年5月7日環境省告示第34号）である。

232　第12章　自治体の環境会計

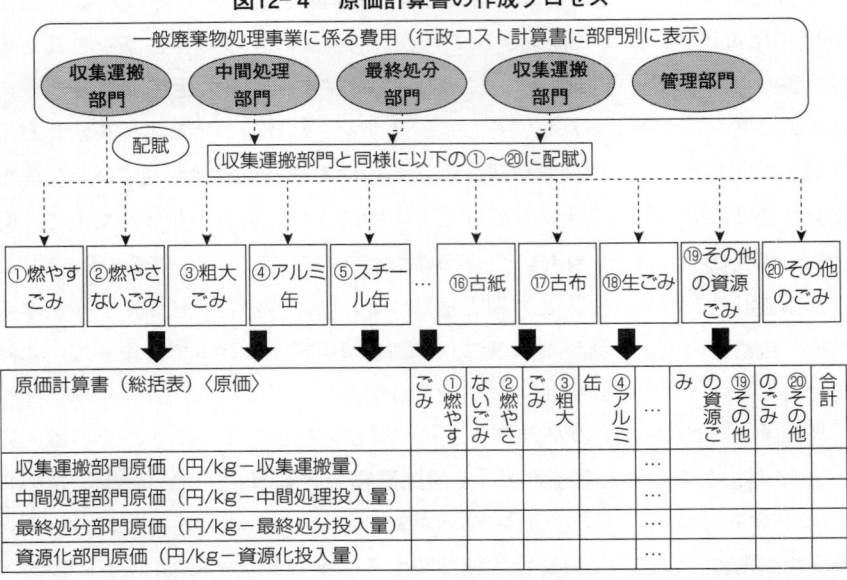

図12-4　原価計算書の作成プロセス

一般廃棄物処理事業に係る費用（行政コスト計算書に部門別に表示）

収集運搬部門　中間処理部門　最終処分部門　収集運搬部門　管理部門

配賦　（収集運搬部門と同様に以下の①〜⑳に配賦）

①燃やすごみ　②燃やさないごみ　③粗大ごみ　④アルミ缶　⑤スチール缶　…　⑯古紙　⑰古布　⑱生ごみ　⑲その他の資源ごみ　⑳その他のごみ

原価計算書（総括表）〈原価〉	①燃やすごみ	②燃やさないごみ	③粗大ごみ	④アルミ缶	…	⑲その他の資源ごみ	⑳その他のごみ	合計
収集運搬部門原価（円/kg－収集運搬量）				…				
中間処理部門原価（円/kg－中間処理投入量）				…				
最終処分部門原価（円/kg－最終処分投入量）				…				
資源化部門原価（円/kg－資源化投入量）				…				

（出所）環境省大臣官房廃棄物・リサイクル対策部廃棄物対策課［2007］に基づき筆者作成。

分，再資源化）および管理部門に類別し，それらを廃棄物種類別（可燃ゴミ，不燃ごみなど20種類）に配賦し，最終的に各廃棄物種類別の重量当たり原価に集計したものである（図12-4参照）。廃棄物基準を適用し，2007年度から毎年同基準に基づく財務書類を作成・公表しているいわき市の例を表12-4に示した。それによれば，廃棄物種類別に，どの処理段階においてどの程度の費用が発生しているかを把握できる。費用の配賦基準は，部門ごとに各費用種類別に規定され，たとえば，収集運搬部門の人件費は，収集する廃棄物に要するのべ収集運搬時間をコストドライバーに用いる。原価計算書のデータに処理量を乗じればその期の費用が求まり，当該情報は収益とともに原価計算書の参考情報として開示される。

　原価計算書は，これまで可視化されていなかった廃棄物種類ごとの処理単価と総額を明らかにすることができ，処理手数料収入などと比較することで廃棄物処理事業の**費用対効果**が明らかになる。

表 12-4　いわき市の一般廃棄物処理事業の原価計算書

対象年度：2010 年度（平成 22 年度）

	①燃やすごみ	②燃やさないごみ	③粗大ごみ	④アルミ缶	⑤スチール缶	…	⑩ペットボトル	…	⑫プラスチック製容器包装	全廃棄物種類
収集運搬部門原価 （円／kg-収集運搬量）	8.49	19.31	6.91	85.07	59.14	…	49.39	…	35.04	12.00
中間処理部門原価 （円／kg-収集運搬量）	25.26	—	25.35	20.02	20.02	…	20.02	…	20.02	25.30
最終処分部門原価 （円／kg-収集運搬量）	24.41	24.41	24.41	23.67	23.67	…	23.67	…	23.67	24.63
資源化部門原価 （円／kg-収集運搬量）	—	—	—	81.11	44.57	…	25.85	…	55.88	30.99

（出所）いわき市［2011］p.1 を一部抜粋の上，簡略化。

行政コスト計算書は，新しい公会計モデルにおいて作成される財務諸表の1つであるが，廃棄物基準では一般廃棄物処理事業に対して作成される。表12-5に示したいわき市の例によれば，経常費用は経常業務費用と経常移転支出から構成され，前者は，作業部門別に表示される。それぞれの作業部門は人件費，物件費および経費から構成されている。また，経常移転支出は原価計算書で考慮されていない補助金等が該当する。さらに，特別損失が測定・開示される一方，関連する収益は，経常業務収益，経常移転収入およびその他の収益から構成される。経常業務収益の大半はごみ収集手数料による収益が計上され，経常移転収入は，国や県からの補助金等を指す。いわき市の例を見ても一般廃棄物処理事業の高コスト構造が理解できよう。

最後に，**資産・負債一覧**が，上述したフロー計算書に対応するストック計算書として作成され，廃棄物処理事業に係る財産目録として位置づけられる。表12-6に示したいわき市の例によれば，同事業に関わる金融資産と非金融資産が表示され，その大半が，廃棄物の処理段階に応じた各部門の保有する有形固

表 12-5　いわき市の一般廃棄物処理事業の行政コスト計算書

対象年度：2010年度（平成22年度）（単位：円）　　　　　　　　　　　　　　　（単位：円）

(1)経常費用			(2)特別損失	
経常業務費用			特別損失	2,654,400
〈収集運搬部門〉			(3)経常収益	
①人件費		0	経常業務収益	
②物件費		1,117,255,412	①業務収益	475,582,664
③経費		0	②業務外収益	49,381,609
	合計	1,117,255,412	合計	524,964,273
〈中間処理部門〉			経常移転収入	
①人件費		399,509,614	経常移転収入	239,037,062
②物件費		2,207,757,457	その他収益	
③経費		151,144,313	その他収益	0
	合計	2,758,411,384	経常収益合計	764,001,335
〜中略〜				
経常移転支出			※以下，注記事項は省略。	
①扶助費等支出		0		
②補助金等支出		685,200		
③その他の経常移転支出		0		
	合計	685,200		
経常費用合計（総行政コスト）				
	合計	4,661,745,586		

（出所）いわき市［2011］pp.10-11 を一部抜粋の上，簡略化。

定資産であることが分かる。いわき市の場合，中間処理部門においてはごみ処理工場を有しているために多額に上っている。また，当該資産がすべて長期の地方債を発行することで賄われていることが明らかにされている。

廃棄物会計は，自治体においても十分に把握できていなかった廃棄物ごとの収集・処理の原価の把握を通じて，一般廃棄物処理事業の費用・収益構造を明らかにし，ごみ処理の有料化を市民に説明する1つの根拠となりうると考えられる。また，ごみ処理施設の維持・管理の更新の意思決定や説明においての活用も考えられる。廃棄物基準の適用は都道府県宛の環境省課長通知[14]の影響

---

(14) 平成20年6月19日付の環境省大臣官房廃棄物・リサイクル対策部廃棄物対策課長通知「廃棄物の処理及び清掃に関する法律第6条第1項の規定に基づくごみ処理基本計画の策定に当たっての指針について」の中で廃棄物基準の適用と活用を求めている。

表12-6　いわき市の一般廃棄物処理事業の資産・負債一覧

対象年度：2010年度（平成22年度）

科　目	金　額		科　目	金　額
（資産の部）			（負債の部）	
1　金融資産	0		1　流動負債	0
資金	0		地方債	0
金融資産（資金を除く）	0		（短期）	
略			短期借入金	0
2　非金融資産	23,262,652,325			
事業用資産	23,262,652,325		2　非流動負債	7,074,855,321
有形固定資産	23,253,390,275		地方債	7,074,855,321
収集運搬部門	221,472,000		（長期）	
中間処理部門	32,528,895,850		長期借入金	0
最終処分部門	7,346,434,255		負債合計	7,074,855,321
資源化部門	1,860,425,000			
管理部門	223,166,698			
減価償却累計額	18,942,986,083			
建設仮勘定	15,982,555			
無形固定資産	9,262,050			
ソフトウエア	9,262,050			
その他無形固定資産等	0			
繰延資産	0			
資産合計	23,262,652,325			

（出所）いわき市［2011］p.12を簡略化。

もあり，それを導入する自治体は増えてきている[15]。

　ただし，廃棄物基準では，廃棄物処理や再資源化に伴う環境負荷低減の取り組みが明らかにならず，環境保全という視点に欠ける。また，企業の原価計算期間は通常1カ月であるが，廃棄物基準では1年であるため，意思決定における迅速性を欠く懸念がある。さらに，情報作成主体である自治体の負担という点では，現行公会計制度と異なるシステムを前提としている上，各費用項目ごとに廃棄物処理費用の配賦方法が異なるため，事務作業の増大が懸念される。

（大森　明）

---

[15]　すでに多くの自治体において廃棄物基準を適用した情報を簡略化して市民に開示しているところがみられるものの，いわき市のような詳細な情報を開示しているところはまだ少ない。

COLUMN 11

政府による「環境未来都市」構想と横浜市の取り組み※

　政府は2010年6月18日に閣議決定した「新成長戦略」において21の国家戦略を策定し，その1つとして「『環境未来都市』構想」を掲げている。この構想は，サステナブルな経済社会を実現するために，各都市において環境や超高齢化といった諸問題に対処する独自の技術，社会経済システム，ビジネスモデルおよびまちづくりなどの成功事例の創出を，国が財政面や制度面から支援し，消費や雇用を拡大しようとするものである。まずいくつかのモデル都市が公募により選出された。具体的には，東日本大震災の被災地域から6件（大船渡市・越前高田市・住田町，釜石市，岩沼市，東松島市，南相馬市，新地町）と非被災地域から5件（下川町，柏市，横浜市，富山市，北九州市）が選定されている。

　横浜市は，「OPEN YOKOHAMA ひと・もの・ことがつながり，うごき，時代に先駆ける価値を生み出す『みなと』」という計画を策定し，「環境未来都市」に選定されている。環境と超高齢化への対応の他に，文化芸術や観光を生かしたまちづくりのほか，国際性や女性の活躍を支援する領域も含まれる。たとえば環境に関しては5年後に再生可能エネルギーの導入量を27 MWにすることなどが示され，これらの各領域について計画期間終了後に達成すべき数値目標が示されている。当該計画の実施によって，横浜市域において5年間で3,858億円の経済効果と32,669人の雇用創出があると推計されている。

※「環境未来都市」構想のウェブサイトおよび横浜市［2012］参照。

（大森　明）

演習問題

1　企業の環境会計と自治体の環境会計の違いを説明しなさい。
2　公営企業の環境会計情報をウェブサイト等から調べ，最も充実していると考えられるものを選び，その選定の根拠を説明しなさい。
3　公営企業と一般行政部局による環境会計情報の相違点を述べなさい。
4　自治体の環境会計における効果測定の現状と課題について述べなさい。
5　自治体の環境会計基本計画を入手し，その内容を理解するとともに，どのような進行管理が行われているか述べなさい。

第13章

メゾ環境会計

　フランスやノルウェーなどでは，水資源，森林資源および鉱物資源等の自然資源の存高（ストック）および増減量（フロー）を物量単位で測定・記録し，これらの資源の維持・管理を試みている（Pearce et al. [1992]）。この試みを自然資源会計ないし自然・環境会計という。

　本章では，自然資源会計を念頭に置き，水資源，森林資源およびエネルギー資源についての金額面のみならず物量面からアプローチする。

1　水資源と会計

　人口増加および経済活動の活発化により生活用水（上水道），農業用水および工業用水に対する水需給が逼迫している国が世界各地で増加している。日本においても地域によっては水需給が逼迫しているために，ダムや河口堰などの貯水施設を建設することにより水資源を確保し，地域の円滑な水供給システムの確立が図られてきた。

　本節では，生活用水に焦点を絞り，ダムなどの貯水施設の建設による水資源開発に関わる会計問題について取り上げる。

1.1　水資源の現状
(1)　世界の水資源

　図13-1は，世界各国の年降水量および水資源量等を示している。日本の**年降水量**は1,690 mmで，世界平均（810 mm）を大きく上回っている。図中では

238　第13章　メソ環境会計

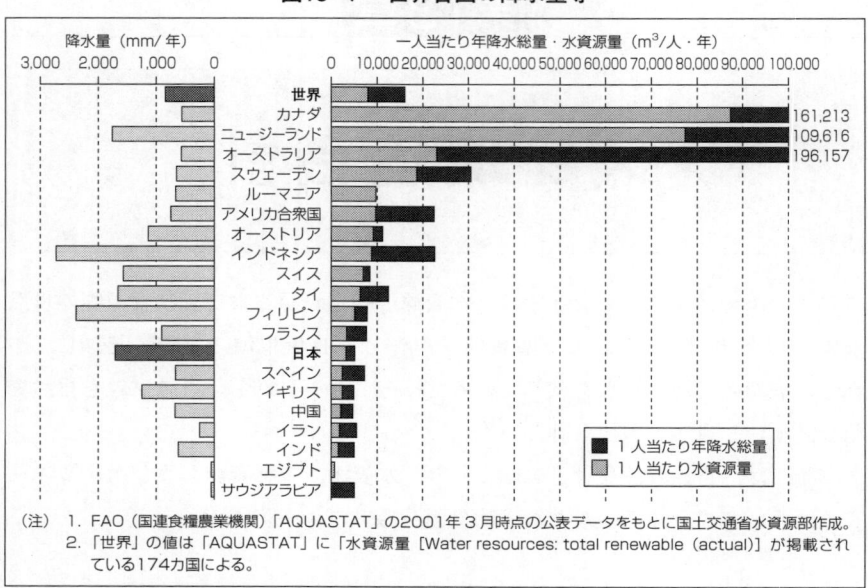

図13-1　世界各国の降水量等

（注）1. FAO（国連食糧農業機関）「AQUASTAT」の2001年3月時点の公表データをもとに国土交通省水資源部作成。
　　　2. 「世界」の値は「AQUASTAT」に「水資源量 [Water resources: total renewable (actual)]」が掲載されている174カ国による。

（出所）国土交通局水管理・国土保全局水資源部編［2001］p. 57より抜粋

降雨量の多い国に属する。しかしながら，国土が狭くかつ人口が稠密のゆえに，一人当たり降水総量は約 5,000 m³ で，世界平均（約 16,400 m³）の 1/3 以下である（国土交通省水管理・国土保全局水資源部編［2011］p. 57）。また一人当たり**水資源量**は 3,378 m³ で，これも世界平均（7,979 m³）の 1/3 弱という状況にある（国土交通省水管理・国土保全局水資源部編［2011］p. 216）。このことは，水資源の利用方法に依存するところがあるが，日本の水資源が必ずしも十分でないことを示唆している。

(2) 日本の水資源

図 13-2 は，日本における地域別降水量および**水資源賦存量**を示している。図 13-1 の年降水量および水資源量は，図 13-2 の平均年のデータである。図 13-2 において，年降水量から蒸発散量を控除した量を賦存高といい，賦存高に地域の面積を乗じた積を賦存量という。

1 水資源と会計 239

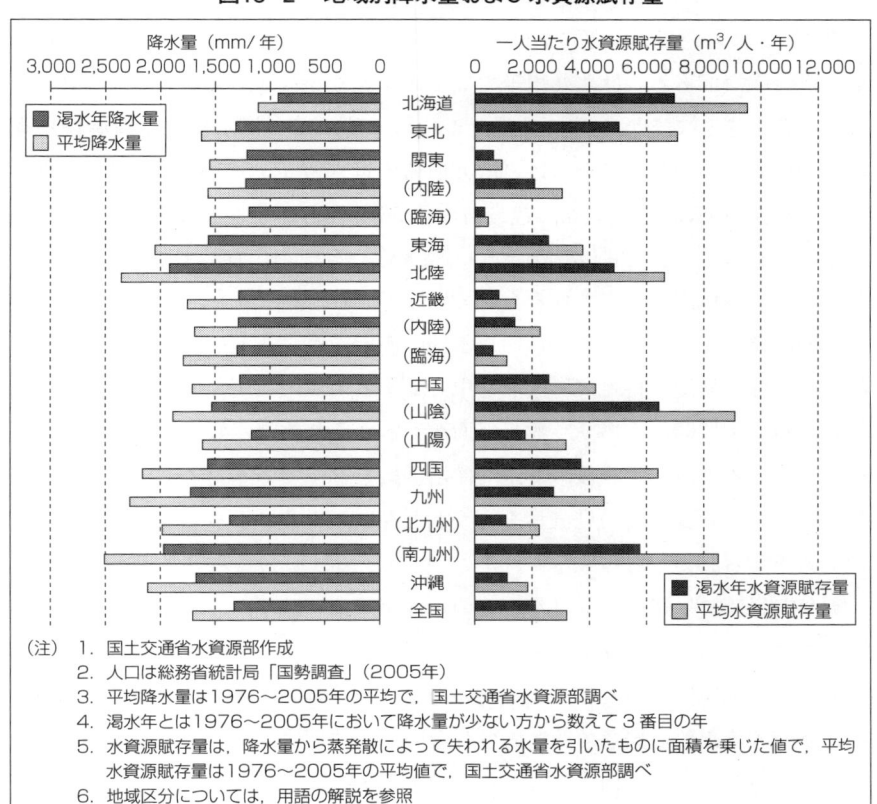

図13-2 地域別降水量および水資源賦存量

(出所)国土交通局水管理・国土保全局水資源部編［2001］p. 58より抜粋

　水が資源として強く意識されるのは**渇水年**である。渇水年の賦存量は，2,749億m³である（国土交通省水管理・国土保全局水資源部編［2011］p. 217）。2000年以降日本の**水資源使用量**（供給量）は850億m³/年未満（国土交通省水管理・国土保全局水資源部編［2011］p. 62）であるから，十分余裕があるとの印象を受ける。しかし渇水年の賦存量の全量が利用できるわけではない。「実際に水資源として利用可能な量は，ダム等によって貯留可能な量により制約されるが，ダム等の開発適地やその経済効率も考えると渇水年賦存量の6割程度」といわれ

ている（国土庁長官官房水資源部編［1984］p. 5)。

　図13-2において渇水年における一人当たり水資源賦存量が少ない関東臨海部，近畿臨海部あるいは北九州等では，ダム等の貯水施設を建造し，水資源の確保の努力をしてきた。この結果，これらの地域での渇水年の**水資源使用率**（水資源使用量÷水資源賦存量）は，他の地域が50％以下，その多くが30％以下の中で，関東臨海部91.1％，近畿臨海部56.5％および北九州部59.0％とかなり高くなっている（国土交通省土地・水資源局水資源部編［2008］p. 127)。

　水供給は地域内に限定されるものではない。しかしながら，遠方の地域での水資源の確保ならびにそこからの送水は，高い送水コストの負担以外に，伝統的に水資源の使用が特定河川流域を中心とする地域内利用の形で行われてきたことから，感情問題もあり，難しい面がある。それ故，水資源の使用が限界に近づいている地域で，今後，安定的に水供給を行っていくためには，まずは自地域内での水資源使用の見直しを行うとともに，場合によっては，更なる開発の努力をする必要があろう。

　近年，経済の低迷により日本全体の水使用量は漸減傾向にある。しかしながら，温暖化の進展に伴う気候変動による降雨パターンの変化なども予想されることから，地域によっては，水資源の需給に今後も問題がないとは言い切れない。水資源の需給が緊急の問題とされないこの時期に，水資源開発に関わる問題点を検討し，将来に備えることも重要と考える。

1.2　生活用水の供給制度

　都市用水（生活用水と工業用水からなる）の供給水源は河川水および地下水である。これらの水源からの供給量の割合は，全国で見ると，ほぼ75％と25％となっている。地域別に見ると，2種の供給水源への依存度はかなり異なるが，概して河川水への依存度が高い。前項で紹介した水利用率の高い関東臨海部，近畿臨海部および北九州部等の地域では，河川水への依存度が概して高い（国土交通省土地・水資源局水資源部編［2008］p. 127)。

　経済活動が活発に行われ，かつ人口稠密なこれらの3地域では，地下水から

の取水は地盤沈下をもたらすので中止ないし制限されるなどのことにより，これまで河川水を中心の水資源開発が行われてきた結果が，河川水への依存度を高めたといえよう。今後も，同様な理由により，一定量以上の大量の水資源の開発が必要な場合には，河川水を中心に行われることが予想される。

　河川水を利用する場合，その利用者すなわち利水者は，河川管理者（国）より**水利権**を取得しなければならない。「ダム放流などの人工を加えられていない河川流水は公物あるいは無主物であって，その公物あるいは無主物を占有的に利用する権利を水利権」(樺山・布施 [1977] p. 28) という。利水者は水利権の取得に当たって，当該河川に既存の利水者がある場合，この既存の利水者の水利権を侵害しないようにするための手段を講じなければならない。既存の利水者の水利権の侵害に関わる問題は主として渇水時に生じるので，新たに水利権を得ようとする利水者は，通例，渇水時の水量確保の方策として，河川上流にダムを建設し，豊水時流出量の一部を貯水するのである。

　生活用水の場合，その供給事業は原則として市町村が行うことになっている[1]。そこで，生活用水の水需給が逼迫すると，市町村別に水資源の確保をしなければならない。自らの行政区域内の地下水，湧水等の利用量に限界がある市町村は，新たな供給水源として河川水に依存することが多い。現状では，大抵の場合，多くの河川には既存の利水者がおり，それぞれの利水者に水利権が付与されている。それ故，これから水利権の取得を試みる市町村の水道事業体は，取得を予定している河川にダムを建設し，渇水時の放水量を確保する必要がある。

　特定の河川水系から取水している諸水道事業体が，この河川水系に順次ダムを建設して水利権を取得し，水供給をする場合，現行の水利用に関わる法律制度および会計制度のもとでは，費用負担の衡平化および実体資本の維持などの会計問題が発生する。

　（1）　水道法第6条。

1.3 費用負担の衡平化問題
(1) 原水単価

原水単価（あるいは原水コスト）は，ダムを建設した時点で河川水を取水する場合の単位（1m³）当たりのコストで，**開発コスト**ともいわれる。

$$原水単価 = \frac{生活用水事業費\{(1+0.4×利子率×工期)(減価償却率)+管理費率\}}{年間開発水量}$$

この式は，ダム建設のための資金助成および原水単価の抑制等を目的とする国庫補助金額を算定するために用いられる。分子から説明しよう。

生活用水事業費は，生活用水専用のダムの場合，当該ダム建設に関わる総事業費がこれに相当する。発電，工業用水，農業用水，治水，生活用水等いくつかの用途を兼ね備えた**多目的ダム**の場合は，総事業費のうち水道（生活用水）事業の費用負担額が生活用水事業費である。

生活用水事業費の次の小括弧内項目は，ダム建設のための借入金の利子を事業費に加算するためのものである。ダム建設に当たり，実際には，事業費は建設期間全般にわたって断続的に支払われるが，原水単価の算定に当たっては，全建設期間の60％の時点で全額支払われたものとし，工期に0.4という係数が乗じられる。減価償却率は耐用年数の逆数で示される。建設期間中の借入金の支払利息を加算した事業費合計に減価償却費率を乗ずることにより減価償却費が算出される。そしてダムの管理維持費として事業費に対して一定率（管理費率）が見込まれる。

以上の分子の諸項目の合計すなわち年間の経費額を，分母の年間開発数量で除すと，原水単価が得られる。年間開発数量は建造されたダムにおける生活用水のための貯水容量ではない。ダムを建設することにより取水可能となった年間の取水量を意味する[2]。

(2) 原水単価上昇の原因

同一河川水系内に順次ダムを建設していくと，後発のダムほどダム建設の適

---

(2) 詳細な議論は河野［1998］pp. 341-345 参照。

地が少なくなり，同じ堤体積のダムを建設しても先発ダムほどには開発水量が確保できない等の収穫逓減の法則が働き，後発のダムに依拠して取水する利水者ほど，その原水単価は上昇していくことになる。

　また，後発ダムを地質や地盤が悪いところに建設するとすればさらに事業費が嵩むなどの理由により，後発ダムに依拠する利水者の原水単価は上昇する。

　さらに，近年，ダムが建設される水源地域への対策も手厚くなっており，このことも事業費を膨らませ，原水単価を押し上げる一因になっている（樺山・布施［1977］pp. 48-57）。

　後発ダムより取水する水道事業体にとって，原水単価上昇の影響は多様である。例えば，既に原水単価の低い河川水を多量に取水している水道事業体が，新たに原水単価の高い河川水を少量取得する場合，当該事業体にとっての平均原水単価は加重平均で算出されるので，原水単価上昇の影響は微少であろう。他方，後発ダムより取水した原水単価の高い河川水が当該水道事業体における平均原水単価を大幅に引き上げるような場合には，このような水道事業体にとって，原水単価の上昇は，諸費用削減による合理化の程度，水道料金の値上げ幅あるいは財政よりの補助金の多寡などに影響するであろう。

　個別の水道事業会計の視点からは，原水単価の上昇に関わる会計的問題は，上述されたいずれかの対応策が採られれば一応解決ということになる。しかし，同一河川水系内においてダムに依拠して取水している水道事業体が複数あるとき，水道事業体間における原水単価の格差をどうすべきか，という問題は残る。

　表13-1は，前式に基づいて計算した利根川・荒川水系のダム別原水単価である。完成時の単価（水道料金に反映される単価）および2000年度基準価格に基づく単価[3]のいずれも，1960年代に完成したダムと2000年以後に完成したダムとでは大幅な開きがみられる。

　原水単価の低いダムより取水している水道事業体は，他に先駆けてダムを建

（3）　国土交通省により公表された平成12年度基準の建設工事費デフレーター中の「治水総合」のデフレーターを使用し計算した（原表は1985年価格表示）。

表13-1 利根川・荒川水系のダムの原水単価

ダム名	河川名	工事期間	総工事年数	完成時	2000年度価格
矢木沢	利根川	1959～1967	9	2.51	0.68
下久保	〃	1959～1968	10	2.42	0.68
草木	〃	1965～1977	13	11.27	7.16
川治	〃	1968～1981	14	13.37	11.23
奈良俣	〃	1973～1998	26	51.03	51.39
滝沢	荒川	1969～2000	32	66.89	66.89
浦山	〃	1972～2003	32	105.41	102.24

(出所) 河野 [1998] p.344より抜粋。

設したのであるから，この先行投資を尊重して，原水単価の格差は止むを得ないとする考え方がある。他方，供給先つまり水道事業体の選択ができない最終利水者の各家庭の視点からは，原水単価の格差に起因する，同一河川水系内での水道料金の格差は望ましくないとする考え方がある。後者の考え方を採用すると，同一河川水系内で，ダムに依拠して取水する水道事業体間での原水単価の格差是正，換言するとダムからの取水に関する費用負担の衡平化が問題となる。この問題は，個別水道事業体の会計の視点からは出てこない問題である。同一河川水系という広い地域を一つの会計単位と考えるときに始めて認識しうる問題といえる。

1.4 実体資本の維持問題
(1) 国土交通省による直轄ダムの場合

大規模ダムは，国土交通省の直轄事業によるものと独立行政法人水資源機構によるものとがある。前者によるダムの場合，ダムの建設資金は，水道事業体の借入金と原水単価の多寡を基準として交付される国庫補助金からなる。水道事業体はこれらの資金を提供してダム使用権という無形固定資産を取得し，一定年限にわたりこの資産を償却する。償却費は給水原価に算入され，水道料金

を通じて回収される。回収資金は借入金の返済等に充当される。他方，水道事業体から管理費などを徴収して実質的にダムを管理している国（国土交通省）は，周知のように現金主義会計を行っているため，ダムを有形固定資産として処理することはなく，河川状況台帳に記録し，以後，それを"モノ"として管理する。国に会計には，ダム本体の機能を将来にわたって維持するという考えは見られない。

(2) 水資源機構ダムの場合

この場合，水資源機構（以下，機構）が建設資金を借入金として調達してダムを建設する。ダムが完成すると，このダムから取水する水道事業体から調達した資金を回収する。機構側では，ダム完成時に次の仕訳をする。

| （借）事 業 資 産 | ××× | （貸）事業資産仮勘定 | ××× |
| （借）受益者割賦元金 | ××× | （貸）事業資産受益者勘定 | ××× |

決算時，水道事業体からの割賦金の入会時ならびに借入金の返済時には順に次のような仕訳が行われる。

（借）事業資産受益者勘定	×××	（貸）事 業 資 産	×××
（借）現　　　　　　金	×××	（貸）受益者割賦元金	×××
（借）借　　入　　金	×××	（貸）現　　　　　金	×××

この会計処理では，決算時にダムの帳簿価格の切り下げが行われるだけで減価償却は実施されないのでこれに見合う資金は機構には留保されない。

他方水道事業体では，機構への割賦金の支払いを費用とみて営業費用（支払利息およびダム施設・設備分担金なる費用項目）として処理する場合と，割賦元金相当額を無形固定資産（例えば，水施設利用権）に計上し，決算時に償却する場合とがある。この場合は，ダム完成時，決算時および割賦金支払い時の仕訳は順に次のようになる。

（借）水利施設利用権	×××	（貸）水資源開発資金	×××
（借）水利施設利用権償却	×××	（貸）水利施設利用権	×××
（借）支 払 利 息	×××	（貸）現　　　　　金	×××
水資源開発資金	×××		

この仕訳から分かるように，機構あるいは水道事業体の双方でダムの維持・更新については考慮されていない。

かくして，建設省直轄ダムあるいは機構ダムのいずれにおいても，現行会計制度の下では，水需給システムの根幹をなすダムという重要な施設の維持・更新に責任をもつ会計実体はないのである。

1.5 水系単位での原水単価の衡平化と実体資本維持の方法

原水単価の格差は止むを得ないとする考え方もあるが，この考え方に組みしないとすると，この格差是正のための方策が考えられねばならない。

現行の諸制度にあまり手を加えない方策として**協力金方式**が考えられる。この方式は，新規建設のダムに複数の水道事業体が参加する場合，これらの水道事業体間の原水単価の格差を考慮して，相対的に低い原水単価を享受している水道事業体に，高い原水単価を負担している水道事業体の事業費の一部を，協力金という名目で肩代わりさせるものである。

しかしながら，この方式は同一水系内でのダムおよび付帯設備からなる実体資本の維持については考慮外である。

現行の諸制度を相当程度改変することを前提とする方策としては，同一河川水系あるいは複数の河川水系を給水区域とするような**広域水道事業体**の創設（吉江［1978］pp. 2-16）や，このような広域内にある諸水道事業体に，料金を取って原水のみを供給する**原水供給事業体**の創設（三島［1965］pp. 1-33）等が考えられる。この種の広域的事業体が創設されれば，事業体内でダム別の原水単価の差異は平均化されるので，原水単価の格差は是正される。また，この種の新組織に，ダムの維持・更新の役割を担わせれば，ダムという貯水施設の維持・更新に関わる会計問題すなわち実体資本維持の問題も解消する。

現行の諸制度にほとんど手を加えることなく，原水単価の格差是正と実体資本維持の二つの問題に対処する方式がある。**賦課金方式**ないし**基金方式**である。

賦課金方式の下では，同一河川水系内の各水道事業体の水道料金に，その原

水単価の多寡を考慮した賦課金を加算して，受益者から徴収する。徴収された賦課金は，水道事業体とは別組織を創設し，この組織が基金として管理し，運用する。かくして，一方で，水道事業体間での原水単価の衡平を図るとともに，他方で，基金を，ダムや用水路等からなる水資源施設の改築，浚渫などの水供給システム全体の保全にとって有益な目的にのみ支出することをもって，基金に実体資本維持機能を持たせるのである（原田［1983］pp. 32-46）。

平成23（2011）年度の『日本の水資源』（通称，水資源白書）では，「全国の水使用量は，近年横ばいもしくは減少傾向にある。また，水資源施設の整備が進んだことも相まって，全国的に見れば水需給はバランスしつつある。その一方で，社会状況の変化，気候変動による安定的水供給への影響，既存設備の老朽化など，わが国の水資源は様々な問題を抱えている。」（国土交通省水管理・国土保全局水資源部編［2011］p. 2）と指摘されている。これらの問題への対応に当たり，先に紹介した広域水道事業体の創設は気候変動による安定的水供給および既存設備の老朽化に，基金方式は既存設備の老朽化にそれぞれ対応可能と考える。

2　森林資源と会計

森林は，再生可能資源としての木材やバイオマスエネルギーを生み出し，温暖化の原因となる二酸化炭素を吸収・固定し，水源をかん養し，そして，多様な生き物のゆりかごとなっている。このように多面的な機能がある森林には，地球環境問題が深刻化しつつある現在，かつてないほど人々の期待が高まっている。森林生態系（森林における生き物や空気・水等との共存関係）を保全しながら，森林に対する人々の多種多様なニーズを将来にわたって満たしていこうという考え方（**持続可能な森林管理**）は，日本を始め世界各国における森林・林業政策の基本理念となっている[4]。

（4）　持続可能な森林管理は，1992年の地球サミットで採択された「森林に関する原則声明」によって打ち出された考え方である。日本はモントリオール・プロセスに参加し

平成23年度 森林・林業白書によると，日本は2,510万haの森林面積を有し，国土の3分の2が森林で覆われている。このうち約41％は，人の手を加えて造成（造林）されたスギやヒノキ等の人工林である。人工林は，間伐や枝打ちを始め人の手が継続的に入ることで始めて健全な状態が維持される。

しかし，森林の管理を担う林業は1970年代以降，採算が取れず衰退していて，人工林を中心に荒廃した森林が増えている。林業の衰退は，中山間地域の過疎化や高齢化とも結び付いている。日本の森林を支える基盤として，林業の活性化が課題となっている。

本節は，林業の経営改善に役立つ情報を提供するツールとして，植林と数十年にわたる樹木の保育（造林・育林）にかかる経費を取得原価（立木原価）として集計して売上原価を決定するしくみ（立木資産の会計処理）を考察する。

2.1 林業における経営改善の取り組み

林業は，造林・育林を行い，育成した樹木を伐採して用材等を生産（伐採・搬出）する事業である。事業の特徴は，長期にわたる造林・育林の支出を，樹木が生育し伐採されたときに，木材の売却による収入で賄うところにある。

日本の林業において採算が取れない理由は，木材価格の長期的な低迷にあると説明されることが多いが，最近になって，このような見方には疑問が投げかけられるようになってきた（梶山[2011] pp. 14-16）。1964年の木材輸入の完全自由化によって外材の輸入が急増し，円高基調の為替相場と重なり，木材価格が長期的に低迷していることは事実である。ところが，国産材の木材価格を外材のそれと比較してみると，1992年以降，国産材は外材よりも安い価格で取引をされている。

日本の森林面積の約7割を占める民有林では，森林の所有規模が小さく，かつ個々の森林区画（林分）が分散して存在しているために，伐採においてまとまった事業量が確保できない状況となっている。そのため，国産材は，樹齢や

て，基準や指標の決定等，具体的なフォローアップ作業を進めている。

径がそろっている木材がまとまった数量で出てこない。また，樹木は9月から翌年の3月までが切り旬といわれ，この時期に供給が集中する。これらの状況に対応するために，日本の木材流通は，製材業者や住宅建設業者等の数多くの中間業者が連続的に介在して，生産調整の在庫を抱え，木材需給のタイミング調整を図るようになっている。中間流通の諸経費がかかるため，国産材の価格は低迷している。

　木材流通を改善させる具体的な方法としては，例えば，日本経済調査協議会が，需要をトリガーとして木材を流通させる**オンデマンド出材**を提言している（日本経済調査協議会 [2012] p. 5）。これは，樹木・素材・製材等という一連の木材フローを対象にサプライチェーン・マネジメントを導入して，木材の高付加価値化と，流通在庫の排除による木材流通の低コスト化を図るしくみである。

　また，日本では，林分が小規模で散在しているために，ある林分での森林施業（間伐・枝打ち・植林等の作業のこと）にあたって，所有をまたぐ形での林道や作業道等（路網）が作設できず，高性能林業機械を導入しても現地まで持っていくことができない。高性能林業機械を導入したとしても，まとまった事業量を継続的に確保して，機械をフル活用できなければ，機械化による固定費負担が経営に重くのしかかる。とはいえ，日本は賃金水準が高いために，現在のような小規模かつ労働集約型の林業を続けていては競争力の向上が図れない。

　2009年12月に日本政府は「**森林・林業再生プラン**」を発表した。これは，林業の再生を通じ森林を適切に整備する体制を構築して，2020年までに木材自給率を50％以上まで高めることを目指している。林業を再生する切り札として掲げられているのが，森林施業の集約化と高性能林業機械の導入・普及である。森林組合等が森林所有者に働きかけて，小規模に散在する林分を取りまとめ団地化して森林施業を集約化し，まとまった林分において路網を密に構築し機械化を大規模に押し進めて，林業の生産性を高めようというわけである。

　森林所有者に働きかける具体的な方法としては，例えば，京都府・日吉町森林組合のように，所有者別の林分を調査し詳細な見積り（森林施業提案書）を提示して，作業と経費の透明性を高める**提案型集約化施業**がある。全国森林組合

連合会は，伐採・搬出にかかる作業と経費の集計について，「間伐生産性・コスト分析シート（間伐シート）」を提案している。

2.2　民有林における立木資産の会計処理

木材フローを対象に SCM を導入したり，森林施業の集約化と高性能林業機械の導入・普及を促進したりするためには，森林所有者等において，経営改善に役立つ情報を提供するしくみが整備されていなければならない。ここで中心となるのは，立木資産の会計処理である。

日本の森林は国有林と民有林に大別できる。民有林の所有者は，地方自治体等を除けば，①王子製紙株式会社[5]のように，法人経営で上場する事業者，②兵庫県の前田林業株式会社のように，法人経営で非上場の事業者，また，③三重県の速水林業のように森林を個人で所有する事業者に区分できる。

(1)　王子製紙株式会社

王子製紙は，将来の紙・パルプ原料の確保のために，北海道を中心に約 19 万 ha の国内社有林をグループで所有・管理している。王子製紙の国内社有林に関する会計処理を，立木資産を中心にまとめると図 13-3 のようになる。

新規に植林をした場合，法令解釈通達の「基本通達・法人税法」に従い，地拵・下刈・植付等にかかる初年度の植林経費が，立木原価として資産計上される[6]。山林関係費用には，2008 年度までは，租税特別措置法の植林費の損金算入の特例に従い，初年度の植林経費の何割かが含まれていた[7]。

---

(5) 王子製紙を中心とする王子グループは，2012 年 10 月に，王子ホールディング株式会社を持株会社とする形で再編された。
(6) 原則として，造林・育林にかかる経費はその全額が立木原価となるが，おおむね毎年（将来にわたる場合を含む）輪伐を行うことを通例とする法人については，初年度の植林経費のみを立木原価とし，その他は，当該経費の属する事業年度の損金とすることが認められている。
(7) 植林費の損金算入制度は，拡大造林を対象とする造林費の特別償却として 1957 年に始まった。1971 年には損金算入の形となり，1983 年には，再造林も適用対象とする植林費の損金算入に改正された。損金算入率は増減があったが，2001 年から 35 ％であった。

図13-3 王子製紙における立木資産の会計処理等

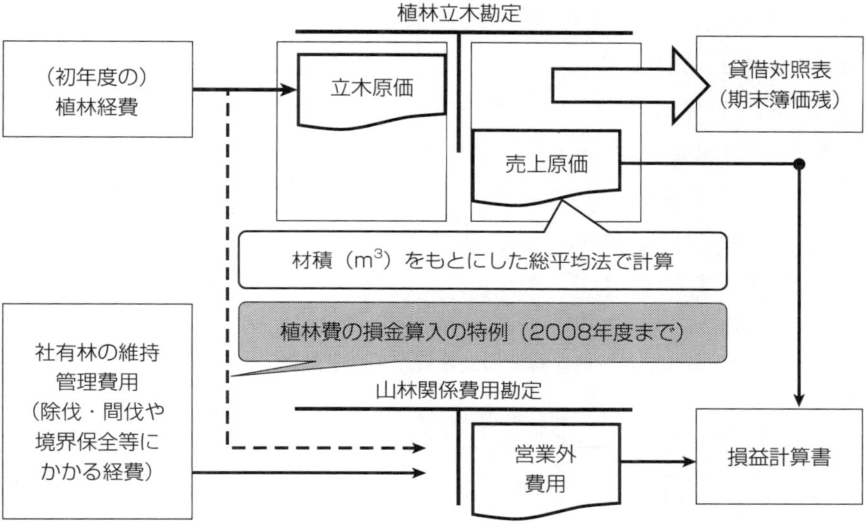

(出所) 筆者作成。

(2) 前田林業株式会社

　兵庫県の前田林業は，岡山県内を中心に 559 ha の森林を所有・管理している。前田林業は，造林・育林にかかる経費をすべて立木原価として資産計上し，伐採しても費用化してこなかった。伐採時に費用化しなかったのは，①中小企業なのでできるだけ資産を大きく見せたかったから，②法人事業税が林業は非課税なため費用化して税金対策をしてこなかったからである。

　前田林業は2007年9月決算から，造林・育林に原価計算を導入し，2008年9月決算から伐採時に立木原価を費用化するようになった（梶原晃 [2008] pp.38-47）。

(3) 速水林業

　三重県の速水林業は，三重県紀北町において，ヒノキの人工林を中心に，1,070 ha の森林を管理している。速水林業は家族経営であり，その所得（**山林所得**）は所得税の対象である[8]。また，森林所有者の速水亨代表は認定林業事業体の代表でもあり，この事業体が速水代表から作業の依頼を受けて，事業体

252　第13章　メソ環境会計

に所属する従業員が，間伐や植林等の具体的な作業を行っている。速水林業の立木資産に関する会計処理は，図13-4のようにまとめることができる。なお，伐採時は，山林所得の計算方法の一つである概算経費控除方式に依拠し，立木収入の50％が売上原価として，立木原価から減額される。

さて，王子製紙・前田林業・速水林業を取りあげ，立木資産の会計処理を検討したが，立木原価として集計する作業や経費の範囲，立木原価の費用計算（売上原価の決定）には統一的な会計基準はない。それでいて，各事業者は税法の規定に引きずられており，税法が変われば立木資産の会計処理を変更すると

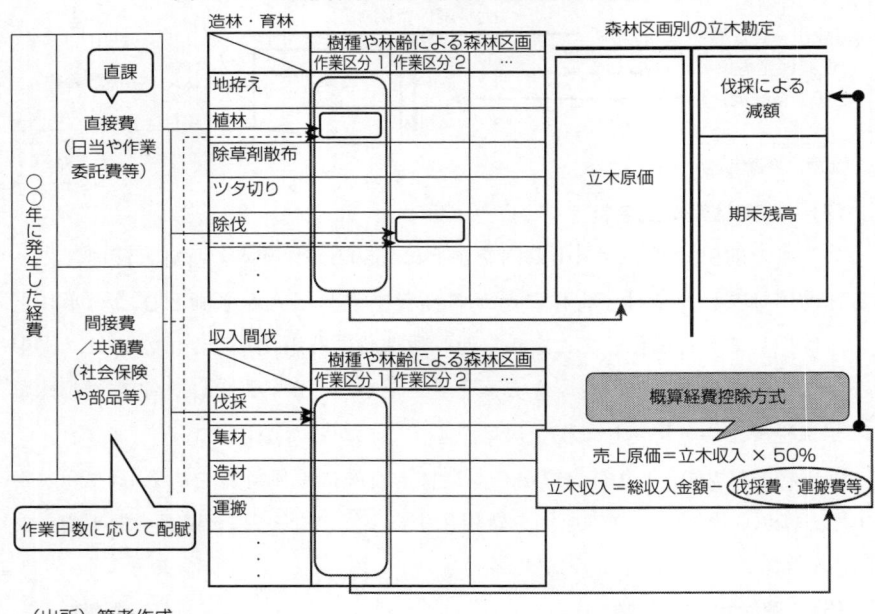

図13-4　速水林業の立木資産の会計処理（イメージ）

（出所）筆者作成。

（8）　山林所得の計算方法には，一般方式と概算経費控除方式がある。一般方式は，総収入金額から造林・育林及び伐採・搬出にかかる必要経費等を差し引いて計算する。概算経費控除方式は，総収入金額から立木収入の50％，伐採費・運搬費等を差し引いて計算する。概算経費率は1953年に37％として始まり，その後増減はあったが2006年から50％となっている。

いうように，継続的な会計処理の適用が歪められている。このような状況では，民有林における立木資産の会計処理が森林所有者等の経営改善に役立つ情報を十分に提供できているとはいいがたいところがある。

2.3　国有林野事業における立木資産の会計処理

国有林野事業特別会計は，日本の森林面積の約3割に及ぶ国有林を経営管理している。1947年に林政統一がなされて，国有林野事業特別会計法に基づき，その趣旨規定を根拠として特別会計制度の採用と，企業的運営による損益計算（複式簿記を用いた発生主義会計）を行っている。具体的な会計手続は，民間企業における一般に公正妥当と認められた会計処理（企業会計原則）におおむね準拠している。

日本の森林管理では，森林の長期的な整備・経営管理計画（森林計画）の作成について，明治期にドイツから森林経理学が導入されて以降，その理念を，国有林野事業は基本的に変更のないまま用いている。森林経理学は森林管理の目的をいくつかの指導原則として体系化するが，それらの指導原則のうち，森林管理に独自なものとして，中心となるのが**保続性原則**である。

保続性原則は，将来にわたって木材生産が毎年均等に継続できるような森林管理（収穫の保続）を求める指導原則である。毎年成長量だけ立木蓄積を伐採し，成長量を維持できるだけの造林を行うことで，生産資本たる立木蓄積が一定に維持できると考える。

また，主として保続性原則に関係し，森林経理学において基本理念となるのが**法正林**の概念である。法正林とは，収穫の保続を実現する条件を備えた森林のことで，具体的には，齢級分配，林分配置，立木蓄積，成長量を条件とする。

(1)　蓄積経理方式

国有林野事業は，1972年度まで，立木資産の会計処理で**蓄積経理方式**を採用していた。蓄積経理方式は保続性原則を論拠としており，法正林における立木蓄積と，会計上の恒常在高（基準量）の概念を結び付けて，固定資産である

立木資産の会計処理に恒常在高法を用いる。

恒常在高法は棚卸資産の貸借対照表価額の算定方法の一つで，基準棚卸法とも呼ばれる[9]。これは，企業が生産・販売活動を展開するうえで最低限必要な棚卸資産を基準量とし，基準量に対しては，基準棚卸法を採用したときの原価を適用し，価格の変動に関係なくその価額で評価していく方法である。

国有林野事業において，蓄積経理方式という特殊な方法が採用されたのは，①伐採超過による立木蓄積の侵食を計算的に明確にし，このような資本侵食による収入を損益計算から排除しようとしたから，②恒常在高法を用いることで，利益計算からインフレの影響を排除して資本維持を図ったからである。

保続性原則に基づく地域別の森林計画の通りに伐採し，これに見合うだけ造林を行えば，立木蓄積は変わらないと考えられる。この場合，伐採・販売した売上高には，当期の造林に要する経費（造林費）が売上原価として対応する。現実には伐採超過・伐採不足，造林超過・造林不足が生じてくるので，例えば，伐採超過はそれに対応する売上高を利益から控除する。

(2) 取得原価方式

国有林野事業は1973年度から，企業的経営への諸制度改善の一環として，蓄積経理方式にかわり取得原価方式を採用した。これは，①管理会計の手法を導入するとともに，民間企業と同じように企業会計原則に準拠した立木資産の会計処理を行うためである。また，②造林費を実態に即して資本的支出とすることで，森林の造成プロセスとして，長期借入金の担保財産を明確に把握できるような会計処理の方式とするためである[10]。

取得原価方式では，当期の造林費は資産計上されて，これが生育し伐採されたときに，売上高に対応する売上原価となる。

貸借対照表において立木資産は立木竹勘定に集計されるが，この勘定は，経

---

(9) 基準棚卸法は，企業会計原則及び連続意見書第四「棚卸資産の評価について」において，選択できる算定方法となっているが，企業会計基準第9号「棚卸資産の評価に関する会計基準」では削除された。

(10) 造林や林道整備のために，長期借入金として財政投融資から資金を導入するにあたり，大蔵省が取得原価方式の採用を要求していた。

営管理のため内部において，造林仮勘定と材積勘定とに分かれている。造林仮勘定は，生育基準に達しない人工林を記録する勘定である[11]。材積勘定は，それ以降の人工林を記録する人工林勘定と，天然林を記録する天然林勘定からなる。造林仮勘定では原価計算を行って，更新年度別に毎年の造林費を造林原価として集計し育成過程を明らかにする（造林事業の原価計算）。

(3) 造林事業の原価計算

造林事業の原価計算は，費目別計算，工程別計算，更新年度別計算からなる総合原価計算である[12]。1973年度を事例として取りあげると，図13-5のようにまとめることができる。図13-5の原価計算は営林署の管轄区域（事業区）別に行われていた。造林仮勘定に集計する造林原価は，生育基準に達しない（1973年度では林齢21年生未満）立木の育成や購入に要した経費である[13]。

費目別計算は，造林事業の実行総括表に計上してある経費の分類・計算をもとにしている。実行総括表は，樹種や林齢等をもとにした林分別に，会計期間における作業別の実行量（面積），延人員，所要経費を集計するものである。その表示は，類・種という作業別分類を行とし，材料費，労務費，経費という形態別分類を列とするマトリックス形式となっている。類は更新，保育，林地施肥等であり，例えば，類のうちの更新（新植）は，地拵・植付，保育は下刈・除伐・枝打ち等というように種に細分類される。

工程別計算では，計算の手間と森林施業の特殊性等を踏まえ，造林事業の実行総括表における作業工程（類・種）に準じて原価部門が設定されている。類・種に直接結び付く経費が直接費，そうでないものが間接費となる。

更新年度別計算は更新年度別の造林原価の集計である。林齢21年生以上の造林原価は造林仮勘定から人工林勘定に振り替え，林齢21年生以上の立木の購入に要した経費とともに，立木原価として人工林勘定に集計する。また，天

---

(11) 生育基準に達しない立木の林齢は，1973年は林齢21年生未満となっていたが，1983年には林齢26年生未満，1991年には林齢31年生未満と改められた。

(12) 1992年度からは，事務手続の簡素化のため，工程別計算は行われなくなった。

(13) 1983年度の決算からは，造林事業に要した借入金に係る利子（造林関連利子）を造林原価に算入するようになった。

図13-5 造林事業の原価計算における勘定連絡図 (1973年度)

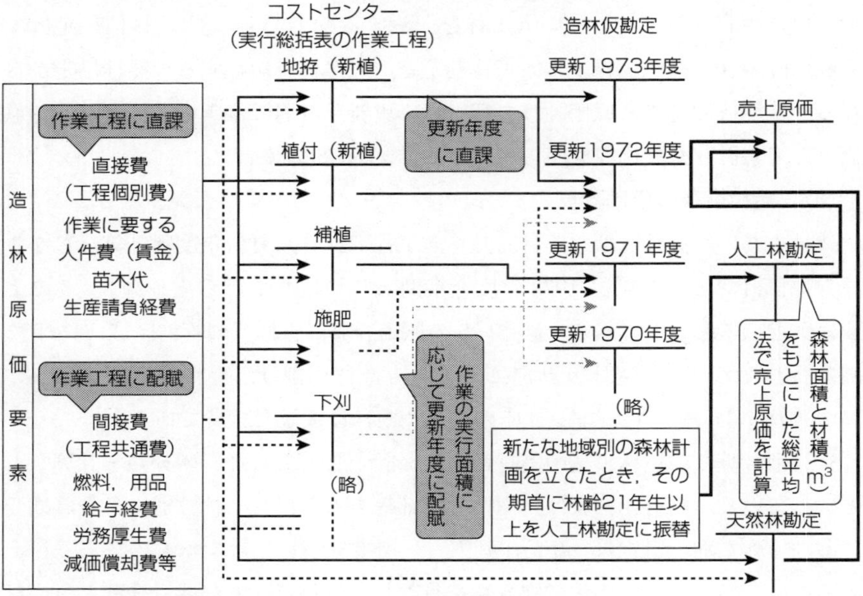

(出所) 林野庁経理課決算班 [1973] p.3 より筆者作成。

然林については，林齢21年生未満の造林原価，立木の購入に要した経費を，天然林勘定に立木原価として集計する。

　国有林野事業において取得原価方式の採用により，造林事業に原価計算が導入されたことは，経営管理の観点からは画期的であった。このような原価計算を，事業区別ではなく林分別に行う形で民有林に導入すれば，作業と経費の管理，見積価格の算出，長期計画の立案等に利活用できると考えられる。

2.4　森林が生み出す公共的なサービスの費用負担と環境会計

　林業は，森林生態系を保全し人々の多様な期待を満たすように，森林を経営管理しその費用負担をしている。他方，森林が生み出すモノやサービスのうち，林業に実際の収入をもたらしているのは木材生産だけである。森林は二酸化炭素の吸収・固定や生物多様性の保全等の公共的なサービスを提供している

にもかかわらず，その受益者が費用を負担せずただ乗りしている。

　森林が生み出す公共的なサービスの対価を，受益者に負担させようとする試みが各地で始まっている。例えば，環境省及び林野庁が2009年に**オフセット・クレジット制度**（J-VER：Japan Verified Emission Reduction）における森林吸収クレジットの認証基準を設定している。森林吸収クレジットは，新たに植林した面積や，間伐を始め，適切な森林管理を行っている森林面積に対して発行される。こうして発行されたクレジットを，実施者は，排出量削減が困難で他の場所での削減量を購入したい企業等に売却することができる。

　1970年代以降，採算が取れず衰退している林業だが，森林が生み出す公共的なサービスの受益者から適切な対価を受け取ることができれば，採算が取れるかもしれない。しかし，これらの対価は（一部を除き）実際に支払われているわけではないので，従来の会計の枠組みで取り扱うことはできない。

　従来の会計の枠組みとは別に，環境省の環境会計ガイドライン（2005年版）が提案するようなコストと効果の対比を森林管理に適用すると，林業を主体として，森林管理にかかるコストと，その効果を対比させる枠組みが考えられる。具体的な効果は，木材生産による収入の他，未利用間伐材や林地残材（枝葉・梢端部分等）の発生量，二酸化炭素の吸収量等といった物量数値，未利用間伐材や林地残材を資源利用や熱利用したり，森林吸収クレジットを設定・売却したり等によって，林業が獲得できるかもしれない推定的効果である。

　環境会計は林業が新たなビジネスチャンスを発見できるとともに，自らの活動が地球環境や流域等にどれだけ貢献しているのを理解できるしくみとなる。また，これを一般に公開していくことによって，森林が生み出すモノやサービスの受益者は誰か，誰がどのように，いくら費用負担するべきか等，政策的な議論ができるようになると考えられる。

3　エネルギー資源と会計

　熱，動力，照明および通信等の形でのエネルギー需要を満たすために，石

油, 石炭, 天然ガス, 水力・地熱および**新エネルギー**等[14]のエネルギー資源が供給され, 消費される。エネルギーの需要面においては, これまで, 経済成長に伴って増大するエネルギー需要を, 各種のエネルギー資源の中から, 種々の制約条件を考慮して, いかなる数量的組み合わせで満たしていくかが重要な問題であった。今後も環境保全および原子力発電の安全性等の新たな要因を加味して, 需要を満たす数量的組み合わせの問題の重要性は従来に勝るとも劣らない。

国民経済レベルでのエネルギー資源選択問題について, 会計的視点から考察するために, 一次エネルギーの40％強を使用し, かつ会計データを含む各種のデータが利用可能な電力事業を中心に分析を試みる。

3.1 わが国のエネルギー需給状況と需給見通し

(1) エネルギー需給状況

2010年度において, わが国では, 石油, 石炭, 天然ガス, 原子力, 水力・地熱および新エネルギー等のエネルギー資源すなわち**1次エネルギー**が, 546×10^{10}kcal供給されている。そのうち産業, 民生および運輸等のエネルギー需要部門で消費されるのは342×10^{10}kcalである。一次エネルギーの当初の国内総供給量と最終消費量との差204×10^{10}kcalは, エネルギー転換部門で生じるロスと自家消費等を意味する。総供給量の1/3強が, エネルギー需要部門で最終的に消費される前に失われているのである。

電力事業についてみると, 電力を生産するために239×10^{10}kcalの1次エネルギーの供給を受けている。1次エネルギーの43.8％に当たる。この比率を**電力化率**という。電力事業は供給された1次エネルギーを基に100×10^{10}kcalの電力を生産するが, 同部門内で11×10^{10}kcalの自己消費等[15]がされるの

---

(14) 太陽光発電, 風力発電, 廃棄物発電・バイオマス発電, バイオマス熱利用, その他 (太陽熱利用, 廃棄物熱利用, 未利用エネルギー (雪氷融解熱利用等), 黒液・廃材等) (資源エネルギー庁 [2008] p. 30)。

(15) 自己消費分と統計誤差

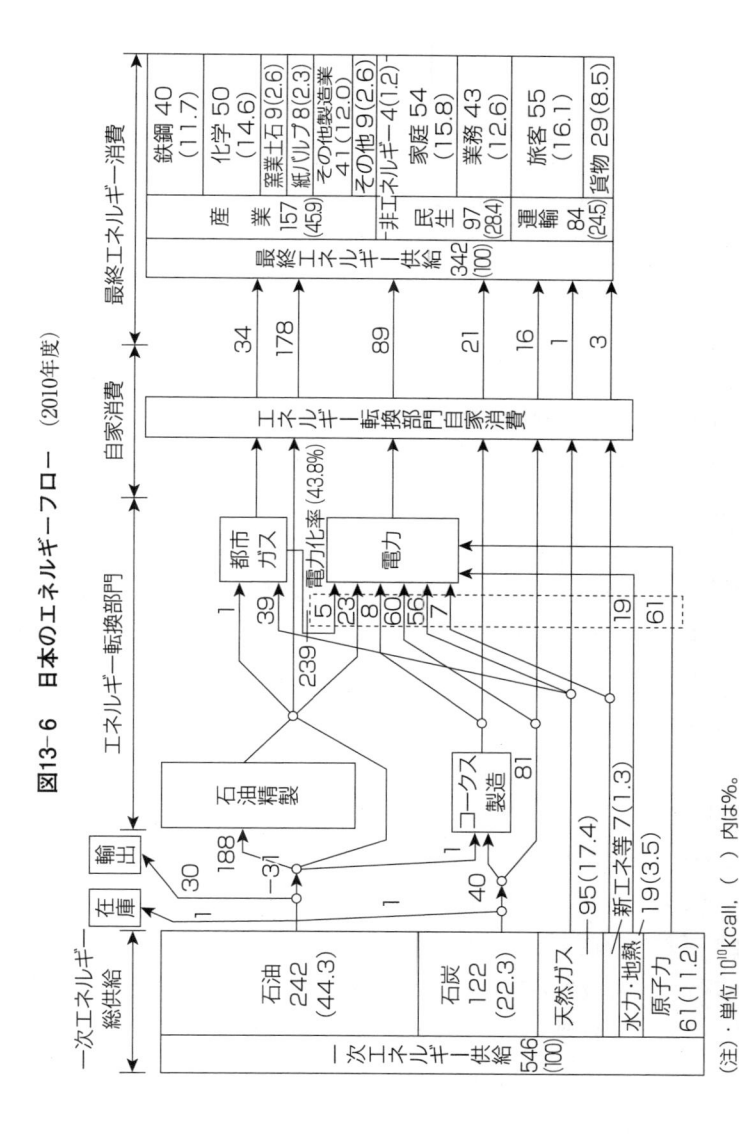

図13-6 日本のエネルギーフロー (2010年度)

(注)・単位: 10^{10} kcal, ( ) 内は%。
・エネルギー転換部分において、投入分と生成分の差は転換ロス・統計誤差等である。
・%は四捨五入の関係で、合計が100にならない場合がある。
(出所) 資源エネルギー庁長官官房企画調査課編 [2012] pp. 18-19, 資源エネルギー庁長官官房企画調査課編 [1998] pp. 14-15: 日本エネルギー経済研究所計量分析ユニット編 [2012] pp. 18-19 に基づき筆者作成。

で，最終需要部門に供給される電力は $89×10^{10}$kcal である。投入エネルギー量と産出され，需要家に供給された電力量との比率は 37.2％ である。60％強のエネルギーが失われていることになる。また，最終部門に供給されるエネルギーのうち電力の割合は 26.0％ である。電力は使い勝手はよいが，その生産のために多大の 1 次エネルギーが消費されることを銘記しておく必要がある。

(2) エネルギー需給見通し

ところで，国民経済レベルでのエネルギー選択問題の難しさは，エネルギー資源の開発から利用まで長年月を要することから，10～20 年先の将来のエネルギー需要を予測し，その予測量に見合う供給計画を現時点で策定し，推進していかなければならないところにある。

経済産業大臣の諮問機関である総合資源エネルギー調査会が，**エネルギー需給の見通し**についての公式の数値を公表してきた。最近では，2008 年に公表している。この需給見通しは，エネルギー基本法およびこれを受けてのエネルギー基本計画において，エネルギーの「安定供給の確保」，「環境との適合」およびこれらを十分考慮した上での「市場原理の活用」の 3 方針を踏まえて決められたものである。（資源エネルギー庁 [2008] pp. 1-3）。下記の 3 ケースの需給見通しがされている。

まず，「現状固定ケース」は，現状（2005 年度）を基準とし，今後新たなエネルギーが導入されず，機器の効率が一定のまま推移した場合で，耐用年数に応じて古い機器が現状（2005 年度）レベルの機器に入れ替わる効果のみを反映したケース，また「努力継続ケース」は，これまで効率改善に取り組んできた機器・設備について，既存技術の延長線上で今後とも継続して効率改善の努力を行い，耐用年数を迎える機器を順次入れ替えていく効果を反映したケース，そして「最大導入ケース」は，実用階段にある最先端技術で，高コストではあるが，省エネ性能の格段の向上が見込まれる機器・設備について，国民や企業に対して更新を法的に強制する一歩手前のギリギリの政策を講じ最大限普及させることにより劇的な改善を実現するケースである（資源エネルギー庁 [2008] p. 12）。

これらの3ケースにおける目標年度（2030年度）のCO$_2$排出量は，2005年度比で，順に11％増，5％減および22％減と予測されている。因みに，環境配慮の視点からの2008年公表の需給見通しの再計算結果が2009年に公表されているが，この場合の2030年度の3ケースのCO$_2$排出量は，2005年度比で，順に1％減，10％減および27％減とされている（経済産業省［2009］）。

　2008年公表および2009年の再計算のいずれのエネルギー需給見通しにおいても，3ケースにおいて原子力発電は2005年以降13基増設（4基は建設中，9基は新設）を前提としたものであり，原子力発電の発電量に占める比率は目標年度には最大で45％と予測された。

　しかしながら2011年3月11日の東日本大震災による東京電力福島第1発電所の爆発事故以後，原子力発電依存から脱原発依存政策の方向にエネルギー政策の舵が切られた。

　国家戦略担当大臣を議長とするエネルギー・環境会議は，2012年6月29日に「エネルギー・環境に関する選択肢」と題する報告書を公表した（エネルギー・環境会議［2012］）。そこでは，「原発からグリーンへ」というスローガンのもと，2030年に向けた3種のシナリオが提案された。すなわち原子力発電の比率について，①ゼロシナリオ，②15％シナリオおよび③20％〜25％シナリオである。3種のシナリオの選択は国民の意見の聴取（国民的議論）後に行われるということで，全国のいくつかの会場で意見聴取が行われ，審議の結果，2012年9月14日に，3種のシナリオ中，ゼロシナリオが採択された[16]。

　ところで，先に紹介した電力化率であるが，1970年前半の20％台を底として，以後高度成長とともにその比率を高め，1990年代後半には40％に達した。その後も長期の景気の低迷にかかわらず電力化率は漸増し[17]，2011年度には43.8％となっている。電力は使い勝手の良いエネルギーであることから，今後も電力化率は上昇を続けることが予想される。このことは，電力産業におけるエネルギー資源（第1次エネルギー）の選択が，日本のエネルギー資源の選

---

(16)　エネルギー・環境会議報告書「革新的エネルギー・環境戦略」
(17)　河野・八木・千葉［2010］p. 125, 図12-2参照。

択に与える影響が大きいことを意味している。

先に紹介した2008年公表のエネルギー需給見通しにおけるエネルギー資源の安定的確保，環境保全および市場原理の活用の3方針中，前2者は政府の政策に依存するところが大きく，本節の手に余る課題である。そこで，ここでは，市場原理の利用，特に各種電源のコストを中心に議論を進めることにする。

3.2 電源選択の1要因としての発電費
(1) 実勢値に基づく発電単価

わが国の電力産業に占める9電力会社すなわち北海道，東北，東京，中部，北陸，関西，中国，四国および九州の割合は大きい。2011年3月31日現在，わが国の事業用発電設備容量の90.4％，事業用発電電力量の83.9％を占めている（電気事業連合会統計委員会編［2011］pp. 16-17, pp. 42-43）。さらに，9電力会社については，有価証券報告書をはじめ，各種の統計資料の利用が比較的容易であるゆえ，9電力会社に絞って資料を見ていく。

表13-2は有価証券報告書に基づく2007年度～2009年度の3年間の発電量および発電費の累計データである[18]。単年度のデータのみの比較では，たまたま当該年度に発生した渇水，燃料の高騰あるいは事故による原子炉の長期修繕等の要因により，電源別発電費に異常費用が加算され，比較困難な可能性がある。企業外部者にとってはこれらの異常費用を除去することは難しい。そこで，仮に異常費用があったとしてもその影響を薄めるために3年間の累積データを使用した。

表13-2の9社合計欄の**1kWh当り発電費**を見ると，水力，原子力，火力の順に高くなっている。表13-2の最下欄の1kWh当り発電費欄を行にそって見ると，水力では九州が，火力では関西が，そして原子力では北陸が他社に比べてかなり高い。北陸の原子力が高いのは2007年度にその発電を停止し発

---

(18) 2010年度以降の実勢値には2011年3月11日の東日本大震災の影響が入るので使用しなかった。

表13-2 3年間 (2007年度～2009年度) の会社別・電源別発電量および発電費

項目		会社名	北海道	東北	東京	中部	北陸	関西	中国	四国	九州	9社合計
発電量 (100万 kWh)		水力	9,631	23,514	35,342	24,644	16,275	38,508	8,897	8,461	11,407	176,679
		火力	55,116	143,828	536,889	290,948	61,903	143,712	109,982	60,030	105,897	1,508,105
		原子力	28,280	58,281	215,533	62,155	18,934	192,187	25,201	44,487	117,688	762,746
		計	93,027	225,423	787,764	377,747	97,112	374,407	144,080	112,978	234,992	2,447,530
発電量 の割合 (%)		水力	10.4	10.4	4.5	6.5	16.7	10.3	6.2	7.5	4.9	7.2
		火力	59.2	63.7	68.2	77.0	63.8	38.4	76.3	53.1	45.1	61.6
		原子力	30.4	25.9	27.3	16.5	19.5	51.3	17.5	39.4	50.0	31.2
		計	100.0	100.0	100.0	100.0	100.0	100.0	100.0	100.0	100.0	100.0
発電費 (100万 円)		水力	52,787	105,006	270,660	142,448	60,139	206,640	76,612	43,315	126,602	1,084,209
		火力	549,613	1,449,760	5,884,136	2,861,142	489,902	1,896,928	1,047,005	384,068	1,089,427	15,651,981
		原子力	222,777	475,523	1,498,419	442,263	227,633	1,117,760	196,276	275,659	683,470	5,139,780
		計	825,177	2,030,289	7,653,215	3,445,853	777,674	3,221,328	1,319,893	703,042	1,899,499	21,875,970
1kWh当 り発電量 (円)		水力	5.48	4.47	7.66	5.78	3.70	5.37	8.61	5.12	11.10	6.14
		火力	9.97	10.09	10.96	9.83	7.91	13.20	9.52	6.40	10.29	10.38
		原子力	7.88	8.16	6.95	7.12	12.02	5.82	7.79	6.20	5.81	6.74
		発電単価	8.87	9.01	9.72	9.12	8.01	8.60	9.16	6.23	8.08	8.94

(注) 1. 火力には内燃力発電を含む。
2. 発電単価は3年間の3電源の加重平均。
3. 東京電力の発電量は連結ベース、発電費は単独ベース。
4. 北陸電力の2007年度の原子力発電量はゼロ。
(出所) 9電力会社の「有価証券報告書」に基づき筆者作成。

電量がゼロに起因している。九州の水力および関西の火力の高い原因は有価証券報告書からは見いだせない。

参考のために，合計欄中の数値から，上記3社の水力，火力および原子力に関する発電量および発電費を除いて1kWh当り発電費を再計算すると，9社合計欄の水力は5.79円，火力は10.08円および原子力は6.60円となり，水力，原子力，火力の順に高くなることには変わりはない。しかしながら，会社別に見ると，必ずしもこのような順になっていない。北海道，東北，中部，関西および四国は合計欄と同様の順になっているが，東京および中国は原子力，水力，火力の順に高くなっており，北陸は水力，火力および原子力の順に，さらに九州は原子力，火力および水力の順に高くなっている。

また，同じグループに属している電力会社でも水力，火力および原子力の1kWh当り発電費にかなりの差異がみられる。これらの差異は設備の耐用年数，稼働（利用）率，燃料費の価格あるいは水力については渇水あるいは豊水の別等により発生する。それゆえ，将来の電源選択に当たり，実績値を選択の要因として取り上げることは望ましくない。そこで，各電源について設備を新設し，稼働した場合の1kWh当り発電費を取り上げる。残念ながら，電力関係者以外の者にとってこの費用の算定は至難であるので，1kWh当り発電費の公表資料を利用することにしたい。

(2) 電源設備を新設した場合の電源別発電費

エネルギー・環境会議・コスト等検証委員会は，福島第1原子力発電所の事故を踏まえて，原子力を含む各種電源の発電費を試算した。また，同委員会はこの試算結果と総合資源エネルギー調査会電気事業分科会コスト等小委員会による2004年の試算結果を比較しているので，表13-3にこれらの二つの試算結果をまとめた（エネルギー・環境会議・コスト等検証委員会［2011］pp. 35-68）。

問題の原子力発電であるが，2011年試算の**1kWh当り発電費**は，2004年試算値に，運転維持費等1.4円（資本費0.2円，運転維持費1.0円，核燃料リサイクル−0.1円，追加的安全対策0.2円等），政策経費1.1円，事故リスク対応費用0.5円以上（最低でも0.5円，現時点で判明している損害額を6兆円として算出。損害額が1

兆円増加すると 0.1 円増加。) を加算したものである。損害額が 10 兆円なら 9.3 円と見込まれる。

　2004 試算値が単一値で示されているのに対して，2011 年試算値は，原子力の下限値表示の他，一定の価格幅で表示されており，さらに再生可能エネルギーの試算がされていることも特徴といえる。2030 年の試算値でみると，再生可能エネルギー中，風力，地熱，太陽光等の下限値は，原子力，石炭，LNG 等と十分対抗できる価格となっている。つまり，価格面から見れば，この試算結果は，再生可能エネルギーの選択を考慮の対象としうることを示しているといえよう。

　しかしながら，風力や太陽光のように日々の風量あるいは日照時間に依存する再生可能エネルギーを大量に導入した場合の余剰電力の発生や周波数変動等の系統安定対策 (経済産業省 [2012] p. 179) に係る費用が考慮されていない他，これらの再生可能エネルギーについては開発が進められている段階 (エネルギー・環境会議コスト等検証委員会 [2011] p. 66) にあり，経済性の面で未だ問題がある (経済産業省 [2012] p. 172) ことから，技術開発および普及次第では，再生可能エネルギーの価格は 2030 年に表 13-3 の水準まで低下しない可能性もある。

　原子力の 1kWh 当り発電費に損害額を入れるか否かについては，マクロ環境会計分野の議論が参考になる。この分野では，国際連合から『国民会計ハンドブック　環境・経済統合会計』が刊行されている。このハンドブックによると，環境費用の算定に当たり，**引き起こされた費用** (costs caused) と**負担された費用** (costs borne) の考え方がある。前者は自己の活動により実際上あるいは潜在的に環境悪化を引き起こしている経済単位に関わる費用である。後者は，経済単位それ自身が環境悪化を引き起こす，あるいはその可能性があるということとは関係なく，経済単位によって負担された費用である。前者は環境を一定の水準に維持するために必要な費用という意味で**維持費用**ともいわれ，後者は環境悪化に関わる損害額である (United Nations [1993] pp. 91-93; 河野 [1998] pp. 111-122)。

　原子力発電事故における損害額 (負担された費用) は，事故の大きさ，被災地

表13-3 主要電源の1kWh当り発電費の試算結果

(単位:円/kWh)

試算年	電源	原子力	石炭	LNG	石油	一般水力	再生可能エネルギー				
							小水力	風力(陸上)	風力(洋上)	地熱	バイオマス	太陽光
2004年試算		5.9	5.7	6.2	10.7	11.9						
2011年試算	2010年モデル	8.9〜	9.5〜9.7	10.7〜11.1	20.8〜22.4	10.6	19.1〜22.0	9.9〜17.3	9.4〜23.1	9.2〜11.6	17.4〜32.2	33.4〜38.3
	2030年モデル		10.3〜10.6	10.9〜11.4	23.8〜26.7			8.8〜17.3	8.6〜23.1			9.9〜20.0

(出所) 2004年試算:総合資源エネルギー調査会電気事業分科会コスト等検討小委員会 (2004) p. 54, 資料26より抜粋。
2011年試算:エネルギー・環境会議コスト等検証委員会 (2011) pp. 48〜63の資料より抜粋。

(注) 1. 2004年試算は、原子力 (70%), 石炭 (80%), LNG (80%), 石油 (80%), 一般水力 (45%) の各発電設備 (耐用) 年数を40年、割引率を3%として計算。( ) 内は稼動 (利用率)。
2. 2011年試算は、原則、下限値と上限値を計算。2010年モデルは、2004年試算値について、CO₂対策費を新たに加算した他、発電費を構成する資本費、運転維持費、燃料費等を見直して算出。2030年モデルは2010年モデルについて各電源別発電費要因を見直して算出。

域の範囲および被害対象物等の選択如何によりかなり異なりうるし，人命のように損害額の算定が困難なケースも考えられる。これに対して，維持費用（引き起された費用）は，原子力発電の事故のリスクを可能な限り減らすための費用であり，損害額の推計よりも精度が高いと考えられる。さらに，この費用の推計に当たり各種のリスクの洗い出しとその対応策に関する議論が行われ，その結果が公表されるならば，発電所設置地域住民を含む関係者の理解を深めることに役立つ。因みに，上記のハンドブックでは，国民経済全体の環境費用の試算に当たり，維持費用の使用を説いている（United Nations [1993] p. 92）。

以上により，原子力の発電費に損害額ではなく，維持費用のみを計上することが望ましいと考える。この考えを採用すると，原子力の1kWh当り費用は損害額0.5円が除かれるので8.4円となる。上記に示したように安全対策費は0.2円が見込まれているが，この金額が引き起された費用の観点から十分計上されているか否かは不明である。なお，原子力と他の電源の価格の比較に当たり，損害額は参考値として利用することには異論はない。

（第1節・第3節：河野正男，第2節：丸山佳久）

COLUMN 12

再生可能エネルギーの固定価格買取制度が森林・林業に与える影響

　日本において，2012年7月から，再生可能エネルギーの固定価格買取制度（FIT：Feed in Tariff）が始まった。FITは，太陽光，風力，水力，地熱，バイオマスを用いて発電された電気を，固定価格で一定の期間，電気事業者に調達を義務づける。バイオマスに関しては，下水汚泥・畜糞等，廃棄物系，建設廃材，一般木材（製材廃材等），そして，未利用木材という5種類に区分され，それぞれに買取条件（価格と期間）が設定された。ここにおける未利用木材とは，未利用間伐材と，森林計画が立てられた森林から生み出された林地残材である。

　木質系バイオマスに関しては，バイオマス活用推進基本計画によると，建設廃材は利用率が約90％，製材廃材等は約95％というように既に大きく利用が進んでおり，ほぼ手つかずの未利用木材に注目が集まっている。FITでは，未利用木材について，20年を買取期間として，32円/kWh（税抜）という，木質系では特に高い買取価格が設定されている。今後は，日本各地で未利用木材を用いたバイオマス発電施設の整備が進むと予想される。

林野庁は，森林の健全な育成や，京都議定書における森林吸収目標の達成のために，森林施業の集約化や高性能林業機械の導入・普及とあわせて間伐を推進している。間伐の推進によって国産材の供給は増加し，木材自給率が高まっているが，それにともない，林道脇や山土場等に林地残材が積み上がっている。また，間伐をしたのは良いが，低品質なために木材価格が安くて，収集・運搬の経費が賄えないために，そのまま放置される未利用間伐材が増えている。未利用木材を燃料とするバイオマス発電によって，林地残材と未利用間伐材の活用が進み，その分たくさんヤマにおカネを入れることができるようになる。FITは，林業の採算改善，森林の健全な育成，そして，地域の活性化に大きく寄与すると期待される。

（丸山　佳久）

演習問題

1　原水単価（原水コスト）について説明しなさい。
2　原水単価の衡平化の方法について説明しなさい。
3　蓄積経理方式の論拠を，保続性原則から説明しなさい。
4　森林・林業における原価計算及び環境会計の利用を検討し説明しなさい。
5　図13-6に基づき，日本のエネルギーの需給バランスについて説明しなさい。
6　電源別発電コストの比較の意義について意見をまとめなさい。

第14章

マクロ環境会計

　マクロ会計分野で環境関連の情報を集計し，公表する試みは1970年代に始まった。この試みは，単一の集計量を求めるものと環境関連情報を組織的に把握するものとに分けられる。前者に属するものとしては，ノードハウス＝トービンの**経済福祉指標**（**MEW**；Measures of Economic Welfare）（Nordhaus and Tobin [1972] pp 1-24）や日本の経済審議庁・NNW開発委員会の**国民純福祉**（**NNW**；Net National Welfare）（経済審議会・NNW開発委員会 [1973]）が上げられる。これらの指標は，GNP（GDP）[1]が必ずしも経済的福祉の水準を表すものではないとの考えから，この水準を示すGNPに代わる単一の指標を求めるものとして開発された。MEWおよびNNWは，概念的には，GNPの推計に当たり従来取り上げられることのなかった，経済的福祉の水準の視点からのプラス項目（例えば，余暇活動や非市場活動等）とマイナス項目（環境汚染や都市化に伴う損失等）を，GNPに加減することによって算出される。

　他方，組織的に環境関連の貨幣情報を把握することが，アメリカ商務省によって行われた。**公害削減・管理支出勘定**（Pollution Abatement and Control Expenditures Accounts）（Cremeans and Segel [1975] pp. 8-11）である。この勘定では，アメリカの国民所得勘定中に埋もれている公害関連の情報が抽出され，これらの情報が，個人，企業および政府などの部門別ならびに大気，水，固形廃棄物およびその他の汚染源別に明らかにされた。後述する環境・経済統合勘定のバージョンIV. 2に相当する先駆的試みといえる。

（1）　かつて国民経済の年々の活動規模を示す重要な尺度としてGNPが使用されていたが，近年はGDPに代替された。

270　第14章　マクロ環境会計

　1980年代後半以降，国際連合が公表してきた**国民勘定体系**（**SNA**；System of National Accounts）[2]の枠組みの中で環境情報を取り扱う研究が活発に進められ，1993年におけるSNAの改訂版（93 SNA）[3]の中に，サテライト勘定としての環境勘定が取り入れられた。その詳細は，別途，1993年に国際連合より刊行された『環境・経済統合会計（暫定版）』（通称　1993 SEEA）で取り上げられた（United Nations [1993]）。本章では，まず，1993 SEEAを取り上げる。次いで，国際連合等5国際機関の共編として，2003年に刊行された暫定版の改訂版（通称　2003 SEEA）（Commission of the European Communities *et al.* [2003]）を紹介する。

1　サテライト勘定としての環境勘定

1.1　サテライト勘定の意義

　サテライト勘定は，マクロ勘定の主要勘定体系すなわちコア体系（core system）[4]には明示的に示されていない特定分野の情報を開示する手段として，フランスで開発された。

　フランスでは，1960年代初め頃から，農業，商業および運輸業等の特定の産業分野に関する業種別勘定がコア体系からある程度独立的に作成されていた。フランスにおける1976年のマクロ会計の改訂時に，コア体系を補完するものとしてサテライト勘定が，マクロ会計の勘定体系に加えられた（Pommier [1981] pp. 373-386）。そして，1993年のSNA改訂において，SNAにもサテライト勘定が取り入れられた。

　サテライト勘定は，社会的関心を集めている特定分野に関わる情報収集の枠

（2）　SNAは，国際連合により1953年に初版が公刊されたUnited Nations [1953]。以後，1960年，64年，68年，93年および2008年に改訂された。
（3）　Commission of the European Communities, International Monetary Fund, Organisation for Economic Co-operation and Development, United Nations and World Bank [1993]
（4）　中枢体系（central framework）ともいう。

組みであり，関連する費用，支出および収入等が記録される。1993年SNAでは，特定分野として文化，教育，社会的保護，旅行，環境保全，研究開発，開発援助，運輸，データ処理，住宅，通信等が例示されている（Commission of the European Communities *et al*, [1993] p. 494 (sec. 21. 51)）。

1.2 サテライト勘定としての環境勘定の諸類型

国連は，1993年に，経済勘定（SNA）にサテライト勘定としての環境勘定を組み込んだ**環境・経済統合会計**を公表した（United Nations [1993]）。この会計システムは通常 SEEA（System for Integrated Environmental and Economic Accounting の略称）といわれる。SEEAはしばしば環境・経済統合会計そのものを指す語としても使用されている。

サテライト勘定としての環境勘定が提供する環境会計情報は，コア体系と環境勘定との関連性の濃淡によっていくつかの種類に区分される（図14-1参照）。

コア体系は，マクロ会計の主要勘定表である国民所得勘定，投入産出表，資金循環勘定，国際収支表および国民貸借対照表等からなる。コア体系中に埋没している環境関連の費用，支出あるいはストック等を抽出したものがA部分である。本章の冒頭で紹介したアメリカ商務省の公害削減・管理支出勘定に示

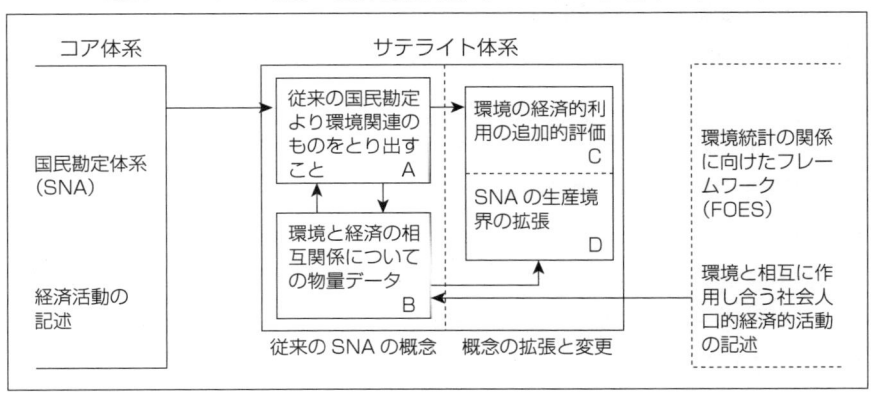

図14-1 SNA環境・経済統合会計（サテライト）体系 （SEEA）

コア体系	サテライト体系	
国民勘定体系 (SNA) 経済活動の 記述	従来の国民勘定 より環境関連の ものをとり出す こと　　A	環境の経済的利 用の追加的評価 　　　　C
	環境と経済の相 互関係について の物量データ 　　　　B	SNAの生産境 界の拡張 　　　　D
	従来のSNAの概念　概念の拡張と変更	

環境統計の関係に向けたフレームワーク（FOES）

環境と相互に作用し合う社会人口的経済的活動の記述

（出所）United Nations [1993] p. 27 より抜粋。

される情報はこの範疇に入る。環境関連情報として物量情報は欠かせない。A部分の情報に関連付けられる物量情報がB部分である。A部分とB部分の情報は，金額と物量の相違はあるが，いずれも実際に発生した金額および物量という意味で，実際情報である。

　C部分とD部分の情報は，一定の仮定に基づいて推計された金額情報であるために，実際情報とは区分される。C部分の情報としては，生産活動から排出された環境負荷物質による大気，水および土壌等の自然資産の破壊あるいは劣化の推計額が上げられる。また，D部分の情報としては，概念の拡張や変更に基づく追加的情報が考えられている。SNAでは，経済活動を適切に記述する視点から，産業のみが生産活動を行うものとしてその体系が構築されている。これに対して，D部分は，環境保全の視点から，家計や自然自身も生産活動をするとした場合に推計されうる情報等を意味する。

2　環境・経済統合会計

2.1　環境・経済統合会計の様々なバージョン
(1)　バージョンⅠ：SEEAの基本形
　図14-1に基づいて，環境会計情報にはA，B，CおよびDの部分に相当する4種の情報があることを前節で明らかにした。サテライト勘定としての環境勘定にどの種類の情報を記録するかによって，環境・経済統合会計体系（SEEA）はいくつかのバージョン（version）に区分される。

　バージョンⅠでは，環境に影響をもたらす年々の経済活動全般を表示する国民所得勘定および経済活動の影響を受ける主として自然資産からなる実物資産を表示する。

　周知のように国民所得勘定はケインズ恒等式に基づいて勘定設計がされている。財貨・サービスの輸出と輸入を考慮したケインズ恒等式を考えると，下記のように表現される。

2 環境・経済統合会計　273

$$M+Y+D=C+I+X \quad \cdots\cdots\cdots① $$
$$Y=C+S \quad \cdots\cdots\cdots② $$
$$I+Lnf=D+S \quad \cdots\cdots\cdots③ $$
$$X=M+Lnf \quad \cdots\cdots\cdots④ $$

（但し，Y＝所得　C＝消費支出　I＝総資本形成　S＝貯蓄　D＝固

図14-2　SEEAのさまざまなバージョン

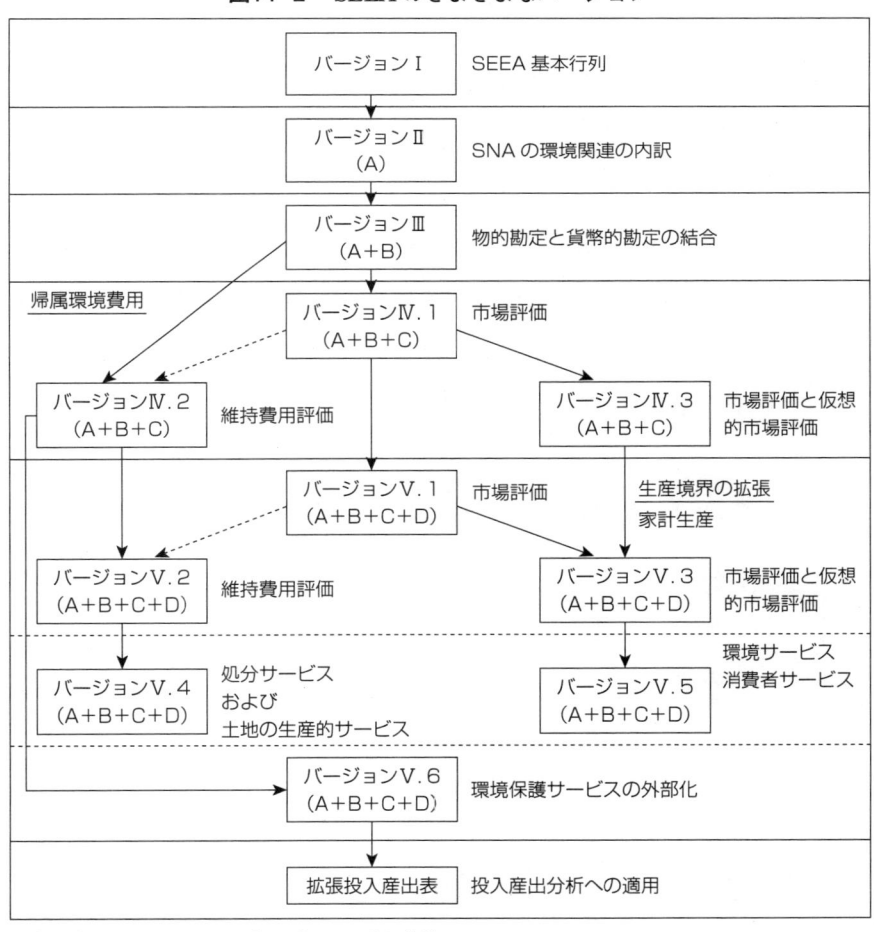

```
バージョンⅠ                  SEEA基本行列
バージョンⅡ (A)              SNAの環境関連の内訳
バージョンⅢ (A+B)            物的勘定と貨幣的勘定の結合
帰属環境費用
バージョンⅣ.1 (A+B+C)        市場評価
バージョンⅣ.2 (A+B+C)        維持費用評価
バージョンⅣ.3 (A+B+C)        市場評価と仮想的市場評価
バージョンⅤ.1 (A+B+C+D)      市場評価　生産境界の拡張　家計生産
バージョンⅤ.2 (A+B+C+D)      維持費用評価
バージョンⅤ.3 (A+B+C+D)      市場評価と仮想的市場評価
バージョンⅤ.4 (A+B+C+D)      処分サービスおよび土地の生産的サービス
バージョンⅤ.5 (A+B+C+D)      環境サービス　消費者サービス
バージョンⅤ.6 (A+B+C+D)      環境保護サービスの外部化
拡張投入産出表               投入産出分析への適用
```

（出所）United Nations [1993] p. 29 より抜粋。

定資本減耗　X＝輸出　M＝輸入　Lnf＝X－M＝海外に対する債権の変動）

①は生産活動，②は所得とその使用活動（消費活動），③は蓄積活動そして④は海外活動をそれぞれ表わしている。

このケインズ恒等式は恒等式のゆえに勘定形式で表現可能である。恒等式の左側は借方を，右側は貸方を示し，順に生産勘定，所得とその使用勘定（消費勘定），蓄積勘定および海外勘定と呼ばれる。マトリックス形式で表現すると表14-1のようになる。この表に実物資産（非金融有形資産）のみからなる貸借対照表，その他の資産量変動勘定[5]および再評価勘定を追加表示すると，表14-2のマトリックスが得られる。このマトリックスは，SEEAのバージョン

表14-1　海外取引（輸出と輸入）を考慮した国民所得勘定マトリックス

	生　産	所得とその利用	蓄　積	海　外
生　産		C	I	X
所得とその使用	Y			
蓄　積	D	S		
海　外	M		Lfn	

表14-2　実物資産を追加表示した国民所得勘定マトリックス

	生　産	所得とその利用	蓄　積	海　外
期首ストック			K_0	
生　産		C	I	X
所得とその使用	Y			
蓄　積	D			
海　外	M			
その他の資産量変動			V	
再　評　価			R	
期末ストック			K_1	

（5）発見や自然災害等による資産の増減を記録する勘定。

表14-3 SEEAバージョンⅠ：SNAの概念の要約—数値例 （貨幣単位）

		1.1 産業の国内生産	2. 最終消費		3. 非金融資産（資産の使用と資産ストック）			4. 輸出	5. 総使用	
			2.1 個人消費	2.2 集合消費	3.1.1 産業の生産資産		3.2 非生産自然資産		国内発地	国内発地
					3.1.1.1 人工	3.1.1.2 自然				
		(1)	(2)	(3)	(4)	(5)	(6)	(7)	(8)	(9)
1	期首ストック (1)				991.3	83.1	1,756.4			
	産業の生産物の使用 (2.1)									
2	国内生産 (2.1.1)	184.1	148.7	42.5	61.8	1.4	7.3	71.6	517.4	
3	輸入 (2.1.2)	39.9	26.3		6.2	0.0		2.1		74.5
4	生産された固定資産の使用 (3.3.1)	26.3			−23.0	−3.3				
5	純付加価値/NDP (4.2.2)	267.1								
6	産業の総産出 (5.1)	517.4								
	その他の量的変化 (6.)									
7	経済的原因によるもの (6.1)				0.0	0.0	7.0			
8	自然的，複合的原因によるもの (6.2)				−25.3	0.0	−4.1			
9	市場価格変動による再評価 (7.)				138.1	12.6	410.5			
10	期末ストック (8.)				1,149.1	83.8	2,177.1			

（出所）United Nations [1993] p. 38 より抜粋。

Ⅰの基本構造を示している。表14-2では，蓄積勘定部分は，環境保全の視点から，行・列とも実物資産のみが示されるので，表14-1中のSおよびLnfは省かれている。蓄積活動を表す列部分では，期首の実物資産のストック額（K₀）に，当期の資本形成額（I），その他の資産量変動額（V）および再評価額（R）を加算して，期末ストック額（K1）が算出される構造になっている。

表14-3中の2行1列の交点の升目は，表14-1ないし表14-2では明示さ

れていない項目である。この項目は表14-1ないし表14-2では，空欄とされている1行1列ないし2行1列の交点の升目への記入を意味し，産業間での取引額（中間生産物の取引額）をあらわす[6]。生産された固定資産の使用は固定資本減耗（D）を，純付加価値/NDPは所得（Y）を意味する。消費支出（C）は，個人消費と集合消費に区分されている。さらに，資本形成（I）は，国民貸借対照表における有形資産の分類にあわせて生産資産と非生産自然資産に大別されている。

(2) バージョンIIおよびIII：実際環境費用の追加表示と関連物量情報の表示

企業，家計および政府機関等が環境保全活動をすると，そのために資源が消費される。この消費額を実際環境費用（actual environmental costs）と呼ぶ。実際環境費用は，コア体系の勘定，主として生産勘定に埋没しているので，生産

表14-4　環境保全活動の範囲と内容

```
(a) 予防的環境保護：
    (I) 財貨とサービスの特性の変化，消費パターンの変化
    (II) 生産技術の変化
    (III) 個々の環境保護施設における廃物の処理あるいは処分
    (IV) リサイクリング
    (V) 景観および生態系の劣化の防止
(b) 環境の復元（事後的環境保護）
    (I) 廃物の減少あるいは中性化
    (II) 廃物の空間分布の変化，環境同化作用の支援
    (III) 生態系，景観等の修復（他に言及されていないものに限る）
(c) 環境劣化のはね返りを回避する活動
    (I) 忌避活動
    (II) スクリーニング活動
(d) 環境からのはね返りによって引起される被害の処理
    (I) 建物，生産施設，歴史的記念物等の修繕
    (II) 追加的な浄化活動
    (III) 追加的な健康サービス
    (IV) その他の補償的な活動
```

(出所) United Nations [1993] p. 42 より抜粋。

---

(6)　国内の産業間の取引の対象とされる生産物を中間生産物という。企業経営レベルの原材料や部品に相当する。

勘定中に明示されている取引額（C, I, X, DおよびM等）あるいは同勘定には明示されないが考慮の対象となっている取引額（例えば，中間生産物の取引額）から抽出する必要がある。具体的には，表14-4に掲示されているような環境保全活動を特定し，特定した活動ごとに費用を集計し，これらの費用がバージョンⅠの表頭の項目から分離され，別途に追加表示されたものがバージョンⅡである。

さらに，バージョンⅡに関連する物量情報を追加記入したものをバージョンⅢと呼ぶ。物量情報のみを掲示したバージョンⅢを作成することも可能である。

(3) バージョンⅣ：帰属環境費用の追加表示

一定の仮定を設けて推計される環境費用を**帰属環境費用**（imputed environmental costs）という。帰属環境費用の推計に当たっては二つの費用概念を考慮する必要がある。**引き起こされた費用**（costs caused）と**負担された費用**（costs borne）である。

引き起こされた費用は，自己の活動により，実際上あるいは潜在的に環境悪化を引き起こしている経済単位に関わる費用である。負担された費用は，経済単位それ自身が環境悪化を引き起こす，あるいはその可能性があることとは関係なく，経済単位によって負担される費用である。いずれの費用概念を採用するかによって，帰属環境費用の推計方法が異なる。

引き起こされた費用概念に基づく費用推計方法を**維持評価法**（maintenance valuation method）という。環境を特定の水準に維持するために要する費用を推計する方法である。具体的には，経済活動，中でも生産活動からの環境負荷物質の排出量を，法律その他社会的合意により一定量削減する場合あるいはゼロ・エミッションとする場合の費用が推計される。

負担された費用概念の視点から環境費用を求める場合は，環境悪化に伴って国民経済内の各種の経済単位によって負担される費用すなわち被害額が市場価格によって推計される。しかしながら，負担された費用については市場価格が利用できない場合も多い。この場合には**仮想市場評価法**（CVM；Contingent Valuation Method) の使用が提案されている。

バージョンIVは，市場価格法，維持評価法ならびに市場価格法と仮想市場評価法併用のいずれの方法を使用するかによって，バージョンIV.1，IV.2およびIV.3に区分される。次項で，バージョンIV.2に基づくわが国の環境・経済統合勘定を紹介する。

2.2 わが国の環境・経済統合勘定

1993年に国際連合から公表された『環境・経済統合会計』では，持続可能な開発のための総合的政策およびマネジメントならびにデータの利用可能性の視点，および自然資産の悪化に対する責任の明確化の視点から，環境費用と環境悪化を引き起こす経済単位とを結びつけることに高い優先順位を与えている (United Nations [1993] p. 92 (par. 256))。つまり維持評価法が薦められているといえる。

維持評価法に基づく帰属環境費用すなわち**維持費用**であるが，上述したように，大気，水あるいは土壌等に向けて排出される環境負荷物質を一定水準に削減する（例えば，ゼロ・エミッション）と仮定した場合に必要とされる費用が推計され，勘定表に示される。現実には，環境負荷物質は排出されているので，推計された費用額に相当する環境悪化があったものとみて勘定にはマイナス表示される。

わが国では，内閣府の委託研究として，1995年に，バージョンIV.2に基づく環境・経済統合勘定の試算が1985年1990年について公表された（日本総合研究所 [1995] pp. 117-124)。その後，これらの推計結果に関する諸意見を考慮して1998年に1970年から1995年まで5年毎の試算に関わる内閣府の委託研究が公表された（日本総合研究所 [1998] pp. 256-262, 267-272)。

表14-5は，1998年に公表された1990年の環境・経済統合勘定の試算結果を要約したものである（日本総合研究所 [1998] p. 260)。

表14-5の第2行は実際環境費用を示している。すなわち，環境関連の財貨・サービスが，生産活動において3兆9,326億円ならびに最終消費支出とし

表14-5 日本の環境・経済統合勘定の試算結果 —要約表—

1990年（名目） (単位：10億円)

		生産活動 1	最終消費支出 2	生産される資産 3	非金融資産の蓄積とストック					
					生産されない資産						輸出 9
					大気 4	水 5	土壌 6	土地 7	地下資源 8	
期首ストック	1			1,003,752.7				2,147,536.9	781.0	
生産物の使用	環境関連の財貨・サービス 2	3,932.6	2,152.3	2,973.5						9
	その他の財貨・サービス 3	409,565.4	282,824.9	132,571.2				3,261.5	90.4	46,908.6
生産される資産の使用	4	62,987.1		−62,987.0						
生産されない自然資産の使用（帰属環境費用）	廃物の排出 5	1,355.3	1,693.3		−2,398.3	−650.3				
	土地・森林等の使用 6	1,140.7		0.0				−1,140.7		
	資源の枯渇 7	7.7							−7.7	
	地球環境への影響 8									
	自然資産のその他の使用 9									
自然資産の復元（帰属環境費用）	10		−10.6							
帰属環境費用の移転（環境関連の移転支出）	11	−79.2	79.2							
環境調整済国内純生産（EDP）	12	362,686.9								
	帰属環境費用（エコ・マージン） 13	4,186.4								
	国内純生産（NDP） 14	366,873.3								
産出額	15	885,984.4								
自然資産の蓄積に関する調整項目	16			818.8	2,398.3	645.4	−5.7	1,140.7	−162.3	
その他の調整項目	17			19,755.9				224,782.2		
期末ストック	18			1,096,885.1				2,375,580.6	701.4	

(出所) 日本総合研究所[1998] p.164に基づき筆者作成。

279

て2兆1,523億円使用され，機械設備等に2兆9,735億円充てられている。

　5～9行と4～8列の交点の升目には，維持評価法による帰属環境費用が計上される。5行と4～5列の交点の升目は，大気に排出されたNOxおよびSOxならびに水域に排出されたBODおよびCODの総量を除去するために必要な見積費用額（帰属環境費用）である。つまり，ゼロ・エミッションを達成するのに要する費用が見積もられた。まず，環境保全活動をすることによりこれらの環境負荷物質を削減するのに要した実際費用額を把握し，この費用額を環境負荷物質の実際の削減量で除して1単位あたりの除去費用（原単位）を求める。ついで，この原単位に，環境保全活動にもかかわらず排出された環境負荷物質の総量を乗ずることにより，帰属環境費用が推計された。

　大気や水の質が期首に比較して悪化していることを示すために帰属環境費用はマイナス表示されている。5行の帰属環境費用3兆486億円は，この金額に相当する環境悪化をもたらした産業部門（生産活動）と家計部門および政府部門（最終消費支出）に，それぞれの責任に応じて配分される。すなわち1兆3,553億円と1兆6,933億円である。

　6行7列の交点に1兆1,407億円の帰属環境費用が計上されている。この金額は土地造成費である。この金額を投ずれば開発された土地が原状に修復されるとの考えで，実際に発生した土地造成費が帰属環境費用とされている。7行8列は，地下資源使用に関連する帰属環境費用を示す。わが国に比較的豊富にある石炭，亜鉛および石灰石の採掘に関わる自然資源の減少に関わる帰属環境費用をユーザーコスト法により推計している。

　10行5列および6列は，それぞれ土壌の浄化および浚渫・導水等による水の浄化に要した実際環境費用が示されている。この実際環境費用は，費用をかけることにより土地および水は浄化されるので，環境悪化を示す帰属環境費用の差し引き項目とみなされる。そこで，この費用を投じた政府部門（最終消費支出）の欄すなわち10行2列に移記され，政府部門の帰属環境費用から差し引く。

　11行1～2列では，産業部門（生産活動）に包含されている下水道事業関連の

費用の一部（792億円）は家計部門（最終消費支出）が負担すべきものとして，産業部門から家計部門に移記していることを示している。

　帰属環境費用（エコ・マージン）は4兆1,864億円であるが，これは，産業部門（生産活動）の2兆4,245億円（1列の1,355.3＋1,140.7＋7.7－79.2）と家計部門及び政府部門（最終消費支出）の1兆7,619億円（2列の1,693.3－10.6＋79.2）を合計したものに等しい。国内純生産（NDP）からエコ・マージンを差し引いて環境調整国内純生産（EDP；Eco Domestic Product）が算出される。EDPは，グリーンGDPともいわれる[7]。

3　ハイブリッド勘定

　環境・経済統合勘定については，内閣府により一連の研究が行われてきた。前節でその研究成果を紹介した。ところが，1993年のSEEAのバージョンIVを中心とする手法については，貨幣的評価手法が国際的に定まらないことおよび国連が新たな考え方を踏まえたSEEAの改訂に着手していること（佐藤・杉田［2005］p. 24）等の理由から，内閣府では新たな調査研究に着手し，その成果が報告書の形で公表されている。この報告書によると，1993年SEEAの改訂版である2003年SEEAにおいてオランダで開発されたNAMEAが取上げられ，かつEU諸国で普及している等の理由から，NAMEAの枠組みを基礎として日本版ハイブリッド勘定の枠組みが構築された（日本総合研究所［2005］p. 12）。

　NAMEAは，環境勘定を含む国民会計マトリックス（National Accounting Matrix including Environmental Accounts）の略である。1990年代前半にオランダ統計局のKeuning, S. J.などにより開発され，ヨーロッパ諸国を中心に普及している（日本総合研究所［2005］p. 12）。

　オランダのNAMEAによれば，それは，基本的には，1993 SNAのフロー

（7）　詳しい内容は下記の文献を参照
　　　河野［1998］pp. 104-132；河野［2000］pp. 1-23。

勘定に，貨幣単位および物量単位の環境関連情報を盛り込み，マトリックス表示したものといえる。すなわち，財貨サービス勘定，家計消費勘定，生産勘定，所得創出勘定，所得の分配と使用勘定，資本勘定，金融勘定，税勘定，海外経常取引勘定および海外資本取引勘定等の各勘定が設けられ，これらの勘定に環境浄化サービス，環境目的消費支出，環境税等の環境関連貨幣情報がSNAに固有の経済情報から分離され，独立項目として表示される。さらに，生産勘定，家計消費勘定，資本勘定および海外経常勘定には，生産，消費，蓄積および海外活動に伴って発生する環境負荷物質が投入側（借方）および/あるいは産出側（貸方）に計上される。そして物量情報は物質勘定に集約される（Keunig et al. [1999] pp. 15-37；日本総合研究所 [2002] pp. 79-80)。

　NAMEAの貨幣情報および物量情報のいずれも実際値であることから，NAMEAは1993年のSEEAのバージョンIII（貨幣情報にのみ着目すればバージョンII）に相当する。ただし，SEEAでは経済活動が自然資産というストックに与える影響を重視しているのに対して，NAMEAでは上述されたようにフロー情報に焦点を当てている点がSEEAとは異なる。また，SEEAについては，バージョンが高くなるほど多様な情報，特に貨幣情報が提供される仕組みになっているが，バージョンが高くなると仮定に基づく推定情報もより多く内包されることになり，提供される情報の精度について問題も指摘されている。現在のところ，実績値以外の貨幣情報の算出方法すなわち評価方法も確立していない。この点，NAMEAが提供する詳細な情報は実際値であることから，評価問題は回避できる。

　図14-3はオランダのNAMEAに改良を加えたわが国の**ハイブリッド勘定**の概念図である[8]。

　図中，A領域には，国内経済による汚染物質の排出，森林や水資源などの自然資源の復元および農用地や森林・原野から道路や宅地などへの土地利用の変化が記録される。B領域には，国内経済による汚染物質の処理・再生利用

（8）　わが国のハイブリッド勘定の具体的内容については，下記の文献参照。
　　　佐藤・杉田 [2005] pp. 24-48；有吉 [2005 a] pp. 9-17.

3 ハイブリッド勘定　283

図14-3　ハイブリッド勘定の概念図

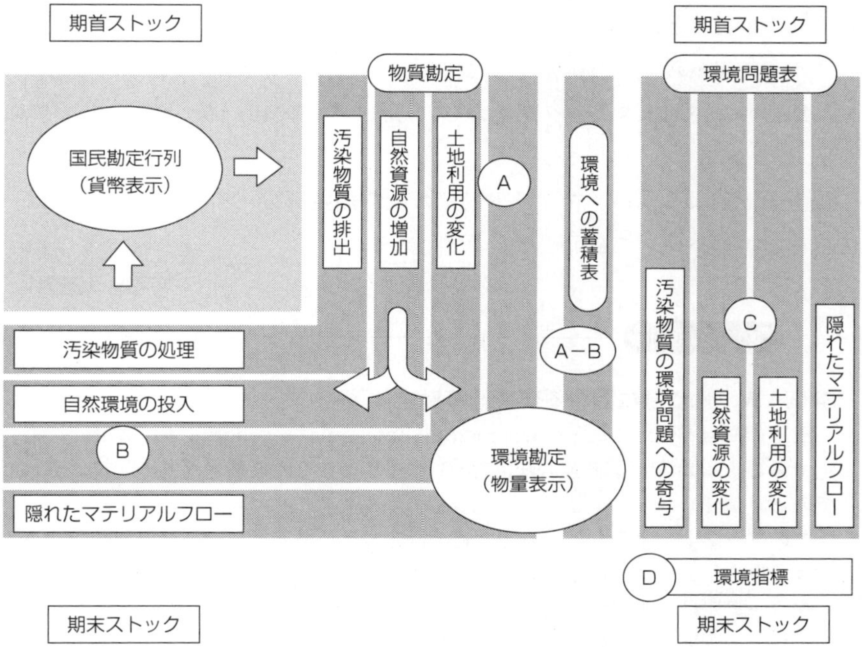

（出所）有吉［2005b］p.178より抜粋。

（投入）やエネルギー資源，森林資源，水資源および漁業資源などの自然資源の採取（採掘，伐採，使用，漁獲）および隠れたマテリアルフローが記録される。隠れたマテリアルフローは地下資源の採取や建設活動などに伴って採取・掘削されるが，一度も経済的に利用されることなく廃棄される物質フローを意味する。AからBを控除した物質量がA－B部分に記録される。

そして，環境への蓄積表に記録された物質量は，C領域の環境問題表に移記される。汚染物質の環境問題への寄与は地球規模のものと地域的なものに区分される。前者は温室効果，オゾン層破壊等に，後者は酸性化，富栄養化，汚染排水，廃棄物等からなる。自然資源の変化はエネルギー資源，森林資源，水資源，漁業資源等に，土地利用は用途別に農用地，森林・原野，水源・河川・水

路，道路，宅地，その他の土地等に区分される。C領域に記録された物量はそれぞれの項目ごとに集計され，D領域に記録される。C領域の環境問題表中，エネルギー資源および用途別の土地利用についてはストックの記録が可能なので，期首および期末ストックが記録される（有吉［2005 a］pp. 10-12；有吉［2005 b］pp. 178-183）。

以上の説明より，ハイブリッド勘定の物質勘定部分（図14-3のB領域）は一国全体のエコバランスを示したものといえる。

（河野　正男）

COLUMN 13

SEEAW（水資源に関する環境経済勘定体系）

　SEEAWはSystem of Environmental-Economic Accounting for Waterの略称である。2003年に国際連合統計部（UNSD）からその最終ドラフトが公表されている。

　このドラフトによると，水資源関連の勘定表は，基本的には，物量単位によるフロー勘定，ストック勘定および水質勘定等から構成される。

　フロー勘定は，水資源の物的使用表および供給表等からなる。物的使用表についてはその主要な役割は，環境から経済への水資源の投入，すなわち環境からいかなる用途（水力発電，灌漑用水，鉱水，都市流出水，冷却水，その他等）に，どの水源（地表水，地下水，土壌水，その他等）からいかほどの水量が産業，家計および海外等に投入されたかを示すことにある。他方，物的供給表についてはその主要な役割は経済から環境への水資源の還流あるいは排水の状況を示すことにある。すなわち経済内のいかなる用途（水力発電，灌漑用水，鉱水，都市流出水，冷却水，その他等）から，どの水源（地表水，地下水，土壌水，その他等）にいかほどの水量が産業，家計，海外から還流あるいは排出されているかを示す。これらの2表の他，フロー勘定として経済内フロー表，物量単位と貨幣単位を同時表示するハイブリッド使用表および供給表等も考えられている。加えて，期首と期末の水質の変化をいくつかのレベルに分けて記録する水質表も提案されている。

　ストック勘定は資産勘定（asset account）と呼ばれ，人工貯水池，湖，河川，氷河，地下水，土壌水等の各種の水資源の期首ストックについて，期中の増加量（経済からの還流，降水，領域外からの流入）および減少量（汲み上げ，蒸発，流出（領域外あるいは海へ））等を加減し各種の水資源の期末ストックを表示する構造になっている。

SEEAW については日本で試算が行われている。『季刊　国民経済計算』（平成22年度第2号，No. 143）参照。

（河野　正男）

演習問題

1　マクロ環境会計と自治体の環境会計との異同点を明らかにしなさい。
2　帰属環境費用について説明しなさい。
3　環境・経済統合勘定の各バージョンの特徴を明らかにしなさい。
4　ハイブリッド勘定の特徴を述べなさい。

参考文献・参照 URL 一覧

日本語文献

あずさ監査法人［2011］『KPMG CSR 報告に関する国際調査 2011』.
有吉範敏［2005 a］「環境経済統合勘定におけるフレームワークを地域に応用した場合の問題点」『季刊国民経済計算』第 131 号.
―――――［2005 b］「国民経済（マクロ経済）と環境会計」河野正男責任編集『環境会計 A-Z』ビオシティ.
伊坪徳宏［2007］「ライフサイクルアセスメント」國部克彦・伊坪徳宏・水口剛編著『環境経営・会計』有斐閣アルマ.
―――――・田原聖隆・成田暢彦［2007］『LCA 概論』産業環境管理協会.
伊藤邦雄［2010］『ゼミナール現代会計入門（第 8 版）』日本経済新聞出版社.
伊藤嘉博［2001］『コストマネジメント入門』日本経済新聞社.
―――――［2003］「環境予算マトリックス」『環境管理』第 39 巻第 6 号.
―――――［2004 a］「環境配慮型原価企画」國部克彦編著『環境管理会計入門―理論と実践―』産業環境管理協会.
―――――［2004 b］「環境予算マトリックス」國部克彦編著『環境管理会計入門―理論と実践―』産業環境管理協会.
いわき市［2011］『一般廃棄物会計基準に基づく財務書類 H 22（バージョン 2, 3）』いわき市 URL, http://www.city.iwaki.fukushima.jp/dbps_data/_material_/localhost/05_seikatsu/1020/genkaH22.pdf, アクセス日 2012 年 8 月 25 日.
植田敦紀［2008 a］「環境財務会計の構築と展開―U.S. Environmental GAAP に基づく環境負債計上のメカニズム―」『会計』第 173 号第 1 号.
―――――［2008 b］『環境財務会計論』森山書店.
―――――［2009 a］「土壌汚染の会計」『環境管理』第 45 巻第 6 号.
―――――［2009 b］「日本の資産除去債務に関する会計基準」河野正男・上田俊昭・八木裕之・村井秀樹・阪智香編著『環境財務会計の国際的動向と展開』森山書店.
―――――［2009 c］「米国における土壌汚染の会計」河野正男・上田俊昭・八木裕之・村井秀樹・阪智香編著『環境財務会計の国際的動向と展開』森山書店.
―――――［2009 d］「環境会計の枠組における排出量取引の会計―B&C：費用・収益アプローチ―」『中央大学 CGSA フォーラム』第 8 号.
―――――［2012 a］「組織の社会的責任に関する経済的情報―サステナビリティ報告の会計事例に基づいて―」『専修商学論集』第 94 号.
―――――［2012 b］「環境財務会計の基礎概念と展開―環境財務報告における財務情報と非財務情報―」『會計』第 182 巻第 3 号.

江頭幸代［2008］『ライフサイクル・コスティング』税務経理協会。
NSC（サステナビリティ・コミュニケーション・ネットワーク）［2009］『サステナビリティ報告ガイドライン　SPI 報告解説書』。
エネルギー・環境会議［2012］「エネルギー・環境に関する選択肢」内閣府 URL, http://www.npu.go.jp/policy/policy 09/archive 01.html, アクセス日 2012 年 8 月 20 日。
エネルギー・環境会議コスト等検証委員会［2011］「コスト等検証委員会報告書」内閣府 URL, http://www.npu.go.jp/policy/policy 09/archive 02_hokoku.html, アクセス日 2012 年 8 月 20 日。
大塚直［2004］『地球温暖化をめぐる法政策』昭和堂。
——［2006］『環境法（第 2 版）』有斐閣。
岡野憲治［2003］『ライフサイクル・コスティング―その特質と展開―』同文舘出版。
㈱岡村製作所［2012］『CSR レポート 2012』。
岡本清［2000］『原価計算（六訂版）』国元書房。
小川哲彦［2005 a］「ライフサイクル・コスティング」高梠真一編著『管理会計入門ゼミナール』創成社。
——［2005 b］「環境管理会計」高梠真一編著『管理会計入門ゼミナール』創成社。
小倉昇［2003］「環境に配慮した設備投資決定の課題」『環境管理』第 39 巻第 5 号。
——［2004］「環境配慮型設備投資決定」『環境管理会計入門―理論と実践―』産業環境管理協会。
梶原晃［2007］「日本の林業経営における原価計算システム」『國民經濟雜誌』第 195 巻第 3 号。
——［2008］「林業経営における原価計算システム導入とマテリアルフローコスト会計への拡張可能性」『環境管理』第 44 巻第 3 号。
梶山恵司［2011］『日本林業はよみがえる―森林再生のビジネスモデルを描く―』日本経済新聞出版社。
樺山護・布施徹志［1977］『都市と水資源―水の政治経済学―』鹿島出版会。
金藤正直［2007］「環境会計情報システムの動向と展開」『人文社会論叢（社会科学篇）（弘前大学）』第 18 号。
河野正男［1998］『生態会計論』森山書店。
——［2000］「地域環境・経済統合勘定の構築と課題」『横浜国際社会科学研究』第 5 巻第 2 号。
——［2001］『環境会計―理論と実践―』中央経済社。
——・八木裕之・千葉貴律編著［2010］『生態会計への招待―サステナビリティ社会のための会計―』森山書店。
川村雅彦［2004］「日本の企業の社会的責任の系譜（その 1）」『ニッセイ基礎研

REPORT』2004 年 5 月号。
瓦田太賀四・陳琦［2002］『公会計の進展』清文社。
環境管理会計国際標準化準備委員会［2007］『マテリアルフローベース環境管理会計の国際標準化について』経済産業省 URL, http://www.meti.go.jp/policy/eco_business/pdf/nihongo.pdf, アクセス日 2011 年 9 月 26 日。
環境省［1999］『環境報告の促進方策に関する検討会報告書』環境省。
─── ［2000］『環境報告書ガイドライン』環境省。
─── ［2003 a］『社会的責任投資に関する日米英 3 か国比較調査報告書』環境省。
─── ［2003 b］『環境報告書ガイドライン（2003 年度版）』環境省。
─── ［2003 c］『事業者の環境パフォーマンス指標ガイドライン（2002 年版）』環境省。
─── ［2005 a］『環境会計ガイドライン（2005 年版）』環境省。
─── ［2005 b］『環境報告書の諸制度に関する海外動向調査報告書』環境省。
─── ［2006］『環境にやさしい企業行動調査（平成 17 年度調査結果）』環境省。
─── ［2007］『環境報告ガイドライン』環境省。
─── ［2008］『環境にやさしい企業行動調査（平成 19 年度における取組に関する調査結果）』環境省。
─── ［2009］『土壌汚染対策法の一部を改正する法律』環境省 URL, http://www.env.go.jp/press/file_view.php?serial=13105&hou_id=10848, アクセス日 2012 年 9 月 30 日。
─── ［2010］『環境にやさしい企業行動調査（平成 21 年度における取組に関する調査結果）』環境省。
─── ［2011］『土壌汚染対策法に基づく調査及び措置に関するガイドライン改訂版』環境省。
─── ［2012 a］『環境報告ガイドライン（2012 年版）』環境省。
─── ［2012 b］『環境経営の推進と環境情報の利用について―グリーン経済を導く基盤の構築に向けて―報告書』環境省。
─── ［2012 c］『環境にやさしい企業行動調査結果（平成 22 年度における取組に関する調査結果）【詳細版】』環境省。
環境省総合環境政策局環境計画課［2011］『環境基本計画に係る地方公共団体アンケート調査 報告書（平成 22 年度調査）』環境省 URL, http://www.env.go.jp/policy/kihon_keikaku/lifestyle/h2303_02.html, アクセス日 2012 年 9 月 25 日。
環境省大臣官房廃棄物・リサイクル対策部廃棄物対策課［2007］『一般廃棄物会計基準』環境省 URL, http://www.env.go.jp/recycle/waste/tool_gwd3r/ac/ac.pdf, アクセス日 2012 年 9 月 26 日。
企業会計基準委員会［2008 a］企業会計基準第 18 号「資産除去債務に関する会計基準」企業会計基準委員会。

──────［2008 b］企業会計基準適用指針第 21 号「資産除去債務に関する会計基準の適用指針」企業会計基準委員会.
──────［2009］実務対応報告第 15 号「排出量取引の会計処理に関する当面の取扱い」企業会計基準委員会.
北村善宣［2003］『自治体環境行政法（第 3 版）』第一法規.
銀泉リスクソリューションズ［2012］『第 7 回 CSR 報告書調査分析』.
黒澤清［1972］「生態会計学の発想」『産業経理』第 32 巻第 1 号.
倉阪秀史［2004］「廃棄物会計の必要性―市町村の廃棄物処理・リサイクル費用を把握するための仕組みを―」『月刊廃棄物』第 30 巻第 10 号.
経済産業省［2002］『環境管理会計手法ワークブック』経済産業省.
──────［2007 a］『第 1 回環境管理会計国際標準化対応委員会の開催について―環境管理会計（マテリアルフローコスト会計等）の国際標準化を目指す―』経済産業省 URL, http://www.meti.go.jp/policy/eco_business/pdf/houdou-happyou.pdf, アクセス日 2009 年 5 月 28 日,（2007 年 6 月 15 日報道発表）.
──────［2007 b］『マテリアルフローコスト会計（MFCA）の国際標準化の提案について―世界初の「環境管理会計」分野の国際標準化提案―』経済産業省 URL, http://www.meti.go.jp/policy/eco_business/pdf/mfca 1116.pdf, アクセス日 2009 年 5 月 28 日,（2007 年 11 月 16 日報道発表）.
──────［2008 a］『マテリアルフローコスト会計（MFCA）の国際標準化提案の採択について―日本主導の国際標準化作業の開始が決定―』経済産業省 URL, http://www.meti.go.jp/policy/eco_business/mfca/MFCA‐press‐release.pdf, アクセス日 2009 年 5 月 28 日,（2008 年 3 月 19 日報道発表）.
──────［2009］「長期エネルギー需給見通し（再計算）」, 経済産業省 URL, http://www.meti.go.jp/data/g 90902 aj.html, アクセス日 2012 年 8 月 20 日.
──────［2012］『エネルギー白書 2011』新高速印刷株式会社.
経済同友会［1976］『経済同友会三十年史』.
──────［2008］『価値創造型 CSR による社会変革―社会からの信頼と社会的課題に応える CSR へ―』.
上妻義直［2006］「EU 会計法現代化指令による環境情報開示の制度化」河野正男編著『環境会計の構築と国際的展開』森山書店.
玄地裕・稲葉敦・井村秀文［2010］『地球環境マネジメント入門―LCA による解析と対策―』東京大学出版会.
国土交通省［2002 a］『不動産鑑定評価基準』（2007 年一部改正）国土交通省.
──────［2002 b］『不動産鑑定評価基準運用上の留意事項』（2007 年, 2009 年, 2010 年一部改正）国土交通省.
国土交通省土地・水資源局水資源部編［2008］『平成 20 年版　日本の水資源―総合的水資源マネジメントへの転換―』佐伯印刷.

国土交通省水管理・国土保全局水資源部編［2011］『平成23年版　日本の水資源―気候変動に適応するための取組み―』ミツバ綜合印刷。

国土庁長官官房水資源部編［1984］『日本の水資源―その開発，保全と利用の現状―』大蔵省印刷局。

麴谷和也［2005］「コクヨの環境業績評価システム」『環境管理』第41巻第7号。

國部克彦［2004a］「環境経営と環境会計」國部克彦編著『環境管理会計入門』産業環境管理協会。

―――［2004b］「環境管理会計の展開」國部克彦編著『環境管理会計入門』産業環境管理協会。

―――［2004c］「環境配慮型業績評価の企業事例」國部克彦編著『環境管理会計入門』産業環境管理協会。

―――・品部友美［2004］「環境配慮型業績評価」國部克彦編著『環境管理会計入門』産業環境管理協会。

―――［2005］「環境配慮型業績評価」河野正男責任編集『環境会計A-Z』ビオシティ。

―――［2006a］「環境管理会計の国際的展開と日本の動向」河野正男編著『環境会計の構築と国際的展開』森山書店。

―――［2006b］「水道事業における環境会計」河野正男編著『環境会計の構築と国際的展開』森山書店。

―――［2007a］「マテリアルフローコスト会計の意義と展望」『企業会計』第59巻第11号。

―――［2007b］「環境管理会計」國部克彦・伊坪徳宏・水口剛編著『環境経営・会計』有斐閣アルマ。

―――［2007c］「環境管理会計」國部克彦・伊坪徳宏・水口剛編著『環境経営・会計』有斐閣アルマ。

―――［2007d］「マテリアルフローコスト会計」國部克彦・伊坪徳宏・水口剛編著『環境経営・会計』有斐閣アルマ。

―――編著［2008］『実践マテリアルフローコスト会計』産業環境管理協会。

―――［2011］「社会・環境情報開示の展開―欧米の動向と日本への示唆―」古賀智敏編著『IFRS時代の最適開示制度―日本の国際的競争力と持続的成長に資する情報開示制度とは―』千倉書房。

国連グローバルコンパクト［2010］『サプライチェーンの持続可能性―継続的改善のための実践的ガイド―（邦訳版）』国連グローバルコンパクト事務局。

国連事務局・環境庁・外務省監修［1993］『アジェンダ21―持続可能な開発のための人類の行動計画―』（'92地球サミット採択文書），海外環境協力センター。

小林哲夫［1991］『現代原価計算論―戦略的コスト・マネジメントへのアプローチ―』中央経済社。

阪智香・大森明［2009］「環境財務会計に関する指針・報告書」河野正男・上田俊昭・八木裕之・村井秀樹・阪智香編著『環境財務会計の国際的動向と展開』森山書店.

櫻井通晴［2004］『管理会計（第三版）』同文舘出版.

―――――［2009］『管理会計（第四版）』同文舘出版.

―――――［2012］『管理会計（第五版）』同文舘出版.

佐藤勢津子・杉田智禎［2005］「新しい環境・経済統合勘定について（経済活動と環境負荷のハイブリッド型統合勘定の試算）」『季刊国民経済計算』第131号.

サステイナビリティ日本フォーラム訳［2008］『GRIガイドライン第3版』.

佐和隆光［2000］『市場主義の終焉』岩波書店.

産業環境管理協会［2003］『平成14年度経済産業省委託 環境ビジネス発展促進等調査研究（環境経営総合手法）報告書』産業環境管理協会.

資源エネルギー庁長官官房企画調整部調査課編［1998］『総合エネルギー統計（平成8年度版）』通商産業研究社.

―――――［2008］「長期エネルギー需給見通し」資源エネルギー庁 URL, http://www.enecho.meti.go.jp/topics/080523.htm, アクセス日2009年9月15日.

篠田六郎［1953］『国有林野会計 公企業会計Ⅰ』中央経済社.

―――――［1961］『林業会計における材木資産に関する研究』林野共済会.

新日本有限責任監査法人ナレッジセンター・リサーチ［2012］「【事例分析】平成23年3月期資産除去債務に関する会計基準等開示分析」新日本監査法人 URL, http://www.shinnihon.or.jp/corporate-accounting/case-study/2012/2012-06-21.html, アクセス日2013年2月24日.

㈱スクウェア・エニックス・ホールディングス［2012］『平成23年度有価証券報告書（第32期）』.

鈴木幸毅［1992］『環境問題と企業の責任（増補版）』中央経済社.

―――――・所伸之編著［2008］『環境経営学の扉』文眞堂.

全国提案型施業定着化促進部会［2008］『間伐生産性・コスト分析シート使い方マニュアル―利用間伐の生産性とコストの把握・分析のために―』全国森林組合連合会.

―――――［2010a］『提案型集約化施業テキスト』全国森林組合連合会.

―――――［2010b］『平成21年度 施業集約化・供給情報集積事業 提案型集約化施業取組事例集 Vol. 1』全国提案型施業定着化促進部会.

―――――［2011］『平成22年度 施業集約化・供給情報集積事業 提案型集約化施業取組事例集 Vol. 2』全国提案型施業定着化促進部会.

総合資源エネルギー調査会議電気事業分科会コスト等検討小委員会［2004］「バックエンド事業全般にわたるコスト構造，原子力発電全体の収益性等の分析評価―コスト等検討委員会から電気事業分科会への報告―」経済産業省 URL, http://

www.meti.go.jp/policy/electricpower.../contentscost.html, アクセス日 2012 年 8 月 20 日。
総務省［2012］『地方財政の状況（平成 24 年 3 月）』総務省 URL, http://www.soumu.go.jp/menu_seisaku/hakusyo/chihou/pdf/h 24.pdf, アクセス日 2012 年 9 月 25 日。
ダイヤモンドハーバードビジネス編集部［1998］『コーポレート・ガバナンス革命 企業年金の再構築―グローバル経営への改革と実践―』ダイヤモンド社。
宝酒造㈱［2012］『緑字企業報告書 2012』。
田中雅康［1995］『原価企画の理論と実践』中央経済社。
田中充［2008］「自治体環境行政の条例と計画」宇都宮深志・田中充編著『事例に学ぶ自治体環境行政の最前線―持続可能な地域社会の実現をめざして―』ぎょうせい。
谷本寛治［2002］『企業社会のリコンストラクション』千倉書房。
地球環境経済研究会［1991］『日本の公害経験―環境に配慮しない経済の不経済―』合同出版。
帝人㈱［2012］『2012 年帝人グループ CSR 報告書』。
電気事業連合会統計委員会編［2011］『電気事業便覧 平成 23 年版』日本電気協会。
東京電力㈱［2011］『平成 22 年度有価証券報告書（第 87 期）』。
――――――［2012］『平成 23 年度有価証券報告書（第 88 期）』。
東京都水道局［2011］『環境報告書 2011』東京都水道局 URL, http://www.water-works.metro.tokyo.jp/water/pp/kh 23/pdf_index.html, アクセス日 2012 年 9 月 25 日。
㈱東芝［2012］『東芝グループ環境レポート 2012』。
東洋インキ製造㈱［2012］『社会・環境報告書 2012』。
トヨタ自動車㈱［2012］『Sustainability Report 2012 別冊環境データ』。
内閣府国民生活局企画課［2008］「諸外国における持続可能な発展戦略とマルチステークホルダー・プロセスについて」。
中嶌道靖［2004］「マテリアルフローコスト会計」國部克彦編著『環境管理会計入門 理論と実践』産業環境管理協会。
――――――［2007］「マテリアルフローコスト会計導入に向けた情報システムの構築」『企業会計』第 59 巻第 11 号。
――――――・國部克彦［2002］『マテリアルフローコスト会計』日本経済新聞社。
――――――［2008］『マテリアルフローコスト会計（第 2 版）』日本経済新聞社。
中村裕幸［2005］「サプライ・プッシュ型からデマンド・プル型の木材供給へ持続可能な国内林業経営のためのトレーサビリティ向上実験」『住宅ジャーナル』2005 年 10 月号。
――――――［2006］「山元から住宅建設現場までのトレーサビリティの検証実験結果」

『住宅ジャーナル』2006 年 2 月号.
─────［2007］「見えてきたタグ立木管理の詳細な可能性」『住宅ジャーナル』2007 年 10 月号.
中村美紀子［1999］『企業の社会的責任──法律学を中心として──』中央経済社.
南雲秀次郎・岡和夫［2002］『森林経理学』森林計画学会出版局.
農林水産省［2009］『森林・林業再生プラン──コンクリート社会から木の社会へ──』農林水産省.
日本エネルギー経済研究所計量分析ユニット編［2008］『改訂 2 版　図解　エネルギー・経済データの読み方入門』省エネルギーセンター.
─────（EDMC）編［2009］『EDMC／エネルギー／経済統計要覧（2009 年版）』省エネルギーセンター.
─────編［2012］『エネルギー・経済統計要覧　2012 年版』省エネルギーセンター.
日本会計研究学会［1996］『原価企画研究の課題』森山書店.
日本規格協会編［2011］『日本語訳 ISO 26000：2010──社会的責任に関する手引──』日本規格協会.
日本公認会計士協会［2005］「CSR マネジメント及び情報開示並びに保証業務の基本的な考え方について」『経営研究調査会研究報告』第 26 号.
─────［2009］「欧州等における海外の CSR 情報に対する保証業務の動向調査」『経営研究調査会研究資料』第 3 号.
─────訳［2011］『統合報告にむけて──21 世紀における価値の伝達──（仮訳）』
─────［2011］「投資家向け報告におけるサステナビリティ課題の識別と重要性評価──開示課題を特定するための考え方と方法論の検討──」『経営研究調査会研究報告』第 44 号.
日本経済調査協議会［2012］『真に持続する森林経営を実現するための 5 つの提言──森林資源管理から，もうかる森林産業へ──未来を創る森林産業改革委員会　最終提言』社団法人　日本経済調査協議会.
日本総合研究所［1995］『国民経済計算体系に環境・経済統合勘定を付加するための研究　報告書』日本総合研究所.
─────［1998］『環境・経済統合勘定の推計に関する研究　報告書』日本総合研究所.
─────［2002］『SEEA の改訂等にともなう環境経済勘定の再構築に関する研究　報告書』日本総合研究所.
─────［2004］『SEEA の改訂等にともなう環境経済勘定の再構築に関する研究　報告書』日本総合研究所.
─────［2005］『経済・環境の相互作用の総合的分析　報告書』日本総合研究所.
長谷川直哉［2008］「企業の社会的責任と環境法」石田眞・大塚直編著『早稲田大学

21世紀COE叢書 企業社会の変容と法創造 第6巻 労働と環境』日本評論社.
羽田野洋充［2005］「環境視点を組み込んだリコーの業績評価システム」『環境管理』第41巻第6号.
㈱八十二銀行［2012］『2011年度CSRレポート』.
早川晃・大串卓矢・根岸博生［2007］『M&Aを成功に導く環境デューディリジェンスの実務』中央経済社.
原田富士雄［1983］「水の社会会計―職能論的アプローチ試論―」『會計』第124巻第5号.
枚方市［2011］『エコレポート2011―枚方市環境報告書―』枚方市環境保全部環境総務課.
びん再使用ネットワーク［2006］『廃棄物会計調査報告書―2003（平成15）事業年度版―』びん再使用ネットワーク.
富士通㈱［2012］『富士通グループ社会・環境報告書2012』.
古庄修［2012］『統合財務報告制度の形成』中央経済社.
古田清人［2005］「キャノンの環境業績評価システム」『環境管理』第41巻第8号.
Michael E. Porter・Mark R. Kramer［2011］「共通価値の戦略」『DIAMONDOハーバード・ビジネス・レビュー』2011年6月号, ダイヤモンド社.
牧戸孝郎［1986］「ライフ・サイクル・コスティングと原価管理」『會計』第130巻第3号.
松野弘・堀越芳昭・合力知工編著［2006］『企業の社会的責任論の生成と展開』ミネルヴァ書房.
丸山佳久 ［2010a］「森林・林業の再生に向けた林業会計の再検討」『人間環境学研究（広島修道大学）』第8巻.
――――［2010b］「森林管理における原価計算の再検討―サプライチェーンの視点から―」, 河野正男・小口好昭編著『会計領域の拡大と会計概念フレームワーク』中央大学出版部.
――――・金藤正直［2011］「木材フローを対象とするサプライチェーン原価計算モデルの構想―兵庫県の丹波市森林組合における伐採・搬出を事例として―」『人間環境学研究（広島修道大学）』第9巻.
三島義教［1965］「水資源開発における利用者負担金制と原水供給料金制について―いわゆる売水制の意義―」『水利科学』第8巻第6号.
八木裕之［1998］「環境情報システムと会計情報システム」『商大論集』第50巻第2・3号.
――――［1999］「環境効率性と環境コストに関する一考察」『商大論集』第50巻第5号.
――――［2006］「廃棄物会計の展開」河野正男編著『環境会計の構築と国際的展開』森山書店.

―――――[2012]「環境情報開示と会計情報に関する考察―環境報告ガイドライン（2012年版）を中心に―」『横浜経営研究』第33巻第1号.
山崎秀彦編著［2010］『財務諸表外情報の開示と保証―ナラティヴ・リポーティングの保証―』同文舘出版.
横須賀市［2012］『横須賀市環境報告書―平成23年度版―』横須賀市役所 URL, http://www.city.yokosuka.kanagawa.jp/4110/plan_kankyou/2011/houkokusyo.html, アクセス日2012年9月25日.
横浜国立大学［2012］『エコキャンパス白書』.
横浜市［2012］『横浜 環境未来都市計画OPEN YOKOHAMA ひと・もの・ことがつながり，うごき，時代に先駆ける価値を生み出す「みなと」』横浜市役所 URL, http://futurecity.rro.go.jp/pdf/torikumi/plan/style1_2_yokohama.pdf#search='環境未来都市計画%20OPEN%20YOKOHAMA', アクセス日2012年9月25日.
吉江恵照［1978］「広域水道圏のあり方」『水道協会雑誌』第500号.
吉川武男［2001］『バランス・スコアカード入門―導入から運用まで―』生産性出版.
吉野敏行［2002］「排出者責任と拡大生産者責任の理論」山谷修作編著『循環型社会の公共政策』中央経済社.
㈱リコー［2009］『リコーグループ環境経営報告書2009』㈱リコー社会環境本部.
―――――［2010］『リコーグループ環境経営報告書2010』㈱リコー社会環境本部.
林野庁［1972］『森林の公益的機能に関する費用分担および公益的機能の計算，評価ならびに多面的機能の高度発揮の上から望ましい森林について（中間報告）』林野庁.
―――――［2012］『平成23年度 森林・林業白書』林野庁.
―――――監修［1971］『国有林野事業特別会計経理規程の解説』大成出版社.
―――――監修［1990］『国有林野事業特別会計経理規程の解説』大成出版社.
―――――経理課決算班［1973a］「立木資産の計理について（一）」『林野通信』第267号，林野弘済会.
―――――経理課決算班［1973b］「立木資産の計理について（二）」『林野通信』第268号，林野弘済会.
―――――経理課決算班［1973c］「造林事業の原価計算について」『林野通信』第269号，林野弘済会.
渡部徳博［2005］「大阪ガスの環境経営指標と環境配慮型業績評価」『環境管理』第41巻第9号.

外国語文献

A4S（Accounting for Sustainability）［2009］, *Connected Reporting : A Practical Guide with Worked Examples*, A4S.

ASB (Accounting Standards Board) [2006], *Reporting Statement : Operating and Financial Review*, ASB.

Aviva [2012], *Aviva Plc Annual Report and Accounts 2011*, Aviva.

Bartolomeo, M ., M. Bennett, J. J. Bouma, P. Heydkamp, P. James, F. d. Walle, and T. Wolter [1999], *Eco-Management Accounting*, Kluwer Academic Publishers (阿保英司・矢澤秀雄・青木章通訳 [2000]『環境管理会計』生産性出版).

Benent, M., and P. James (eds.) [1998], *The Green Bottom Line : Environmental Accounting for Management Currents Practice and Future Trends*, Greenleaf Publishng (國部克彦監修・海野みずえ訳 [2000]『緑の利益―環境管理会計の展開―』産業環境管理協会).

――――J. J. Bouma, and T. Wolters (eds.) [2002], *Environmental Management Accounting : Informational and Institutional Developments*, Kluwer Academic Publishers.

――――P. M. Rikhardsson, and S. Shaltegger (eds.) [2003], *Environmental Management Accounting : Purpose and Progress*, Kluwer Academic Publishers.

Berliner, C. and J. A. Brimon (eds.) [1988], *Cost Management for Today's Advanced Manufacturing : The CAM-I Conceptual Design,* Harvard Business School Press.

Blanchard, B. S. [1978], *Design and Manage to Life Cycle Cost*, M/A PRESS (宮内一郎訳 [1979]『ライフサイクル・コスト計算の実際』日本能率協会).

BUM/UBA (Bundesumweltministerium/Umweltbundesamt) [1996], *Handbuch Umweltkostenrechnung*, Verlag Verlen (宮崎修行監訳 [2000]『環境原価計算』日本能率協会マネジメントセンター).

―――― [2003], *Leitfaden Betriebliches Umweltkostenmanagement*.

Burritt, R. L., T. Hahn and S. Shaltegger [2002], An Integrative Framework of Environmental Management Accounting : Consolidating the Different Approaches of EMA into a Common Framework and Terminology, in Bennett, M., J. J. Bouma and T. Wolters (eds.), *Environmental Management Accounting : Informational and Institutional Developments*, Kluwer Academic Publishers.

CDSB (Climate Disclosure Standards Board) [2010], *Climate Change Reporting Framework- Edition 1. 0 : Promoting and Advancing Climate Change-Related Disclosure*, CDSB.

CICA (Canadian Institute of Chartered Accountants) [1993], *Environmental Costs and Liabilities : Accounting and Financing Reporting Issue*, CICA (平松一夫・谷口智香訳 [1995]『環境会計―環境コストと環境負債―』東京経済情報出版).

Commission of the European Communities, International Monetary Fund, Organisation for Economic Co-operation and Development, United Nations and World Bank [1993], *System of National Accounts 1993*.

Deutsche Shell Aktiengesellschaft [1989], *Geschäftsbericht*.

Dierkes, M. and L. E. Preston [1977], Corporate Social Accounting Reporting for the Physical Environment : A Critical Review and Implementation Proposal, *Accounting, Organization and Sciety*, Vol. 2, No 1.

Dierkes, M. and A. Hoff [1981], Sozialbilanzen and gesellschaftsbezogene Rechnungs- legegung in der Bundesrepublik Deutschland, in Joachim. H. and Nowortny, H. (hg)., *Sozialbilanzierung*, Campaus.

Dilley,S.C. and J. J. Weygandt [1973], Measuring Social Responsibility ; an Empirical Test, *Journal of Accountancy*,Vol. 136, No. 3.

Empfehlungen des Arbeitskreises "Sozialbilanz-Praxis" zur aktuellen Gestaltung gesellschaftsbezogener Unternehmensrechnung [1977], *Sozialbilanz Heute*.

EC (European Parliament and the Council) [1993], Towards Sustainability ; A European Community Programme of Policy and Action in Relation to the Environment and Sustainable Development, *Official Journal of the European Communities*, C 138/5, EC, 17/5/1993.

EC (Commission of the European Communities) [1999], *Communication from the Commission to the European Parliament and the Council ; Single Market and Environment, COM (1999) 263 final*, EC, 8/6/1999.

EC (European Council) [2000], *Lisbon European Council 23 and 24 March* 2000, *Presidency Conclusions*, EC.

EC (Commission of the European Communities) [2001 a], Commission Recommendation of 30 May 2001 ; on the Recognition, Measurement and Disclosure of Environmental Issues in the Annual Accounts and Annual Reports of Companies, *Official Journal of the European Communities*, L 153/33, (2001/453/EC), EC, 30/5/2001.

EC (Commission of the European Communities) [2001 b], *Communication from the Commission, A Sustainable Europe for a Better World : A European Union Strategy for Sustainable Development, COM (2001) 264 final*, 15/5/2001.

EC (Commission of the European Communities) [2001 c], *Green Paper : Promoting a European Framework for Corporate Social Responsibility, COM (2001) 366 Final*, 18/7/2001.

EC (Commission of the European Communities) [2002], *Communication from the Commission Concerning Corporate Social Responsibility : A Business Contribution to Sustainable Development, COM (2002) 347 final*, EC.

EC (European Commission) [2011], *Communication from the Commission to the European Parliament, the Council, the European Economic and Social Committee and the Committee of the Regions : A Renewed EU Strategy 2011-14 for Corporate Social Responsibility, COM (2011) 681 final*, European Commission.

Elkington, J. [1997], *Cannibals with Forks : Triple bottom line of 21 st Century business*, Capstone Publishing Limited.

EPA (United States Environmental Protection Agency) [1995], *An Introduction to Environmental Accounting as a Business Tool : Key Concepts and Terms*, EPA.

EPA [2000], *The Lean and Green Supply Chain : A Practical Guide for Materials Managers and Supply Chain Managers to Reduce Costs and Improve Environmental Performance*, EPA.

Epstein, M. J. [1996], *Measuring Corporate Environmental Performance*, Irwin.

Estes, R. [1976], *Corporate Social Accounting*, John Wiley & Sons.

EU (The European Parliament and the Council of the European Union) [2003], Directive 2003/51/EC of the European Parliament and of the Council of 18 June 2003 Amending Directives 78/660/EEC, 83/349/EEC, 86/635/EEC and 91/674/EEC, on the Annual and Consolidated Accounts of Certain Types of Companies, Banks and Other Financial Institutions and Insurance Undertakings, *Official Journal of the European Union*, L 178/16, EC, 17/7/2003.

FEE (Fédération des Experts comptables Européens) [2008], *Discussion Paper ; Sustainability Information in Annual Reports : Building on Implementation of the Modernisation Directive*, FEE.

Fries, J., K. McCulloch and W. Webster [2010], The Prince's Accounting for Sustainability Project : Creating 21st-Centry Decision-Making and Reporting Systems to Respond to 21st-Century Challenges and Opportunities, in Hopwood *et al.* (eds.).

GRI (Global Reporting Initiative) [2011], *Sustainability Reporting Guidelines (Version 3. 1)*, GRI.

Hopwood, A., J. Unerman and J. Fries (eds.) [2010], *Accounting for Sustainability : Practical Insights*, Earthscan.

IIRC (International Integrate Reporting Committee) [2011], *Towards Integrated Reporting : Communicating Value in the 21st Century*, IIRC（日本公認会計士協会仮訳 [2011]『統合報告に向けて―21世紀における価値の伝達―』）.

IIRC (International Integrate Reporting Council) [2012], *Draft Framework Outline*, IIRC.

ISO (International Organization for Standardization) [1999], *ISO14031 : 1999,*

Environmental Management- Environmental Performance Evaluation : Guidelines, ISO（日本規格協会 [1999]『JISQ 14031：1999 環境マネジメント—環境パフォーマンス評価—指針』日本規格協会).

―――― [2004], *ISO14001 : 2004, Environmental Management System- Requirement with Guidance for Use*, ISO（日本規格協会 [2004]『JISQ 14000：2004 環境マネジメントシステム—要求事項及び利用の手引』日本規格協会).

―――― [2010], *ISO26000 : 2010, Guidance on Social Responsibility*, ISO（日本規格協会 [2012]『JISZ 26000：2012 社会的責任に関する手引』日本規格協会).

Kapp, K. W. [1950], *The Social Costs of Private Enterprise*, Harvard University Press, 1950（篠原泰三訳 [1959]『私的企業と社会的費用』岩波書店).

Keuning, S. J., J. van Dalen and M. de Haan [1999], The Netherland's NAMEA : Presentation, Usage and Future Extensions, *Structural Change and Economic Dynamics*, Vol. 10.

Linowes, D. F. [1973], The Accounting Profession and Social Progress, *Journal of Accountancy*, Vol. 130, No. 1.

Müller-Wenk [1978], *Die ökologische Buchhaltung*, Campus.

Pearce, D., A. Markandya and E. Barbier [1992], *Blueprint for the Economy*, Earthscan Publications（和田憲昌訳 [1994]『新しい環境経済学—持続可能な発展の理論—』ダイヤモンド社).

Pommier, P. [1981], Social Expenditure : Socialization of Expenditure? The French Experience with Satellite Accounts, *Review of Income and Wealth*, Vol. 27 No. 4.

Rauberger, R. and B. Wagner [1999], Ecobalance Analysis as a Managerial Tool at Kunert AG, in Bennet, M., and P. James (eds.), *Sustainable Measures*, Greenleaf Publishing.

Ruggie, J. [2008], *Protect, Respect and Remedy : A Framework for Business and Human Rights, Report of the Special Representative of the Secretary-General on the Issue of Human Rights and Transnational Corporations and Other Business Enterprises*, Human Rights Council.

Schaltegger, S. and R.Burritt [2000], *Contemporary Environmental Accounting Issues, Concepts and Practice*, Greenleaf Publishing.

Schmidheiny, S. and BCSD [1992], *Changing Course : A Global Business Perspective on Development and the Environment*, MIT press（ステファン・シュミットハイニー・BCSD [1992]『チェンジング・コース—持続可能な開発への挑戦』ダイヤモンド社).

Strobel, M., C. Redmann, and Institut für Management und Umwelt [2000], *Flow Cost Accounting*.

United Nations [1953], *A System of National Accounts and Supporting Tables*, United Nations.
——— [1993], *Integrated Environmental and Economic Accounting*, United Nations Publications.
United Nations Division for Sustainable Development [2001], *Environmental Management Accounting Procedures and Principles*, United Nations.
The World Commission on Environment and Development [1987], *Our Common Future*, Oxford University Press（大来左武郎監修・環境と開発に関する世界委員会［1987］『地球の未来を守るために』ベネッセ）.

参照 URL

いわき市「いわき市一般廃棄物（ごみ）処理基本計画・実施計画」URL, http://www.city.iwaki.fukushima.jp/gyoseikeikaku/004390.html, アクセス日 2012 年 8 月 17 日。

欧州委員会 URL, http://ec.europa.eu/index_en.htm, アクセス日 2012 年 11 月 20 日。

環境省 URL, http://www.env.go.jp, アクセス日 2012 年 8 月 17 日。

環境省「環境会計ガイドライン 2005 年版」URL, http://www.env.go.jp/policy/kaikei/guide 2005.html, アクセス日 2012 年 8 月 17 日。

環境省「第四次環境基本計画」URL, http://www.env.go.jp/policy/kihon_keikaku/plan/plan_4.html, アクセス日 2012 年 8 月 7 日。

「環境未来都市」構想 URL, http://futurecity.rro.go.jp/, アクセス日 2012 年 8 月 16 日。

経済産業省「グリーン・サービサイジング事業」URL, http://www.meti.go.jp/policy/eco_business/servicizing/gs-index.html, アクセス日 2012 年 12 月 10 日。

国連グローバルコンパクト URL, http://www.unglobalcompact.org/index.html, アクセス日 2012 年 11 月 21 日。

責任投資原則イニシアティブ URL, http://www.unpri.org/about/, アクセス日 2012 年 11 月 20 日。

東京都水道局「環境への取組」URL, http://www.waterworks.metro.tokyo.jp/water/torikumi/kankyo.html, アクセス日 2012 年 8 月 17 日。

枚方市「第二次環境基本計画」URL, http://www.city.hirakata.osaka.jp/site/jour-ei-plan/dai 2 jikihonkeikaku.html, アクセス日 2012 年 8 月 15 日。

ユニ・チャーム㈱ URL, http://www.unicharm.co.jp/index.html, アクセス日 2012 年 11 月 30 日。

横須賀市「横須賀市の環境会計」URL, http://www.city.yokosuka.kanagawa.jp/4110/k-kaikei/index.html, アクセス日 2012 年 8 月 17 日。

日本規格協会「14000ファミリー規格開発情報」URL, http://www.jsa.or.jp/stdz/iso/iso14000.asp, アクセス日 2012 年 12 月 10 日。
㈱リコー URL, http://www.ricoh.co.jp/, アクセス日 2012 年 11 月 30 日。
A 4 S (The Prince's Accounting for Sustainability) Project URL, http://www.accountingforsustainability.org/, アクセス日 2012 年 8 月 30 日。
CDP (Carbon Disclosure Project) URL, https://www.cdproject.net/en-US/Pages/HomePage.aspx, アクセス日 2012 年 9 月 15 日。
CDSB (Climate Disclosure Standards Board) URL, http://www.cdsb.net/, アクセス日 2012 年 9 月 5 日。
CASBEE (Comprehensive Assessment System for Built Environment Efficiency) URL, http://www.ibec.or.jp/CASBEE/, アクセス日 2012 年 12 月 10 日。
EMAS (The EU Eco-Management and Audit Scheme) URL, http://ec.europa.eu/environment/ EMAS, アクセス日 2012 年 12 月 10 日。
FRC (Financial Reporting Council) URL, http://www.frc.org.uk/Our-Work/Codes-Standards/Accounting-and-Reporting-Policy.aspx, アクセス日 2012 年 9 月 10 日。
GRI (Global Reporting Initiative) URL, http://www.globalreporting.org/Home, アクセス日 2012 年 12 月 10 日。
IIRC (International Integrated Reporting Council) URL, http://www.theiirc.org/, アクセス日 2012 年 9 月 5 日。
ISO (International Organization for Standardization) URL, http://www.iso.org/iso/home.htm, アクセス日 2012 年 11 月 21 日。
Wuppertal Institute for Climate, Environment and Energy URL, http://www.wupperinst.org/en/home/, アクセス日 2012 年 12 月 10 日。

索　引

〔あ行〕

IIRC	30, 153, 159
IIRF	176
IR	153, 159
ISO	18
ISO 14001 環境マネジメントシステム規格	42
ISO 26000	17
IASB	126
IFRIC	147
IFRS	126
アカウンタビリティ	219, 220
アカウンティング・フォー・サステナビリティ	164
アジェンダ21	15, 37
UNCTAD	151
維持費用	265, 278
維持評価法	277
1 kWh 当り発電費	262, 264
1 次エネルギー	258
一般廃棄物会計基準	231
インヴェントリー・アプローチ	58
インベントリデータ	188
EIE	46
EMS	42
EPE	47
EPA	69
影響領域の設定	189
eco-efficiency	40
エコバランス	5, 183
エコビランツ	5
エコファンド	88
Eco-Minded Business	40
SIP	87
SR	18
SRI	11, 87
SA 8000	17
SNA	3, 270
SEC	153
SPI 計算書	112
エネルギー需給の見通し	260
FASB	151
NAMEA	281
NNW	269
MEW	269
MFCA	183
MD & A	162
LCA	5
environmental impact assessment	46
Environmental Management System	42
environmental performance evaluation	47
ASBJ	126
A 4 S	164
オフセット・クレジット制度	257
オンサイト処理	139
温室効果ガス	143
オンデマンド出材	249
OECD 多国籍企業行動指針	21
OFR	166

〔か行〕

会計責任	219
会計法現代化指令	152
会計法現代化政策	165
回収可能価額	142
開発コスト	242
外部効果	226
外部公表目的	226
外部不経済の内部化	118
確実な根拠にもとづく経済効果	223
拡大生産者責任	50, 231
隠れている可能性があるコスト	69
加算法（積上げ法）	186
仮想市場評価法	277
渇水年	239
カナダ勅許会計士協会	151
貨幣換算	227
カーボン・ディスクロージャー・プロジェクト	173
環境（E）、社会（S）、ガバナンス（G）	89
環境影響評価	46
環境会計	8
環境会計ガイドライン	95, 96, 97
環境管理会計	179
環境管理会計ワークブック	181
環境基本計画	217
環境基本条例	217
環境行政	217
環境経営	35, 39
環境経営指標	225
環境経営の分析指標	109
環境・経済統合会計	271
環境原価計算ハンドブック	70
環境効率	40
環境戦略	164
環境損傷対応コスト	100
環境と開発に関する世界委員会	15
環境と開発に関するリオ宣言	37
環境配慮型業績評価	195
環境配慮型原価企画	186
環境配慮型設備投資	182
環境配慮経営	39
環境配慮促進法	222
環境配慮等の状況	222
環境パフォーマンス指標	103
環境パフォーマンス評価	47
環境ビジネス	49
環境報告会計	95
環境報告書	179, 222
環境保全	99
環境保全効果	103, 223, 227
環境保全コスト	100, 223, 227
環境保全対策に伴う経済効果	106, 223
環境保全対策分野ごとの環境保全コストの分類	101
環境保全に関連するコスト	67
環境満足価値	186
環境予算マトリクス	192
環境リスク	36
管理活動コスト	100
企業会計基準委員会	126
企業社会会計	55, 58
企業の社会的責任	3, 11
基金方式	246
気候変動関連情報開示に関する委員会解釈指針	162
気候変動開示基準委員会	150, 173
気候変動に関する政府間パネル	16
気候変動報告フレームワーク	173
気候変動リスク	36
気候変動枠組条約	143
気候変動枠組条約締約国会議	143

索 引　305

帰属環境費用	277	国際会計基準審議会	126
期待キャッシュフロー・アプローチ	124	国際財務報告基準	126
機能単位	187	国際財務報告適用指針委員会	147
キャッチアップ・アプローチ	132	国際統合報告委員会	30, 153, 159
行政コスト計算書	220, 233	国際標準化機構	18, 42
共通価値	26	国内ＣＤＭ	147
共同決定法	62	国民勘定体系	3, 270
共同実施	143	国民純福祉	269
京都議定書	143	国有林野事業特別会計	253
協力金方式	246	国連環境開発会議	15, 36
偶発コスト	69	国連グローバル・コンパクト	21
クリーナー・プロダクション	49	国連貿易開発会議	151
クリーン開発メカニズム	143	国連ミレニアム開発目標	21
グリーン・ニューディール政策	35	コスト・アウトレイアプローチ	59
グルーピング	190	コーポレート・レポート	64
グローバル・サリバン原則	17	continual improvement	43
global standard	42	Connected Reporting	167
経済効果	226	コンバージェンス	126
経済福祉指標	269	コンプライアンス	6

〔さ行〕

継続的な改善	43	歳入歳出決算書	220
結合報告	167	財務会計基準審議会	151
原価計算書	231	財務情報	160
減価償却	129	財務的資本	160
現在価値	129	最良の利用可能な技法	42
原水供給事業体	246	差額集計	103
原水単価	242	サステナビリティ	15
減損会計	142	sustainability	15
KPI	165	サステナビリティ会計	111, 112, 114
広域水道事業体	246	サステナビリティ戦略	7, 114
公営企業	225	サステナビリティ報告	164
公会計改革	220	Sustainable Development	15, 118
公害削減・管理支出勘定	269	サテライト勘定	270
控除法	186	サプライチェーン	5
衡平法上の債務	124	山林所得	251
効率性	220, 222	事業エリア内コスト	100
効率と公正	12		
顧客満足価値	186		

索引

事業活動に応じた分類	100
事業者への影響	110
資産除去債務	127
資産・負債一覧	233
市場メカニズム	143
システム境界	187
システムコスト	205
自然資本	160
持続可能性	1
持続可能な森林管理	247
持続可能な発展	1, 15, 118
実質的効果	106
社会監査	58
社会計算書	62, 65
社会結合	12
社会資本	160
社会責任会計	58
社会貸借対照表	55, 62
社会的革新	35
社会的コスト	118
社会的責任	18
社会的責任投資	11, 87
社会的費用	3, 4, 55, 60
社会的便益	4, 55, 61
社会への影響	111
社会報告	58
社会報告書	62
受託責任	219
主要業績指標	165
循環型経済社会	70
上・下流コスト	100
証券取引委員会	153
情報の非対称性	77
将来キャッシュフロー	128
除去	127
新エネルギー	258
人的資本	160
森林・林業再生プラン	249
CICA	151
CSR	3, 11, 58
CSR コスト	112
CSR 戦略	165
CSR 報告書	179
COP	143
CCRF	173
CDSB	150, 173
CDP	173
GRI	30, 85, 151
GRI ガイドライン	17
G3 ガイドライン	30
J-VER	257
推定上の責務	124
推定的効果	106, 107
水利権	241
ステークホルダー	98
ステークホルダー・エンゲージメント	76
ステークホルダー別付加価値計算書	113
3R	38
スーパーファンド法	138
正規化	190
政策意思決定	222
製造資本	160
生態会計	1, 2, 7
生態会計モデル	55
生態系サービス	17
生態簿記	4, 5
正の製品	185, 204
責任投資原則	31, 89
説明責任	98
セリーズ原則	12, 17
戦略的環境マネジメント	71
創造価値計算書	62, 64
social cohesion	12

索 引　307

〔た行〕

多目的ダム	242
貸借対照表	220
地域管理型環境会計	227
地球サミット	15, 36
蓄積経理方式	253
知的資本	160
地方公営企業法法適用企業	225
調査範囲の設定	187
庁舎管理型環境会計	226
提案型集約化施業	249
デューディリジェンス	51
点源管理	49
伝統的コスト	67
電力化率	258
統合化	190
統合化指標	109
統合法（折衷法）	186
統合報告	30, 159
投資額	99
特性化	190
土壌汚染対策法	137
トータルコストアセスメント	183

〔な行〕

内部管理のための環境会計	179
内部管理目的	226
内部効果	226
年降水量	237

〔は行〕

廃棄物会計	231
廃棄物配送・処理コスト	205
排出クレジット	143
排出量取引	143
ハイブリッド勘定	282
バックグランドデータ	188
バランス・スコアカード	197
バリュー・エンジニアリング	186
バリューチェーン	5
バルディーズ原則	12, 18
引当金処理	128
引き起こされた費用	265, 277
非財務情報	159, 161, 165
費用額	99
費用対効果	223, 226, 232
品質原価計算におけるPAF法	192
PDCAサイクル	42
PRI	31, 89
BAT	42
Factor X	41
ファクター指標	41
フォアグランドデータ	188
付加価値	64
付加価値計算書	113
賦課金方式	246
負担された費用	265, 277
物量センター	183, 204
負の製品	185, 204
ブラウンフィールド問題	138
ブルントラント委員会	15
プログラム・マネジメントアプローチ	59
プロスペクティブ・アプローチ	130
分類化	189
best available technique	42
ベネフィット・コストアプローチ	60
法正林	253
法的債務	124
保続性原則	253

〔ま行〕

マクロ会計	3

マスバランス	203	有効性	220, 222
マテリアルコスト	205		
マテリアルバランス	5	〔ら行〕	
マテリアルロス	204	ライフサイクル・アセスメント	187
水資源使用率	240	ライフサイクル・コスティング	190
水資源使用量	239	ライフサイクル・コスト	191
水資源賦存量	238	ライフサイクル思考	38
水資源量	238	life cycle thinking	38
無過失賠償責任	13	リスボン戦略	13
メゾ会計	3	Regulation S-K	161
目的の設定	187	Reduce, Reuse, Recycle	38
目標関連報告書	63, 66	連結環境会計	108

〔や行〕

〔わ行〕

有価証券報告書	169	割引率	129
有形固定資産	127		

【執筆者紹介】（執筆順，編著者は編著者紹介参照）

長谷川　直哉（はせがわ・なおや）：法政大学人間環境学部教授
略歴　横浜国立大学大学院国際社会科学研究科博士課程後期修了。博士（経営学）。1982年安田火災海上保険株式会社（現損害保険ジャパン）入社，2006年山梨大学大学院助教授を経て，2011年より現職。著作には，『環境経営の扉―社会科学からのアプローチ』（分担執筆・文眞堂），『サステナビリティと中小企業』（分担執筆・同友館），『企業家活動でたどる日本の金融事業史』（編著・白桃書房），「利益の質保証」（『日本経営倫理学会誌』第20号）などがある。

植田　敦紀（うえだ・あつき）：専修大学商学部准教授
略歴　横浜国立大学大学院国際社会科学研究科博士課程後期修了。博士（経営学）。米国公認会計士（イリノイ州登録）。2009年LEC大学総合キャリア学部専任講師，専修大学商学部専任講師を経て，2011年より現職。著作には，『環境財務会計論』（単著・森山書店），『環境財務会計の国際的動向と展開』（分担執筆・森山書店），「環境財務会計の基礎概念と展開―環境財務報告における財務情報と非財務情報―」（『會計』第182巻第3号）などがある。

松尾　敏行（まつお・としゆき）：日本経済大学経済学部教授
略歴　横浜国立大学大学院国際社会科学研究科博士課程後期修了。博士（経営学）。『リコーグループ環境経営報告書』編集長を経て2012年より現職。著作には，『実践経営辞典』（共著・櫻門書房），「環境財務会計における負債の拡張可能性―環境修復負債会計からの考察―」（『横浜国際社会科学研究』第12巻第2号）などがある。

大森　明（おおもり・あきら）：横浜国立大学大学院国際社会科学研究院准教授
略歴　横浜国立大学大学院国際開発研究科博士課程後期修了。博士（学術）。2001年愛知学院大学商学部専任講師，助教授，横浜国立大学経営学部准教授を経て2013年より現職。著作には，『マクロ会計入門―国民経済計算への会計的アプローチ―』（共著・中央経済社），『会計領域の拡大と概念フレームワーク』（分担執筆・中央大学出版部），「メソ領域を対象とした公会計の意義―PFIを中心として―」（『會計』第183巻第3号）などがある。

金藤　正直（かねとう・まさなお）：弘前大学人文学部准教授
略歴　2004年横浜国立大学大学院国際社会科学研究科博士課程後期修了。博士（経営学）。2005年東京大学大学院工学系研究科産学官連携研究員，2006年弘前大学人文学部専任講師を経て，2008年より現職。著作には，「森林・林業行政への原価計算の適用可能性―兵庫県丹波市の取り組みを中心として―」『人文社会論叢（社会科学篇）』第25号，「青森県を対象とした産業クラスター事業の展開可能性」『月刊れぢおん青森』No. 400，「バイオマス政策・事業評価情報の利用方法に関する研究―青森県中南地域を中心として―」『日本LCA学会誌』Vol. 8 No. 2などがある。

小川　哲彦（おがわ・てつひこ）：佐賀大学経済学部准教授
略歴　横浜国立大学大学院国際社会科学研究科博士課程後期修了。博士（経営学）。2003年佐賀大学経済学部専任講師を経て，2004年より現職。著作には，「ABCにおける環境保全活動」『横浜経営研究』第24巻第1・2号，「日本企業の財務諸表における環境会計情報の開示について」『佐賀大学経済論集』第38巻第3号，「日本の環境負債計上の現状」『企業会計』第61巻第10号などがある。

丸山　佳久（まるやま・よしひさ）：中央大学経済学部准教授
略歴　中央大学大学院経済学研究科博士後期課程修了。博士（会計学）。2001年広島修道大学商学部講師，人間環境学部講師，助教授，准教授を経て2011年より現職。著書には，『森林バイオマスの利活用による持続可能な地域開発』（分担執筆・中央経済社），『会計領域の拡大と会計概念フレームワーク』（分担執筆・中央大学出版部），「民有林における立木資産の会計処理の考察―王子製紙・前田林業・速水林業を事例として―」（『経済学論纂（中央大学）』第53巻第2号）等がある。

【編著者紹介】

河野　正男（かわの・まさお）：横浜国立大学名誉教授
［略歴］
一橋大学大学院商学研究科博士課程満期退学。博士（商学）。1969年獨協大学経済学部専任講師，助教授，教授，横浜国立大学経営学部教授，中央大学経済学部教授を経て，2010年より現職。著作には，『生態会計論』（単著，森山書店），『環境会計―理論と実践―』（単著，中央経済社），『環境会計の構築と国際的展開』（編著，森山書店），『マクロ会計入門―国民経済計算への会計的アプローチ―』（共著，中央経済社）などがある。

八木　裕之（やぎ・ひろゆき）：横浜国立大学大学院国際社会科学研究院教授
［略歴］
中央大学大学院経済学研究科博士課程後期修了。博士（会計学）。1988年福井工業大学工学部専任講師，1996年神戸商科大学商経学部助教授，教授，2000年横浜国立大学経営学部教授を経て，2013年より現職。著作には，『環境財務会計の国際的動向と展開』（編著，森山書店），「バイオマス資源を対象としたストック・フロー統合型環境会計の展開」『會計』第174巻4号，「サステナビリティ会計の構想と展開」『會計』第180巻4号などがある。

千葉　貴律（ちば・たかのり）：明治大学経営学部教授
［略歴］
横浜国立大学大学院国際開発研究科博士課程後期修了。博士（学術）。福山平成大学経営情報学部専任講師，明治大学経営学部専任講師，助教授を経て，2008年より現職。著作には，『生態会計への招待―サステナビリティ社会のための会計―』（共編著・森山書店），「CSRマネジメントにおける測定評価手法に関する研究―KPIを用いた活動成果報告に向けて―」（『明治大学社会科学研究所紀要』第51巻第1号）などがある。

サステナビリティ社会のための生態会計入門

2013年5月23日　初版第1刷発行

編著者　ⓒ　河野正男　八木裕之　千葉貴律
発行者　　　菅田直文

発行所　有限会社　森山書店　〒101-0054　東京都千代田区神田錦町1-10 林ビル
TEL 03-3293-7061　FAX 03-3293-7063　振替口座 00180-9-32919

落丁・乱丁本はお取りかえします　　印刷／製本・シナノ書籍印刷

本書の内容の一部あるいは全部を無断で複写複製することは，著作権および出版社の権利の侵害となりますので，その場合は予め小社あて許諾を求めてください。

ISBN 978-4-8394-2130-4